閩臺歷代方志集成・福建省志輯・第5册

福建省地方志編纂委員會　整理

[弘治]八閩通志（四）

（明）陳道修，（明）黄仲昭纂

明弘治三年（一四九〇年）刻本

社會科學文獻出版社

八閩通誌卷之四十六

選舉

閩自唐神龍以後舉進士舉明經者接踵而起宋興閩八郡之士取名第如拾芥相挽引居臺省歷卿相不絕於世舉天下言得第之多者必以閩爲首稱元諸郡之志闕而不備僅見一二至我
朝而復盛登科第膺薦辟者後先相望而郡縣每歲所貢士又不可勝計焉是固山川清淑之氣

所鍾抑亦

國家文教漸漬之深而然也雖然

朝廷設選舉之法所以待豪傑之士也前之列名

於是者豪傑之士蓋彬彬矣後之來者尚思所

以繼其芳躅而無愧哉乃志選舉

科第

福州府

唐

眞①元十年甲戌李程榜　陳通方閩縣人南陵院官

校注：①貞

十三年丁丑鄭巨源榜　陳詡閩縣人見人物志

十五年己卯封孟紳榜　邵楚萇閩縣人見人物志

元和五年庚寅李顧行榜　陳彥博閩縣人貴溪令

十四年己亥韋諶榜　陳去疾候官人見人物志

寶曆元年乙巳柳璟榜　歐陽袞閩縣人見人物志

太和四年庚戌宋邧榜　林簡言福清人見人物志

九年乙卯鄭確榜　侯固閩縣人見人物志

開成三年戊午裴思謙榜　李滂閩縣人大理評事　蕭膺候官人見人物志

會昌二年壬戌鄭顥榜　鄭誠閩縣人見人物志

三年癸亥盧肇榜　林滋閩縣人歷金部郎中後王鐔辟為判官

四年甲子鄭言榜　陳納詡之子大同軍副使

大中元年丁卯盧深榜　陳鏞候官人復應史科見人物志

五年辛未李郜榜　林昜閩縣人吉州刺史

十二年戊寅李億榜　侯嶽固之姪

咸通三年壬午薛邁榜　薛承裕閩縣人國子四門博士　王棨福清人歷水部郎中

七年丙戌韓袞榜　歐陽琳袞之子再中宏詞科累遷侍御史

九年戊子趙峻榜 連揔閩縣人見人物志

十年己丑歸仁紹榜 歐陽玭袞之子終書記 林慎思長樂人見人物志

乾符二年乙未鄭合敬榜 陳讜候官人見人物志 鄭隱福清人

五年戊戌孫渥榜 陳蜀閩縣人按宋劉若虛嘗為陳泳作唐登科記歷考舊志無陳泳之名蓋即蜀也

中和五年乙巳許祐孫榜 倪曙候官人見人物志

大順元年庚戌楊贊禹榜 林袞閩縣人秘書省校書郎 張瑩連江人見人物志

二年辛亥崔昭矩榜 黃璞候官人後徙莆田見人物志 陳嘏福清人校書郎

乾寧二年乙卯趙觀文榜 黃詵璞之子宣義郎鄭虔巡官始遷長溪白林有二子長慕華自白林遷翁潭終水部員外①郎次慕風自白林遷候官終給事中

四年丁巳楊贊圖榜 卓雲長樂人

光化三年庚申裴格榜 翁承裕福清人按莆陽志承裕於是年明經釋褐而寰宇志以爲裴格榜進士恐誤

五代

唐天成三年戊子郭睃榜 陳保極閩縣人禮部倉部員外郎賜金紫

宋

太平興國二年丁丑呂蒙正榜 張蔚羅源人三山志無此名而寰宇志②□

校注：①郎 ②及

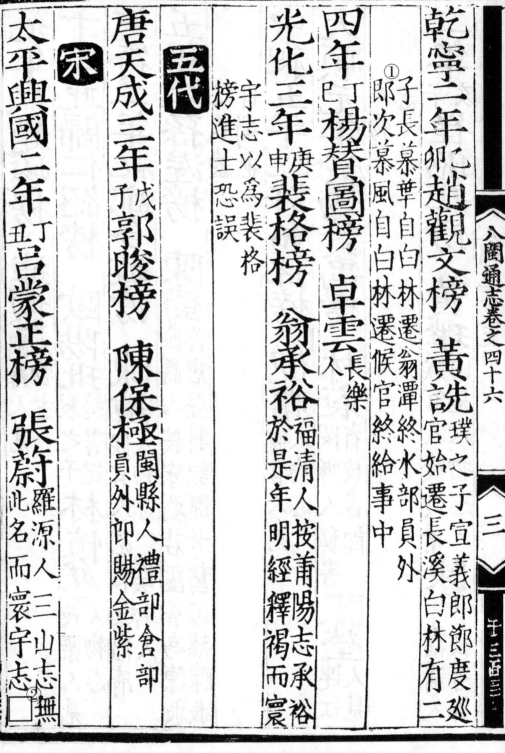

縣志有之今增入

三年戊寅胡旦榜 李[illegible]古田人三山志無此名而寰宇志有之今增入

五年庚辰蘇易簡榜 呂奉天閩縣人

八年癸未王世則榜是榜賜同出身分爲三甲殿試分甲自此始 林偀閩縣人

端拱元年戊子葉齊榜是年禮部放進士榜狀元程宿覆試下第舉人於崇政殿狀元馬國祥又試下第進士及諸科狀元葉齊 李亞荀連江人見人物志

淳化三年壬辰孫何榜是榜糊名考校分五等上三等賜及第餘賜出身並賜儒行篇 林殆庻見人物志 余貫之俱閩縣人 李坦然朝奉郎大理評事兼水部員外郎

王彬初挈族奔高麗以外國生賓貢入太學至是登第歸省墳墓終太常卿俱長樂人

咸平元年戊戌孫僅榜是榜始為小録用綾謂之金花貼子卷首載知舉年甲行第家諱私忌登科人大書姓小書名吴千仞候官人太常博士知處州

二年己亥孫暨榜　連作磚閩縣人

三年庚子陳堯咨榜是年分六甲第四甲同進士出身第五甲同三傳出身第六甲同學究出身時林休復名在六甲賜別科出身自此始也陳易則校書郎　沈厚載歷潮劍歸三州終屯田郎中　林休復同學究出身歷知邵武運①漳州終比部員外郎俱閩縣人林介　黃誥俱候官人

五年壬寅王曾榜　劉若虛初為莆田人後居閩縣見人物志

景德元年乙巳李迪榜　張翼候官人

校注：①軍

四年丁未林陮閩縣人中詞科特賜同出身終比部員外郎

大中祥符元年戊申姚曄①榜賜袍笏自此始林敦復林復之弟太常博士長樂人林太素殆庶之弟歷相州節度推官陳曄宜興主簿陳莊贊善大夫陳宗頑大理寺丞知惠安縣陳清易則之兄惠州歸善令林祥石城令俱閩縣人羅源志以陳莊爲其邑人梅州教授未詳孰是潘衢屯田郎中潘衜②丁衢之兄政名循著作郎俱長樂人劉天錫福清人宣德郎大理寺丞張黃裳羅源人

五年壬子徐頑榜劉曄都官員外郎陳簡能見人物志林咸德屯田郎中劉若冲若虛之弟秘書丞林太徵殆庶之弟殿中丞俱閩縣人

八年乙卯蔡齊榜童頴閩縣人父居明沒於王事詔賜一子出身令本州訪其子以聞

校注：①華　②徵

頴登第終職方員外郎　王甲候官人　林高福清人屯田員外郎

童子舉　黄鼇連江人六歲應舉賜出身

九年童子科　蔡伯俙福清人四歲應舉賜出身見人物志

天禧三年己未王整榜　鮑稷閩縣人終官幕　王平甲之弟侍御史

諸科　沈兆閩縣人　陳象候官人並授右職

天聖二年甲子宋郊榜　許忱閩縣人　陸廣候官人司封員外郎集賢校理

提點京東刑獄　張沃永福人饒州都曹　按連江縣志又有林衞舊志及寰宇志俱不載

五年丁卯王堯臣榜　黄貫庫部郎官　李平都官員外郎致仕俱閩縣人寰宇志

以李平爲長樂人　江階候官人虞部員外郎　周輔都官員外郎知華州　池澤明

舊志無此名而寰宇志縣志有之今增入俱長樂人

八年庚午王拱辰榜 劉奕若虛之子屯田員外郎通判潤州 韓丙秘書郎梧州推官 劉昇若虛之子屯田員外郎 李述平之子秘書丞知饒州俱閩縣人

景祐元年甲戌張唐卿榜 林慥太常少卿 卓祐之秀州判官 陳誥後改名謨朝散大夫連州通判 鄭向文俱閩縣人 林嗣復休復之弟太常博士長樂人 林槩福清人高之子省試①弟二見人物志

諸科 林孟閩清人

寶元年戊寅呂溱榜 林肇敦復之子屯田郎中 湛俞見人物志 陳亭簡能之子②丞忠郎 李惟肖秀州户曹俱閩縣人 朱鼎臣永泰人大理丞

校注：①第　②承

諸科　鄭洙俟官人見人物志

慶曆二年壬午楊寘榜　蕭汝霖　蘇敏都官員外郎　王綸都官

員外郎俱閩縣人　陳襄象之子見人物志　李處厚亞荀之子朝奉郎提舉淮南等

六路茶稅

諸科　林溫　陸廙俱長史　劉昇若冲之子秘書丞

六年丁亥賈黯榜　林琪殆庶之孫朝奉郎　劉燮若虛之姪見人物志　陳預

林世矩休復之子楚州教授俱閩縣人　江震候官人通判通州朝請郎致仕　劉偁

朝請大夫　劉易簡偁之兄著作郎俱懷安人　陳固福清人秘書丞　張澤沃之弟胡①

奉郎　黃子春朝散郎寰宇志無此名

校注：①朝

諸科　王茂先閩縣人以殿中丞致仕　黃賁　林國韋①

皇祐元年己丑馮京榜　蕭傑　陳中庸　孫奕見人物志　吳元瑜　林誼漢川令　丁世衡廣州掾俱閩縣人　劉靖候官人迪功郎　林罕廣州司理　李川坦然之子吏部員外郎俱長樂人　謝宗臣歸安主簿　趙谷試大理評事知浦城縣俱連江人　李敷朝奉郎　劉處約天錫從姪殿中丞俱福清人縣志又有知礪王碩舊志及寰宇志俱不載　魏昂古田人大理評事　柯伯韋②永福人　黃積朝請大夫　蕭開③丞議郎開寰宇志作闕俱閩清人　劉延之　林卞歷知山陰縣寰宇志無此二人

制科　劉絳應茂才異等科特授將仕郎終推官閩清人

校注：①②華　③承

五年癸巳鄭獬榜始改四歲一舉為間歲　湛庸俞之姪惠州司理　吴君瑜元瑜之兄興化縣尉　吴周卿大理評事知黄梅縣俱閩縣人　陳君章襄之第朝議大①大　鼓嘉會朝奉郎　曾伉朝散郎左司員外郎俱候官人　潘整長樂人迪功郎　林彭年連江人儒林郎貞州郎曹　許原福清人承事郎知政和縣　張肩孟永福人朝散郎通判歙州　林揄知山陰縣　鄭穆候官人見人物志　許叔達寰宇志無以上三人○按羅源志又有宋均舊志及寰宇志俱不載

嘉祐二年丁酉章衡榜　張宗閔從政郎知建陽縣　李皇臣朝議大夫知②婺州俱閩縣人　陸長倩廣之子朝散大夫　曾默以太子中允為本路運判　陸衍朝請郎通判鄆州　王向平之子峽石主簿　王回向之兄見人物志　陸憲

校注：①夫　②婺

元廙之子知祥符縣俱候官人　林宻長樂人愼思曾孫知潮州　林開高之□①校書□②

林希槩之子省試第一人哲宗時除中書舍人章惇黜元祐諸臣司馬光等數十人希草制詞極醜詆至以老奸擅國陰斥③宣仁皇太后一日擲筆于地曰壞了名節矣拜同知樞密院事後以端明殿學士知太原府徽宗立上河東邊計三策朝廷以其詞命醜正之罪奪職知揚州卒贈資政殿學士謚文節　林旦槩之子見人物志　林棐高之姪新昌令俱福淸人　陳格古田人終秘書羅源縣志以格爲其邑人

諸科張應　許齊　黃彥　陳奕

四年己亥劉煇榜　陳嚮校書郎　朱敏中儒林郎俱閩縣人　陸宣候官人廣之姪後改名畤朝散郎知潮州　林邵槩之子寶文閣直學士　林顏槩之子爲太府

校注：①孫　②郎　③斥

少卿最善章惇蔡卞惇卞嘗惡陳次升使顔致己意賂以美官次升責之曰若爲天子卿士而爲宰相傳風旨耶終中奉大夫直秘閣**王伯虎**朝請郎樞密院檢詳俱福清人

諸科 **鄭暈**

六年辛丑**王俊民榜**時試中禮部及御試下第者四人本州陳傅其一也傅字商老候官人嘗著甌冶遺事**鄭适**活袞宇志作造朝請郎大宗政①丞**吳杲卿**周卿之弟試秘書省校書郎守興化軍録事參軍俱閩縣人**吳下** **陳敦夫**襄之姪朝散大夫秦鳳路提刑**王問**同向之弟新蔡主簿兄弟皆有文集曾子固爲序曰其兄弟皆名聞天下俱候官人

八年癸卯**許將榜** **許將**見人物志**倪材**温州推官俱閩縣人**張俗**候官人

倪箴 **游冠卿**朝散大夫俱福清人**王俞**永福人**宋鈞**羅源人迪功②□

校注：①正　②郎

林勳奉議郎虔州教授寰宇志無此名

治平二年乙巳彭汝礪榜　李譚　王祖道再舉制科歷監察御史數言事徽宗時知桂州希蔡京意開邊置黔南路擢顯謨閣待制召爲兵部尚書除端明殿學士知福州復召爲刑部尚書卒贈宣奉大夫京敗追貶昭信軍節度副使　辛琮朝奉大夫本路轉運判官　陳暈①俱閩縣人　池鄂候官人　劉儼懷安人偁之弟承議郎知南恩州　陳毅長樂人朝散郎知賀州

四年丁未許安世榜　鄭及朝奉郎　朱敏元敏忠之弟朝請大夫　黃康民宣教郎知尤溪縣　陳時奉議郎　陳幾朝奉郎通判滁州　王晦朝請大夫知饒州　林璋朝散郎通判溫州俱閩縣人　江通候官人階之弟朝散郎知黃州　李

校注：①曄

處道連江人亞荀之姪興國軍知録　鄭俠暈之子見人物志　陳祥道閩清人見人物志閩縣志以祥道爲其邑人

熙寧三年庚戌葉祖洽榜是年御試策一道至十年以進士既罷詞賦所試策即與制舉無異時政闕失已許人上封事遂罷賢良等科

李适朝議大夫　朱功寰宇志作勲功敘中之弟中大夫俱閩縣人　江庚階之子知縣　陸長愈廣之子宣州簽判　黃群文林郎三泉縣丞俱侯官人　陳植古田人格之兄萊州司理羅源縣志以爲其邑人

諸科　朱稷臣　王礪　鄭瑜將作監簿　鄭表將作監簿　張顯

李倚並試助教　李禎試文學

六年癸丑余中榜是年第一甲第二甲賜及第第三甲出身第四甲同出身第五甲同學究出身

吴干周卿之子承議郎林安道文林郎陳景參庠之子奉議郎知陽信縣

俱閩縣人夏臻福清人肓孟之子中大夫余清羅源人太中大夫徽猷閣待制知泉州

李撰連江人處厚之姪朝奉大夫張勵永福人肓孟之子中大夫

諸科是歲特奏名進士明經諸科人令三司依例支給長史文學料錢月七貫文全折到州公參日

起支三年滿日住支追曆納省林格試監簿林樞柯闢並長史林誥

長樂人文學鄭玠文學韓昌國上二人俱連江人

九年丁巳徐鐸榜是年詔自第一名以下並試律義斷案賜官錢印小録廢明經科鄭邦

直吴洪奉議郎俱閩縣人林敷奉議郎知同安縣劉會元中奉大夫

俱候官人劉詵福清人處約之子見人物志張勔永福人肓孟之子朝散郎林汴

林暕俱閩清人　林祖誼寰宇志無此名

諸科　潘鯁長樂人衢之孫宣義郎知石康縣

元豐二年己未時彥榜是年免試刑法第一第二甲賜及第第三甲第四甲賜出身第五甲賜同出身　陳舉閩縣人龍圖閣學士廣東經畧　吳開宣德郎知寧化縣　崔登朝請郎通判汀州俱候官人　唐最懷安人朝散大夫　黃選永福人中奉大夫　陳邈太學博士　王璵　陳郊　林介○按連江縣志又有陳度舊志及寰宇志俱不載

諸科　周石　林程閩清人　卓士龍　林逈　吳閲上二人俱試監簿

五年壬戌黄裳榜　李移忠閩縣人宣教郎知新昌縣閩清縣志以爲其邑人　孫

大廡通直郎　黄國才俱候官人　陳安道閩清人祥道之弟宣德郎　余深羅源人清之弟御史中丞與同郡林攄俱諂附蔡京拜尚書左丞歷中書門下侍郎宣和初進太宰封衛國公嘗言閩中花菓擾民之害以少傅知福州史載深與京結爲死黨京姦謀詭計得助多者深爲首攄次之建炎中被論謫居臨江軍

特奏名府學題名是歲始載特奏名　翁績　王震　林愉　林仕

元　黄彦傳　余利賓羅源人清之叔祖　陳翊　林勲

吴君元君瑜之弟　林贊　許倫閩清人　黄敏選之父

八年乙亥焦蹈榜　韓用章丙之孫承議郎宗子博士　劉知至奕之孫朝請郎

知西外敦宗院劉及儀曹俱閩縣人洪浩朝奉大夫左司員外郎王詢信州推官

陸如岡憲元之子提舉成都府常平俱候官人寰宇志以陸如岡爲懷安人恐誤卓元

龜懷安人朝奉郎致仕王昭明　劉公摯　張翺　潘震

沈觀

特奏名盧禹民　李勉　林謐　朱敏脩敏中之弟余

孟堅清之父以子深恩贈太師卓士安　黃緒　鄭亨　王庚

黃待問　何總　盧周臣　黃伯厚　劉价　黃

元夫　陳傳

元祐三年戊辰李常寧榜　劉介山昇之子朝奉大夫湛存俞之孫建

州司理俱閩縣人 陸恂廙之孫宣教郎 崔國寅登之從兄朝請郎知邵武軍 葉
聲朝議大夫知新州俱候官人 韓鋳連江人待御史 鄭侃暈之子校書郎福清人
劉綬寰宇志無此名
特奏名 劉康夫奕之子見人物志 黃豫 蕭規 李誠閩清
人 鄭巽經明行修 陸望候官人宣之弟
六年辛未 馬涓榜是年兼詩賦人第一塲經義三道專治經人義兩塲各五道第四塲各策二道
林天若 林璹奉議郎 李師回翎浦令 楊朏建寧軍節度書記俱
閩縣人 王勲候官人 柯遠奉議郎知南漳縣 陳公器提舉本路常平終朝
請大夫俱懷安人 鄭邦彥長樂人朝散郎知建州 盧彥達朝奉郎湖南提刑

方旬承奉郎湖北運幹　李諭圖南之弟朝奉大夫　林虡希之子復試宏詞第一人終秘閣修撰　林辨棐之子朝請大夫南京少尹　林迪知餘姚縣俱福清人○按縣志又有林成材舊志及寰宇志俱不載　魏需古田人朝請大夫　蕭昞丙闢之兄朝奉郎知袁州　林瞠舊志無此名寰宇志及縣志有之瞠縣志作①□俱閩清人又蕭昞閩縣志以爲其邑人

特奏名　陳戩　陳耕道　鄭彧

紹聖元年甲戌畢漸榜　徐合琰之子朝議大夫　王澤晦之子中奉大夫華州安撫　陳元老歷吏部員外郎知漳州泉州終朝議大夫俱閩縣人　潘志道奉議郎　陳斌俱懷安人　陳杞杞縣志作紀長樂人承議郎通判信州　陳季淵永福

校注：①瑃

人司戶蕭磐閩清人哂之弟見人物志湛執中承事郎南頓縣丞陳裕蕪湖

主簿褱宇志

無此二人

特奏名陳彙 林衎

制科陳暘祥道之弟是年九月應賢良方正能直言極諫科見人物志

二年乙巳宏詞科林虙時為開封主簿詳定軍馬司勑例刪修官爵里見前

四年丁丑何昌言榜王濤晦之子朝散大夫韓遠舉丙之曾孫宣教郎

李康朝散郎辟雍司業黃唐佐奉議郎澶州教授林亨 陳義夫

景參之從兄中大夫湖南提刑陳天與朝散大夫俱閩縣人葉源聲之兄承議郎兩浙

提舉學事陸蘊宣之子見人物志葉闢承務郎葉正臣南劍州司理柯

庭堅朝奉大夫 陳之邵朝奉大夫宗正少卿俱候官人 陳公格公器之從弟朝
請大夫知漳州 劉震朝散大夫 卓元規元龜之兄杭州教授 林敏元朝議大夫
知通州俱懷安人 潘潛長樂人衢之孫朝請大夫知南恩州 李圖南敷之子宣奉大
夫開府儀同三司 蔡肇宣教郎饒州教授 林虙旦之子朝請郎提舉淮東學事俱福
清人 黃遠永福人敏之子文林郎知莆田縣 陳天常羅源人寰宇志無此名

特奏名 鄭祖仁 翁希愈 莊幾

元符三年庚辰李釜榜 高公巘朝請郎知邵武軍 辛炳琮之子見人物
志 黃唐俊唐佐之弟鴻臚少卿 曾經鄆州教授 王賔歷刑部尚書終龍圖閣學
士大中大夫 陳侁清之曾孫宣教郎洪州錄事 陳適道景參從姪朝請郎知肇慶

府俱閩縣人鄭脩洙之孫承議郎司門員外郎撫定王嘉王記室陸愷悔之弟歷太常少卿直秘閣知泉州陳鍔①眞秘閣余忱利賓之子朝請大夫俱侯官人按長樂縣志以陳鍔為其邑人高臨朝散郎直龍圖閣知衢州贈待制曾汝霖文林郎俱懷安人

林登長樂人罕之姪承議郎知連水軍陳抱連江人林適②格之子榜弟三人寶文閣待制知廣州終太中大夫倪登朝請大夫以取燕雲奉使沒於王事特贈太中大夫丘朝俊朝奉大夫知肇慶府林仲堪朝議大夫知惠州俱福清人張勸永福人肩孟之子工部尚書◆陳材　宋汝弼羅源人寰宇志無此二人

特奏名　陳諝　黃待舉待問之弟黃适選之兄韓必老丙之孫○縣志又有陳讚舊志不載

校注：①直　②第

崇寧二年癸未霍端友榜　許份將之子見人物志　陳禹叟　黃
唐傅唐佐之弟徽猷閣待制　黃懋朝散郎通判開德府　陳天禧時之孫　徐
楫終惠安令　林作乂俱閩縣人按閩清縣志以作乂爲其邑人　陸藻蘊之弟見人物
志　曾晏伉之子宣教郎知泰興縣　葉預貢聲之從弟承議郎太學博士　方時可
中奉大夫　陳亨衢宣教郎知仙游縣俱候官人　陳公彥公器之弟中大夫集英殿
修撰　卓毅夫元龜之姪孫承直郎知將樂縣　鄭南卿連江人朝奉郎　劉詢福清
人處約之子太學博士
特奏名　張致麟京府助教　張佰立　陳壽朋長樂人　鄭震
洙之子　陳濟　陳中　鄭孚羅源人　陳無　陳從義並諸

州文學

三年甲申幸太學上舍釋褐　崔珪登之子朝奉郎　林徽之閩縣人朝

請大夫提舉江西學事

五年丙戌蔡嶷榜　柯棐弟[①]二人右文殿修撰太子舍人知宣州終朝請大夫　陳靚

迪功郎　黃文仲　潘闢循之孫朝散大夫　韓無丙之孫承議郎國子司業

李隲辟雍司業　李撰適之姪朝議大夫俱閩縣人　陸震愷之子歷太常博士禮部

郎官　鄭強朝請大夫廣東提舉　劉方翼會元之子朝奉大夫太學博士　周思

鄭畋朝議大夫　李邁朝議大夫俱候官人　劉登㨆[②]之姪孫朝奉大夫廣東提刑　黃

邦光朝奉郎　陳天申公器再從姪朝請大夫知惠州　卓獻夫毅夫[③]之兄宣教

校注：①第　②偁　③夫

郎知瑞安縣俱懷安人　李彌大撰之子連江人見人物志　陳國材諸王府直講

劉彥適詵之子省試別頭①第一人歷廣西經畧使再知徐州　姚合俱福清人舊志無姚

合今依縣志寰宇志增入　黃龜年選之子見人物志　朱廷傑鼎臣之姪見人物志

李宋臣頎之子初名漢臣中大夫累贈特進寰宇志無此名

特奏名　江漸候官人庶之子　陳復　黃廣　許難　鄭汝

右　陳文佰

大觀二年戊子八行　李諤閩縣人承議郎直秘閣淮東提舉學士

三年己丑賈安宅榜　陳丑通直郎越州教授　王朝俊宣教郎　林雲

陳璡朝請大夫　林天申迪功郎漳州司理　陳安上朝奉大夫　鄭存陳州

校注：①第

教授鄭祖德存之兄朝奉大夫通判袁州朱俊敏中之姪從政郎韓邕兼之子朝奉大夫李芘康之姪見人物志俱閩縣人崔瑀登之子承務郎九域志所編脩官洪元壽浩之姪承事郎吳暇開之子朝議大夫張穆歷本路轉運副使終朝請郎蒲轂德州教授吳昉開之子建炎中權知荆南軍與妖賊戰殁于陣宣撫司以聞贈朝議大夫官其子彭元達朝散郎關韶安丘簿余恂利賓之子朝散大夫劉寔靖之孫從政郎岳州兵曹崔宛登之姪從仕郎河陽教授李謙俱候官人柯翊遠之姪興化教授葉搏承議郎樊繹朝請郎曾覆朝請郎陳公袞公格之弟宣教郎俱懷安人黃邦達朝請郎提舉本路市舶潘師孔潛之姪建州教授俱長樂人孔舊志作兒誤寰宇志無此名李彌遜擬之子連江人見人

物志卓駿朝奉大夫知興化軍黃惟深漳浦令全琮朝奉郎俱福清人黃
夏卿給事中黃邦光遠之子通判徽州黃大名朝奉大夫提舉廣東市舶
俱永福人林公選朝請大夫選縣志作遠陳懷古俱閩清人余光庭羅源
人特深爲中書侍郎以親牒試唱名面奏往緦麻親駿放按縣志又有倪權陳獻能舊志及寰宇
志俱不載
特奏名樊權 余丰羅源人葉開 李唐英 林積
徵 黃託唐佐之父韓彰明昌國之子林孝孫閩清人黃璉
陳報閩縣人岳州教授曹汝礪 林睍 陳希 劉擅
陳宜 朱祖揚

四年庚寅釋褐陳葵閩縣人崇寧初試上舍優等復中南省第三人徽宗初臨軒策士擢甲科終諸王宮教授林安上愼思之八世孫朝奉大夫秘閣修撰

政和二年壬辰莫儔榜陳汝仕承議郎鄭勵朝請大夫知循州郭茂朝請郎林晨天中之叔御筆改名巘朝散郎提舉利州路學士高適知壽昌縣柯森棐之弟從政郎鄭甸舉八行親賢宅直講黃覲黃文若文林郎江東運幹劉逵夫若沖之孫越州教授俱閩縣人黃珪監察御史刑部員外郎謝良翰省試第二人辟①廱博士陸綬長愈之姪吳江尉崔實登之姪汀州陸參陸渙衍之孫舉八行歷尚書郎中廣東提刑知興化軍湛剛②中宣教郎劉字寔之弟文林郎京畿運管林大聲以朝請大夫直秘閣致仕陳之美之邵之兄朝奉

校注：①雍　②中

大夫俱候官人王與權　陳炳朝奉郎陳天益公噐之從姪迪功郎宿州
司理俱懷安人王南夫長樂人監行在左藏庫林摯希之孫儀曹李接廣州
簽判高若虛朝請郎通判靜江府石廡朝請大夫知潮州陳浩然承議郎通
判台州俱福清人李廣文古田人朝散大夫知潮州盧光前南劒州錄參黃
邦俊遼之子歷大理寺丞終知賀州盧楚光前之叔朝請大夫知南雄州王行己
俱永福人許登閩清人宣教郎知盈川縣余光庭再登科見人物志余嗣朝散
郎致仕俱羅源人　劉綱綬之弟承議郎寰宇志無此名
特奏名　王宕　陳謨　湛諝　凌琰　許沖遠
潘壽　王朴　張睍　柳琪　陳牧　陳擴　陳

報　林其麟閩清人其麟縣志只作麒麟　陳介　陳祖武

三年癸巳釋褐　黃覿覯之兄政和二年貢首奉議郎　薛銳候官人奉議郎通判衢州

四年甲午釋褐　洪綽浩之姪大觀二年貢首承議郎　劉絪綬之弟朝請郎通判衢州

五年乙未何㮚榜　徐登知縣　葉廷芳迪功郎國子學錄　林深俱閩縣人

郭中行從政郎　李友直知建安縣　陳亨道亨衢之弟朝奉郎通判建州

陳洪通直郎　鄭昂穆之孫詳定九域志所編修官俱候官人　陳曦海豐尉　張

觷見人物志　劉正稱之孫朝請大夫　曾履履之弟宣教郎　潘宗孟建州教授

俱懷安人　鄭載文南城丞　陳丕顯興化軍教授俱福清人　林慶老古田

人政和四年貢首迪功郎　柯宗孟通判廣州　吳天駟四宣教郎　梁汝霖後改

名巖老朝議大夫直秘閣知泉州俱永福人　陳積中暘之子監察御史　林冲奉議
郎俱閩清人　陳熊奉議郎緞浦丞　陳傑承事郎通判貞州俱羅源人
特奏名　林塏　王朴　王宋臣　吳默之杲卿之子　柯
亨道　林係　陳之遠　張希參參縣志作彥上三人俱閩清人
張洵武　劉約　張挺　王旌　薛邅　林康臣
劉愈　葉中　林確　葉龔　陳公才　陳涇
余思忠　林括　林總　唐循道　林代工　許
君用　陳昱先　鄭邦倫
六年丙申釋褐　胡霙閩縣人蔡州教授　王元咢連江人朝請大夫

醫學釋褐 吳宗大
七年丁酉釋褐 林穎連江人知松溪縣
重和元年戊戌王昂榜是年嘉王楷考在第一朝廷不欲令宗室魁多士升次名王昂爲首
柯著褆葉之子朝奉郎諸王宮大小學教授 余伯逵 林實 梁國
賓朝散郎 黃傳康 葉庭傑俱閩縣人 葉大任朝議大夫 陳溫
卿從政郎 黃紳宣義郎 林求 陳向 林求 陳杲俱候
官人 施禹功興化令 高預泉州教授俱懷安人 夏之邵臻之子 黃祖
堯豫之子楚州刑曹 張大亨承議郎知漳浦縣 夏之文臻之子吏部郎中江
西提刑 林聰朝奉郎 陳允功功寰宇志作恭俱福清人 周開迪古田人宣

教郎梁宗範永福人朝請郎通判信州　劉滂閩清人　黃大知　劉侯

亞綬之姪朝請郎　鄭彥敏從政郎　黃琳　湛亨太學正俱郡人

特奏名　柯梁元祐五年解首　徐明　湛仔　林端　龔覺

陳受　王志道　林先民　陳暹　黃輔世　王

時發　王戒　方志道　游天與

武舉　林汝弼福清人縣志及寰宇志以為政和五年進士　黃定國

宣和元年己亥釋褐　張元禮閩縣人朝請大夫

二年庚子釋褐　陳才輔洪之子文林郎建州節推　陸竑恂之子承議郎知龍溪縣

俱侯官人會榮長樂人承議郎　李彌正撰之子見人物志　吳舜鄰福清人從

政郎

三年辛丑何澹榜　柯彬森之子文林郎　陳賓從政郎　陳允文從政郎

林朝俊朝奉大夫知惠州　林獻材宣教郎　王宁實之弟衛尉寺丞　陳

定國誥之孫朝散大夫知惠州　陳亜卿朝請郎通判汀州　李茂則師回之子

迪功郎　王普賓之子見人物志俱閩縣人　周孝嗣舉入行興化軍知錄　葉南

仲源之姪知新州　劉彥和　楊彥迪功郎俱侯官人　劉顓承事郎　劉

國鎮易簡之姪朝請郎　彭文嗣元達之姪迪功郎　崔發承議郎知興寧縣俱

懷安人　林安行長樂人代工之子晉江丞　陳良顯福清人舊志無此名而寰宇志

有之今增入　黃光庭迪功郎　吳昭朝奉郎通判歸州俱古田人　陳秀穎

迪功郎盧榕楚之兄見人物志俱永福人陳祚羅源人宣義郎鄭季夫邦倫

之子知莆田縣陳翁榮之第朝奉郎廣州通判寰宇志無此二人

特奏名王粹　劉照　王覿　王時　陳岳　劉

時升　陳彥啓　林彥明上二人俱長樂人　林繼曉垣之子閩

清人卓回　黃南老　潘敏修　曾表正　張章

林稷　林大東　余徽羅源人

六年甲辰沈晦榜以貢士人衆特添省額一百人賜御製詩黃匪躬朝請大夫知建昌軍

朱倬敏脩之孫見人物志朱作敏中之孫儒林郎林彥達奉議郎通判永州俱

閩縣人長溪志以朱倬爲其邑人陳倬宗文林郎洪元英浩之姪朝散郎鄭

文經蕪湖尉　劉知已泉州錄參　陸祐衍之孫見人物志　江逵震之曾姪孫永新簿　陳祖禮君章之孫朝散郎通判鄂州　葉顥大任之兄迪功郎俱侯官人寰宇志無葉顯　劉衡稱之姪迪功郎　張安節　黃鮪知龍溪縣　連康時朝奉郎　李軫承議郎俱懷安人　陳致一毅之從姪提舉廣東茶□①　李邦光坦然之元孫朝散郎太常寺簿　林遵善迪功郎南劍州司法　陳宗禮迪功郎俱長樂人　林昇連江人興寧簿　陳洪範　黃祖舜祖堯之弟見人物志□②福清人舊志無陳洪範而寰宇志有之今增入　李冀莆田人本路提刑司幹官　吳元美見人物志　吳元衡元美之弟通直郎廣東運幹俱永福人

特奏名

林向勳之子京府助教　朱庭資敏修之孫　陳武仲　黃

校注：①鹽　②俱

廷俊　劉俊民　劉國鈞　林大麟

建炎二年戊申李易榜詔分省額于諸路令①類試計臺時以建冠移於本州胡文炳

震之再從弟文林郎甌寧丞王玠興化軍司法胡文熺文炳之弟政和簿陳

南美奉議郎知陽山縣嚴褒朝請郎林茂朝奉郎通判泉州俱閩縣人林

安宅敷之姪歷户部侍郎同知樞密院事兼權參知政事終端明殿學士陳宗古類省

試中第一人朝奉郎孫夢良大廉之子朝奉郎知平陽縣俱候官人楊幹朝奉郎通

判部州陳顔公器之從姪通直郎俱懷安人王聿求連江人元量之從弟知光澤縣

陳文昌宣教郎宜黃丞余敦義敦舊志作教俱古田人張賁肩孟之從

姪孫朝奉郎通判宣州鄭知剛太府丞知嚴州張登俱永福人陳剛中閩縣

校注：①缺“以”字

人祥道之姪見人物志閩縣志以爲其邑人 陳節縣尉①□字志無②此名

特奏名、卓顯天登仕郎 劉亢 趙彥 陳煥 劉詡

林字勳之子 連希尹 張知 倪本材之子 陳思 江

勃 林大榮 曾世昌經之子以舊太學生特與州文學附特奏名③第四

等

紹興二年壬子張九成榜是舉④初復詩賦仍額試 鄭公明祖德之子⑤□教郎知

新昌縣 黃溥唐佐之子泉州司户 陳肅易則之姪孫奉議郎知石城縣 上官徽

南恩州司户 梁國林通判興化軍 李簡肤皇臣之孫歷監察御史浙西提刑終

朝散郎直秘閣 胡彥達文炳之從弟文林郎洪州司理 黃廷瑞朝散郎通判泉州

校注：①寰　②此　③第　④初　⑤宣

吳忠孺迪功郎俱閩縣人　陸承休憲元之曾孫汀州司户　陳叔嘉倬然之從弟承議郎俱候官人　潘飛英師孔之子朝奉郎知肇慶府　林聿奉議郎知瑞①□縣俱長樂人　陳若冲承議郎通判廣州　黃彥榮俱福清人舊志無此名而縣志及寰宇志有之今增入　黃世昌永福人　劉安世郡人②□州文學

特奏名　洪元康京府助教　王旁　陳行中祥道之子　陳適連江人　黃純　陳嘉會　陳瑞仁　鄭良臣暈之孫　高選

陳時中

五年乙卯汪應辰榜　任文薦見人物志　謝鳳建昌軍教授　林徝縣丞

洪毅迪功郎　薛召朝散大夫知韶州　李格非之姪文林郎知四會縣　薛槐

平海軍食①度推官鄭必明祖德之姪知於潛縣周偉主簿俱閩縣人黄觀國

從事郎知平陽縣黄寃迪功郎曾旺以直敷文閣知廣州終朝請大夫俱候官人

陳從易公器之姪處州教授劉藻偁之姪孫宣和五年解首宣教郎祠部員外郎贈秘

閣修撰卓庶元規之子迪功郎浦城尉俱懷安人周芹輔之四世孫朝請郎宗正寺簿

陳宋霖見人物志陳佐堯致一之從弟朝散郎通判廣州俱長樂人王元量

運江人元時之從弟廣東經畧司機宜林上達建州司户劉詮處約之從弟廣州教

授俱福清人劉凱滂之子朝奉大夫湖北提刑葛延年朝奉郎知惠州俱閩清人

曾賡秦州教授劉師亮從政郎龍溪丞俱郡人

特奏名林長孺登仕郎陸文昌候官人憲元之孫魏康大古田

校注：①節

人昂之姪陳瑞　林頊上二人俱閩清人　楚禹俞禹功之兄　翁邦彥

陳祖堯　鄭甄連江人　吳閎　陳凱　蒲轂

八年戊午黃公度榜是歲免殿試　林寅紹興四年解首宣教郎知寧化縣　陳長

方侁之子江陰軍教授　朱介卿教授　翁之章從政郎　陳彌作歷吏部侍郎蕪權尚書知泉州終敷文閣直學士太中大夫　周宣求僑之姪從政郎本路帳管　陳

升卿通判泰州　黃瑀見人物志俱閩縣人　彭公求候官人元達之姪奉議郎　陳

休烈懷安人通①功郎　林孔彰肇之元孫南外宗學教授　魏勗　黃宋翰通判封州俱長樂人舊志無魏勗而寰宇志有之今增入　高澐福清人若盧之子潮州教授

黃毅未②福人朝奉郎通判欽州　黃瑜積之曾孫　陳嘉猷迪功郎龍泉主簿俱閩清

校注：①迪　②永

人

特奏名　周彦時　劉侯圭侯亞之弟　王元龜　陳堯問

朱峴　張元老羅源人　蕭宗顔　業聞　范桂部

謝美中　林元圭　徐彬　衛介石　陳祺　陳

弼　韓嵒嵒之兄　李垣夫　劉洙　陳烜　蕭穆臣

孫雋侯官人夢良之元①　丘遇　陳時升　王維　陳安國

李撝連江人撰之兄　黄亢

十三年壬戌　陳誠之榜　陳誠之第一人見人物志　李格芘之姪朝奉大

夫　陳秉哲宜之子通直郎　陳鋭宣議郎知金②華縣　李椆格之弟文③材郎漳州

校注：①兄　②華　③林

教授鄭景衡袁州教授陳禾報之□歷湖北參議朝請大夫俱閩縣人尚元[illegible]
朝請郎通判林安國安宅之弟承議郎監建康府榷貨務俱候官人陳干雲懷安
入迪功郎南劍州司理王祥後歸莆田許氏改名公一林栗見人物志林玠俱福
清人黃康國松溪簿黃公廙康國之子俱古田人葉珒循州教授鄭煒
順昌簿①俱羅源人張雲龔劉師贄郡人寰宇志無此名
特奏名張元佐　陳嘉績　黃知新　梁顯　韓
師孔　林日草②上二人俱連江人徐銳合之姪莊鳴道羅源人
林俊民　陳南強候官人公彥之姪陳時可　湛嶢存之子
陳琮　林翊　張尚智　陳昭美　髙灌　林宋

校注：①簿　②華

卿 繆朝選

十五年乙丑劉章榜是舉復經義通詩賦論策為三塲 楊丞 陳師尹紹興十四年合該特奏名以係舊太學西人之數特與赴殿試終迪功郎 李應隲之姪新州推官俱閩縣人 林機 崔源 黃槐卿 陳儔然 姚公特

葉儀鳳俱候官人 崔惟孝迪功郎 施昂宣教郎知江山縣 何元達

宣和三年貢首承事郎俱懷安人 鄭丙吏部尚書終端明殿學士嘗疏奏近世士大夫有所謂道學者欺世盜名不宜信用其後慶元學禁善類被厄丙罪為多卒謚簡肅 黃希文奏議郎湖南提刑司檢法俱長樂人 黃巘肖 林昌言 許文剛 陳漑杞之子清湘簿 李材俱福清人○按縣志又有林拱辰舊志及寰宇志俱不載又長樂縣

志以陳溉為其邑人陳諫　黃亞仲迪功郎　陳師孔景先之子迪功郎俱
永福人黃琇　潘冠英師孔之姪郡人
特奏名　黃元　陳世材　江洵直　陳昭　謝大
亨　陳蕃　陳才弼候官人洪之子陳向　陳任侁之弟鄭
球　繆朝選　林宓　林公邁已上二人俱閩清人林倘
陳修輔　劉恍　鄭霖　陳彥寧　張尚德　陳
達　韓嵤岊之兄劉詳　黃袧　黃邦佐　黃甸
黃級　陳光表　楊孝傑
十八年戊辰王佐榜是舉經義詩賦復分兩科吳瓊宣教郎　李升大①治尉　陳

校注：①冶

仲謨 周毅倧之姪臨安府教授 李全之迪功郎俱閩縣人 蒲堯仁

轂之姪 蒲堯章堯仁之兄迪功郎 葉翔鳳議鳳之弟朝奉郎通判廣州 朱

江 余溥利賓之曾孫通直郎 劉坦迪功郎俱候官人 陳經國迪功郎

陳伯山公器之姪孫上高丞 劉與稱之姪孫文林郎 洪澤荆南教授俱懷安人

陳大方高州教授 林次融初應童子舉 王堯臣松溪簿 陳思文

承議郎峽州僉判俱長樂人 林錞錞寰宇志作鎬連江人迪功郎曲江尉 吳利見

福清人梧州教授○按縣志又有林光祖舊志及寰宇志俱不載 梁汝昌迪功郎莆田尉

卓冠迪功郎永康簿 陳秀實秀穎之兄宣教郎知興國軍 王傑宣議郎東莞丞

俱永福人 陳康嗣羅源人通直郎崇安丞 曾貴郡人昌之子

特奏名 林庭佑 洪庸 葉能報龔之子 林祖文

程嘉成 梁守卓 姚光亨 陳察羅源人 陳達

余瑫古田人 唐宋臣 楊贛

武舉是年新復武舉柯熙①第一人省試亦②第一人紹興二十六年初開武學除武學諭終成忠郎

二十一年辛未趙逵榜 陳夢良迪功郎 林文勉從政郎萬水令 陳元圭興化司戶 嚴褒褒之弟迪功郎 陳賓誠之弟泉州教授寰宇志無此名 邢炳然循州教授 曾景奎迪功郎俱閩縣人 陳安卿知信豐縣 林岊

林之奇見人物志 楊嘉績 郭祚迪功郎莆田簿 陸楠承議郎建康府

校注：①②第

糧料院俱候官人劉師尹懷安人巖之孫奉議郎提舉浙東常平林次齡長樂人次融之弟初應童子舉陳鎬連江人迪功郎監廣州東莞場李元禮福清人知同安縣周頴士古田人迪功郎林仲熊卓津從政郎津陽令盧炎搯之從姪知平陽縣俱永福人葛元隲宣教郎知晉江縣林自自縣志作目①林育祗之從□光澤丞蕭德藻磐之姪俱閩清人候官縣志以林育為其邑人陳行先羅源人察之弟新興令

特奏名

黃知遠　黃特　林奎文　林會　陳將

林光亨　黃黿　王大猷連江人　林持道羅源人　張倫

呂翼　柯端　黃仲臣　陳杰　陳木漸　陳俊

校注：①目

又　陳從道

武舉　鄭磁閩縣人

二十四年甲戌張孝祥榜　林綸迪功郎　黃萇承議郎通判南安軍　陳巘迪功郎平陽尉巘裒字志作巘　陳剛中景參之孫迪功郎　郭文賓州教授　何士良迪功郎　潘必強龍巖丞　蕭倬文材①郎湖南提舉司幹官俱閩縣人　黃讌　洪元芳浩之姪俱候官人　程佐迪功郎惠州監塲　趙載宣教郎俱懷安人　陳摹思文之姪宣教郎本路主管帳司文字長樂人　黃茂材連江人　林文潛聰之姪宣教郎知番陽縣　李昂元禮之從弟知長興縣俱福清人　黃中立永福人通判德慶府　楊曾迪功郎　黃槐宣教郎贛東提幹　黃惟則　倪

允迪功郎廣州司户俱羅源人黃光宗彥之孫南安簿霖字志熙比名

特奏名林賡羅源人張發 李癸格揭之父鄭秀頴适之從姪

施獻功禹功之弟連銳 魏文通 余龔慶、黃邦直

上三人俱古田人閩清縣志以邦直爲其邑人彭公立公永之兄黃允功 王

欽若 陳僩 林公嗣 胡元忠彥達之弟黃神臣

施權 鄭郊 陳和中上二人俱閩清人梁端孚 蕭宗

說稷臣之子陳全美 陳卓 盧師孟 吳良幹 陳

逈 王詠

武舉 鄭矼磁之兄第一人閩縣人陳雷懷安人

二十七年丁酉王十朋榜　陳峴誠之之子陳確承議郎知長沙縣邵
德一　黃啓宗匪躬之子陳許國翩之姪承議郎江東撫幹陳阜宜州
教授詹亢鳴秀州教授鄭昺樞密院編修官京西運判鄭之奇甸之三從姪
陳竝俱閩縣人陸琰愷之孫知南昌縣陳昭嗣　林宋顯江西安撫
司機宜黃崇溫州教授俱候官人吳三傑　陳餘慶顗之孫省試第三人
泉州教授林秀宣教郎俱懷安人陳端友長樂人鄂州司户朱英雄州教授
林介昌言之子張枏大學錄俱福清人蔣康國古田人饒州司法黃輔
之　張春潮州司户張賡　黃文慶俱永福人周邦弼容州教授
黃掄槐之弟右正言召除太常卿贈少師吳丙咸從政郎馬平令俱羅源人江文

叔洵直之子何君士貴之弟汀州教授

特奏名　李三英第一人衡州教授　陳琦上二人俱閩清人　崔宋佐

王果　郭南金　鄭光朝①　張師旦　陸雋卿

鄭東卿穆之姪孫溫州永嘉簿　莫朋上二人俱侯官人閩清縣志以鄭東卿②為其邑

人　陳起說　林淡連江人　陳蕈中　魏康國　林易

猷　陳詡　林師孔　盧璪　吳漢臣　潘德裕

陳杰　陳卓　衛康承

武舉　鄭易閩縣人

三十年庚辰　梁克家榜是年經義詩賦兼行　馮田歷武學諭秘書省正字終知瓊州

校注：①朝　②為

陳嶠巘之弟漳州司户 余宗建寧教授 徐壽 林譽教授 黃沖達

陳宗召 任文茂 陳朝章 陳伯震肅之子邵州教授

鄭鍔甸之再從姪 蕭杲瑀之子宣教郎 周擢偉之子俱閩縣人 林仁壽

黃亩 王亘 葉世美 姚俊之分宜尉 解梓俱候官人

陳唐佑寧國教授 林世用 王明弼知龍南縣 張竑承務郎俱懷安

人 林撝連江人縣志以爲足年特奏 鄭永年汝石之孫 商份 鮑旂

高衡夫俱福清人〇按縣志又有林嘉謀註云省元舊志及寰宇志俱不載 林公明

韓成章俱永福人 蕭德棻 陳明章俱閩清人 陳善祚之從弟太學

錄 黃橒掄之兄俱羅源人 林英 林元奮 陳公紹 朱

用亨 稷臣之曾孫俱郡人

特奏名 梁大任 國寶之姪 陳衡中 閩淸人 薛鎬 陳文翁

李岡 楊遵 陳垍然 長樂人 侯時亨 周召 楊

俠 杜恭光 李武孚

武舉 樊仁遠 第一人仁達之弟後再登進士 徐鎮 長樂人 林起莘 福淸

人 林嘉謀 起莘之兄 張發 永福人 陳正巳 閩淸人

三十二年 壬午 登極恩上舍釋褐 陳簡 福淸人主管架閣

隆興元年 癸未 木待問榜 是舉經義詩賦復分兩科仍免殿試 楊翼之 樊

仁遠 前武舉第一人 黃企 冲遠之從弟 王唐 朝俊之姪從政郎 黃惟孝

興國軍教授俱閩縣人陳敦脩杲之孫紹興二十六年解首陳宋卿宗古之姪

莫子囊朋之從姪程澤迪功郎柴子春林炳然機之姪從政郎

俱候官人王褎林頴秀卓迪㢠之姪迪功郎吉州贍軍酒庫俱懷安人

陳夢齡長樂人南外宗教商脩份之弟張可速林桷仲堪之孫

王仁迪功郎鄭椿年求年之兄廣州户曹俱福清人褎字志無林桷又以王仁爲長

溪人吳拱辰崑山尉鄭瑞知剛之姪吳曾玉山丞張淵俱永福人劉鋻

已立閩清人迪功郎陳申李顯年迪功郎余廣珎楊夯

實俱羅源人寧德縣志以秀實爲其邑人黃洽充之姪第二人見人物志何萬總之

曾姪孫林虎國之子知保昌縣郡人

特奏名　鄭文融　周興亮　林光大　楊逌　陳
九齡興化蒲上三人俱長樂人王嗣宗　連三文　林此羅源人
倪公佐　陳堯佐　林迪　林閭禮　黃度稙之孫閩
清人陳尚　陳嘉運　卓詠　劉侯度　耿憲　李
文髦　黃祿　蕭宗旦稷臣之子陳譽　彭公褒元達之子
候官人陳公衡　黃珪瑜之兄
武舉　黃確　蕭確　鄭覺俱閩縣人陳閱懷安人陳萬縣尉
黃庚　林堯臣閤門舍人俱福清人姚鈞候官人俊之之從弟林輔世
鄭覺造之姪孫提舉永平寨

乾道二年丙戌蕭國梁榜　趙煒①第三人　陳悦崇安丞　周掄耀之
兄東陽尉許仲容　曾植　張皐　王靜唐之姪縣令　連達
辰　陳祐　黃乳光　南朝英　李橺康之孫　張必
英　王浩唐之姪迪功郎　劉岳俱閩縣人　彭演公求之子　余偁利賓之曾
孫林獄縣令　李宗甫朝奉郎幹辦行在諸司糧料院　田質　楊梅卿
彥之姪孫陳德銘俱侯官人　楊冲幹之姪宣教郎寧國府簽判懷安人　陳以
劉礪見人物志　林采　劉砥見人物志　陳孔光俱長樂人舊志無劉礪劉
砥而寰宇志有之今增入　陳必英連江人蕭山尉○按縣志又有陳善竦註云知衢州舊志
及寰宇志俱不載　陳僖國林之從姪溫州司户　劉潮彥適之姪孫　張可宗

校注：①燁

可速之弟章次卿 鄭煥煥寰宇志作渙林資深 黄朋舉

鄭棠迪功郎鄭獲迪功郎巖水簿林中俱福清人陳滂古田人蕭國

梁第一人見人物志江司直宜教郎知萍鄉縣朱煥 梁京 吴

景辰拱辰之從兄黄公槐迪功郎俱永福人寰宇志以吴景辰為長溪人蕭必

豫磐石之姪池覆保昌尉黄士宏俱閩清人張翰 何珪俱羅源人

寧德縣志以張翰為其邑人郭夢濟迪功郎鄭湜禹之子見人物志寰宇志無周

掄郭夢濟鄭湜三人

特奏名 李傑永福人林炳然 張丕憲 吴鈞 張

維宋 陳彌 楊搏丞之弟洪春卿元康之姪張世昌

張申卿　蕭祐之　林碩　黃宋翰　黃雋　侯
邁

武舉　蕭綬　陳仲堅　熊飛　李國輔沅州巡檢俱閩縣人
林桂　陳策　劉師古　林偉俱候官人　林槩　黃如
文俱長樂人　鄭恭福清人惠州巡檢　陳表臣見人物志　趙宋昌俱永福人
劉驤閩清人
宗字取應　伯肆舊志無此名今依縣①增入

四年戊子　太學兩優釋褐　黃倫閩縣人渡江以來釋褐自此始授左承務郎太學錄

校注：①缺“志”字

五年己丑鄭僑榜 陳樞才南美之姪孫乾道元年解首 陳涇 盧蘭
金中奉大夫知欽州 王深仁 李宗允 林可行 陳孝
錫 李宗元宗允之弟 陳堯佐上舍魁殿試犯廟諱學究出身後再黃由榜登
科俱閩縣人 洪杞浩之姪孫建寧府教授 馬瑒 莫子春子震之兄 岳
牧 揚應嘉嘉績之從姪 陳嘉運南恩州教授 洪格杞之從兄承務郎知
瑞金縣 王基 張伯宗 林之懿之奇之從弟化州教授 陳山
甫俱候官人羅源縣志以揚應爲其邑人 林叔秀穎秀之弟 林蘷俱懷安人 鄭
舜卿邦彥之孫 徐長卿鎮之父英州教授 陳茂英 林奎俱長樂人
舊志無林奎而襄宇志有之今增入 林昂連江人 陳震之海鹽簿 高南壽

澐之姪承奉郎林棣棣寰宇志作杖仲堪之孫晉江令林丙　林廷瑞華亭

薄俱福清人余宋興古田人杜申乾道四年解首黃師尹龜年之姪孫

黃揆俱永福人黃景說功之姪陳涇俱閩清人寰宇志及縣志無此名陳

駿羅源人

特奏名盧大猷　黃作羣之姪陳櫂連江人陳光亶

陳夏卿①閩清人縣志作鄭夏卿②陳夢兆長樂人紹興十七年解首陳襲

林光　方襄時可之姪張夢祐

武舉葉良臣　魏有聲　張時用　林几　陳昭

德縣尉俱閩縣人許祖道懷安人林襲連江人林惟揚　潘元

校注：①②卿

震後登進士俱福清人 陳諶表臣之從弟石門尉 陳端臣表臣之弟俱永福人 鄭

應衡之姪

八年壬辰黃定榜 李泳夔之孫 邵觀 趙焯燁之兄 張時舉

林致 陳鼎才樞才之兄 陳炳禾之子户部侍郎顯謨閣待制出知邳州 陳

嗣明 林煇俱閩縣人 陳億才輔之孫鄂州司法 洪叔莊叔寰宇志作叙

元方之弟林行可 李歲 鄭晞疇 鄭適偘之孫 陳仲

禮才輔之子俱候官人 俞言 葉明之俱懷安人 陳百揆致一之子 陳

百昌致一之子 翁韶 林棨 黃旦 陳公亮 陳桂

林彥常俱長樂人舊志無林棨林彥常而①寰宇志有之今增入 游士衡 潘

校注：①寰

元震乾道五年中武舉俱福清人　邵景之古田人　黃定第一人見人物志

蕭說國梁之從兄　黃岳師尹之弟　黃方開俱永福人　蕭誠意閩清①

鄭必魏　張渙然維宋之子　梁甫大任之子保昌丞　高安世

高介卿安世之父迪功郎　劉文禮師亮之子俱郡人

特奏名　朱箕壽　王藻　韓待聘　葛必徵　鄭

揆之揆縣志作挺　陳敦尊　黃景梁　林槩　葉元鳳

劉思衡　黃中行　楊維則　陳馨　王之鐸

林穎中　李巖起古田人見人物志　陳鐸　孫邵　曾丕

烈默之孫　李倫歲之叔上二人俱候官人　陳介　樊文懋繹之姪　林

校注：①缺"人"字

奉先 高煥章 林從上三人俱長樂人 郭夢俊夢濟之弟 曾首質之從兄 曾元夫質之姪 王伸之 王時中 陳恭

周師尹 倪珪 余聰思 龔璧之上四人俱羅源人

武舉 何說 王三俊 吳子儀承信郎 張湊 章次郭俱閩縣人 許國懷安人 鄭霆連江人 高石福清人 黄玠永福人

許宗道祖道之兄

八閩通志卷之四十六

八閩通誌卷之四十七

選舉

科第

福州府

宋

淳熙元年甲午太學兩優釋褐 鄭鑑連江人南鄉之孫見人物志

二年乙未詹騤榜 朱士挺 翁順 陳昇景參之曾孫 柳東 王郭吾之弟 王軺 林凤几之兄 楊夢惠丞之子 鄭肇之祖德之孫俱閩縣人 楊敏中應之從叔 陳孔碩見人物志 關文通韶之曾孫

劉商衡　范文壽　余伯寬清之從姪　彭熿公求之子　陳次
公叔嘉之子　葉楠儀鳳之姪孫　鄭應辰　解渙梓之姪俱候官人　彭
崧文嗣之姪　劉公予正之孫俱懷安人　潘必勝　吳節　李中
林立之安上之姪　張叔向　陳樞克佐之姪　陳萬俱長樂人福清縣志
以陳萬為其邑人　陳少皐　林熲　楊撤和州教授　姚宗震
陳聰　陳宗召　吳桂俱福清人　林文仲閩清人公選之孫　王
得遇省試第二人　張斗南　倪民獻俱羅源人　江立叔洵直之子
陸伯正郡人雋卿之子

童子舉　何致遠羅源人特賜將仕郎寧德縣志以為其邑人

特奏名 林時中 劉昪 梁大臨國寶之子 林牧 周
光宗 姚知默 黃芹 謝章 李迪 林祥
陳復之 陳津 張偉 張晉 林登舉 陳正
中 楊強 陳孔鑄長樂人 黃斗南 黃袁 韓讀
黃光度 張甲元連江人
武舉 張鵬甲元之弟 鄭震俱連江人 李國勳國輔之弟 邵應辰
林漢輔三縣巡檢 黃鳳俱閩縣人 許鳳 劉興宗俱長樂人 林叔
起福清人 林應趾希之姪孫 蕭必勝 張時修時用之弟
四年丁酉 車駕幸太學上舍釋褐 楊範翼之之從兄 陳允升

閩縣人

太學兩優釋褐　黄唐閩清人太學録

五年戊戌姚穎榜　湛循嶢之孫　鄭應申　陳介卿　孫睎

甫　陳石　鄭瓚瑀之弟俱閩縣人　方睬時可之族　黄泰　林

采大聲之孫采家宇志作木非　陳綱俱候官人　曾春懷安人　卓杰　卓

珣　陳自強僩之姪慶元中由選人謁韓侂冑得太學録未幾入館遂擢右正言諫議

大夫御史中丞踰月登樞府丞遷右丞相阿附充位不恤國事每稱侂冑為恩王恩父侂冑既誅連

貶竄死於廣州　陳絢思文之姪孫　李鼎祈　陳覺先　陳聿　劉

允成　陳椿年俱長樂人　陳子擇擇縣志作釋連江人　鄧林見人物志

王方 鄭鑄 林樾 陳震 朱木 任燁①俱福清人

舊志無王方林樾而寰宇志有之今增入陳明作 柯才登德化薄謝鼎

蕭國馨國梁之從弟蕭國均國馨之兄俱永福人潘鳳 潘麟鳳之

兄余及 鄭禧 陳公顯祚之孫黄孝惟則之子俱羅源人縣志

以陳公顯爲十四年進士梁大亮國寶之子張若霖 柯甲 張鶯

吕翠 陳用之郡人誥之孫

特奏名 黄元質 林誼 陳敏修敦修之弟陸玠震之子上

二人俱侯官人崔俊 馮異 李次膺 鄭千成 黄樞

王經仲 陳唐佐唐佑之兄方與權 高徽 王夢有

李幸起古田人巖起之弟 陳宗亮 余介卿 鄭謩俠之曾孫

卓嶷元龜之孫 葉之盛 陳賞 卓汝顯 楊宗旦

黃公輔 陳自得自強之兄 朱求叔 陳亭甫 陳安

仁嘉祐六年傳之孫

武舉 陳說第一人 倪震 楊明輝 鄭子遇俱閩縣人 鄒

次鳳長樂人 程汝翼第二人連江人 林軾 許必克 許士

知俱福清人 黃牘永福人 姚浩候官人俊之之子 鄭炎子遇之弟

七年庚子童子科先一歲指揮自今童子舉並要年十歲以下通誦六經及語孟全文方許赴試

林公洽長樂人以四歲全通九經特授迪功郎 何擢懷安人以九歲全通九經特授

迪功郎

八年辛丑黃由榜　朱鼎上挺之父　孫格　王瑜　王宗度

陳士表　歐賁　黃左之　陳永叔　黃稱瑾之姪

何庇　陳宗訓仲謨之弟　李公升泳之從姪俱閩縣人閩清縣志以黃稱為

其邑人　潘士表　蔣斌　王椿　洪綬元壽之姪孫　陳朴

陳綽　洪公巽浩之姪孫　曾鉌丕烈之子　池申　方宋時可之姪

孫　洪鑄元壽之姪孫　陳脩億之弟俱侯官人　陳珪　李貢　林

觀國俱懷安人長樂縣志以李貢為其邑人　張紹　張綬　陳可行

俱長樂人　俞南仲　林侍俱福清人　陳岡古田人　林谷　王泰

之吳敔 蕭彰俱永福人 黃瑾叟之子 葛有興紹興三十年解

首俱閩清人 陳天宜 朱淵 潘淯 周震宜老之孫 曾曄①

質之子 陳堯佐以乾道五年學究出身再試俱郡人

特奏名 林定國 黃縉叟之子 陳賁俱閩清人舊志無陳賁今依縣

志增入 連楹 黃開 林惠輔惠縣志作忠岳之兄 何孟文上二

人俱長樂人 張驥 高夢鄉 陳癸 黃廷世光宗之子 甘

霖 商俊福清人份之弟 黃時中 鄭沖之俱連江人舊志無鄭沖之

今依縣志增入 王士廡 陳縝第一人羅源人見人物志

武舉 吳贇 吳堯仁 李叔准俱閩縣人 施子禮懷安人

校注：①曄

陳績 黄萬石俱長樂人 林浩福清人 江伯虎第一人名南強唱名日御筆改今名 林萬全俱永福人 蔣夢震候官人試之從弟 盧南仲南金之弟

十一年衛涇榜 呂啓宗 高首鄉 林士衡 潘子儀冠英之從姪 連虞鳳 林昉 鄭域 何士顯萬之姪 余用之 鄭驤 高名世 梁昊俱閩縣人 楊宜中 陳睦 楊安 鄭昌之昂之孫 曾愿汪之姪俱候官人 林文蔚懷安人 王益祥見人物志 陳績覺先之從弟前武舉登第 陳綰績之從兄 鄭洙俱長樂人按縣志又有陳晉卿舊志及寰宇志俱不載 李稟 陳舜申

見人物志俱連江人 林瑑滴之孫 林叔起 陳子冲 林璟滴之

孫 林復之 林瓌滴之孫 夏允中 劉龔 薛孟能

廣東機宜孟舊志作夢俱福清人又舊志無林叔起林復之而寰宇志有之今增入 江伯虎

前武舉弟①一人 張起宗俱永福人 周士貴 葉景溫俱羅源人 黄善

陳潮寰宇志無已上二人

特奏名 陳謙亨 陳浚宋霖之姪俱長樂人 黄奭 黄雲

林森 許惠卿 陳楠 程萬 林朴連江人 黄嚚

武舉 林可大 王億 賴嘉猷 鄭顯大 林宋

輔俱閩縣人 孫祖武 鄭良佑 馮煥 黄公舉俱候官人

校注：①第

張泳之　吳沖　施子美子禮之兄　連向俱懷安人　林之望長樂人　黃東連江人　林⿰山票第一人　林獲俱福清人　劉方輔永福人

十三年丙午太上皇慶壽恩上舍釋褐　潘子直閩縣人冠英之從姪　林彌明長樂人

十四年丁未王容榜　林選聳之子十三年解首　陳元衡誘之子　林執剛　朱著倬之孫吏部尚書兼侍講　林千　柯坊人　鄭昭先見人物志　陳誘公格之孫　陳方　陳誠中　黃恂倫之子　陳億

沈康　林拱之　謝伯常　柯謙宗梁之曾孫　陳燾

林子發　鄭德美應申之從弟　吳申俱閩縣人　陳元①第二人　陸

校注：①第

彥敏蘊之曾孫林翱然　劉崧奕之曾孫吴彥齡　方巖起
俱侯官人陳綏綰之兄林昱　陳宋烈　林時英俱長樂人黃
子善　林琪　李庚　陳德豫見人物志俱連江人方沂
商佾①分之弟朱金發見人物志俱福清人黃密斗南之子黃自誠俱永
福人林伯成閩清人自之子陳公奉公顯之兄陳甫申之弟俱羅源人
特奏名　黃邦彥公舉之兄馬璋瑒之兄鄭發　林亞文上二
人俱長樂人按縣志又有林龜高癸舊志俱不載呂格　余飛公古田人方
薦鶚　王良輔　魏應之　吴季山　劉撝　許
教　黃九齡　楊興之　陳夢英　陳璟連江人林

校注：①份

應辰

武舉 許邦光國之弟 潘子震子直之從弟 鄭鋼 陳介石誘之姪 熊武飛之姪 楊舉俱閩縣人 林伯成長樂人之望之弟歷閤門舍人知高郵軍終知直州 王復古福清人 江伯虁伯虎之弟①弟二人歷東門舍人終東南第十將 黃浩俱永福人 潘子禮閩清人

紹熙元年庚戌 余復榜 潘景伯師孔之曾孫中大夫淮東提刑 林迪朝奉大夫廣東提舶 陳積幾之孫 林億千之兄 林挺秀 李昭簡能之姪 柯晉中居永福 李元輔 陳士表朝請郎廣州倅 黃廣 潘顯伯 潘纈伯上二人俱景伯之弟一本又以為景伯之兄未詳 黃芻

校注：①第

鄭行可 王元應 堯臣之孫朝請①即大理寺丞 許俊築 俱閩縣人長樂
縣志以王元應為其邑人 張益之 王旦 亘之兄 陳子堅 倬然之子 洪
搏 元東之孫 姚有容 房州倅俱候官人 高惟月 中奉大夫 潘文煥
李真 仲淹之叔 鄭屋 曾準 椿之弟省試賦魁朝奉郎廣東提舉俱懷安人 林
藹 忠輔之從姪 丁愨 俱長樂人 陳沖 連江人 林振 仲堪之曾孫朝奉郎知邕
州 卓石 林灼 灼縣志作綽 劉植 鮑旍 潘梅 馮
欽 鄭牧之 徐次鐸 俱福清人 林演 古田人 黃謚 黃
千里 知建陽縣 梁發 張任國 陳儀之 柯萬卿
盧鎮 崧之孫 黃甲 俱永福人 葉宗魯 黃瑄 謙之弟 陳樸 朝②之

大夫邕管安撫張牧翶之子陳擬父與行同榜通直郎黃備瑄之子陳德

進張從之翶之子大理丞廣東運判陳與行擬之父知興化軍余天

迪俱羅源人陳逕寄居長樂萬可之姪貫台州陳桂寄居湖州寰宇志無已上二人

宗子附進士題名始此崇祉知南劍州善岐善峙之弟彥備希錫

善琪善然上二人俱寄居連江善佳善牧

特奏名陳錡卿當之孫陳適正陳友直俱連江人王炎

翁章劉三顧林岜俱古田人陳剛剛縣①作遜葛有成

陳侃黃洽俱閩清人楊覺第三人魯之子陳寅俱羅源人陳惟中

林槐卿陳旦劉岳林袞②韡匹燾劉靖

校注：①缺"志"字　②韓

林夢欽　黃世德　李溥　柯杞　柯若谷　林日休　張仲昴　歐陽實　黃子強　柯端卿諫之子　陳夔章　詹綬　林虞　高癸長樂人縣志以為淳熙十四年特奏　林滐　陳樞　杜張維　林元明　林廷英　韓縞　黃旃

武舉　劉威福清人　李若水傑之子　陳雲表臣之弟俱永福人　林淮太徽之孫　林宋興　卓孝恭　黃天瑞　鄭肅行可之姪　劉漢臣　韓椿臣之姪　徐珏　林昴　林高　高①□

上舍釋褐　黃舜俞閩清人　謝昇

校注：①頓

四年癸丑陳亮榜 任一鶚文薦之孫中奉大夫 李宗申 曾龜之□①子大理寺正廣東漕 朱筍敏元四世孫奉議郎知宣城縣 連士登康時之孫 陳惟和 蘇端準 韓桷寄居嚴州 陳克 陳至和銳之子 黃民表俱閩縣人 陳恰朴之弟 陳典之邵之孫 林子沖之奇之姪 陳忠壽之曾孫 陳武公次公之弟俱候官人 林復之奉議郎知潮州 任匯 吳功亮 吳時亮功亮之兄俱懷安人 陳伯震襄之八世孫龍圖閣學士 陳景年佐堯之孫 王沖用俱長樂人按縣志又有李嵩奇舊志及寰宇志俱不載 陳德一連江人舜申之子見人物志 劉之邵國均之曾孫知六合縣 鄭牧俱福清人舊志無鄭牧而寰宇志有之今增入 林師皐古田人岊之姪瑞金宰 黃守求福

校注：①植

人福清縣志以為其邑人陳萬頃　葛有立俱閩清人舊志及縣志無葛有立而寰宇志有之今增入林仲龍　黄士清槐之子知賀州黄士特懦之子鎮江倅黄說俱羅源人縣志無黄士清黄說林獻貫湖州居永福林昱福清人、貫泉州馮多福裘之父寄居常州蘇興甫貫興仁府陳益綿貫漳州介石之弟寰宇志無以上五人

宗子

師叡師懿之弟、汝朴善漴之子師棠師懿之弟彥延

特奏名

方崗侯官人陳縜①纘之兄劉毅　林岳俱長樂人洪信臣　鄭夢承俱連江人劉八成福清人八威之兄陳炳　梁召　盧琳　吴允禮　劉概　林擇善　林巖

校注：①縝

王廷秀（廷秀舊志作之秀） 郭東美 曾頡 林沖之 趙昱

武舉 劉漢臣（長樂人） 姜必大（知萬安軍） 陳試伯（大用之兄） 程元鼎（知高州 俱連江人） 許應辰 郭欽 方審（候官人 寀之弟） 危伯熊 黄樞 林宜之 林翹 潘子寓（知復州） 陳遇（亨衢之孫）

博學宏詞 陳宗召

慶元二年（丙辰） 鄭應龍榜 邵應祥 鄭孝純 陳鑑 陳同伯（克瑄之族） 楊景商（大猷之孫） 鄭唐臣（易之子） 陳京 林

景達　邵應瑞應祥之弟　任一龍文薦之孫　張可大　鄭沆

柯必卿柴之姪孫　林景中　林應龍　陳諤　阮幡光澤丞

柯龍受柴之姪孫　朱景瑩　林起莘湖南倉　歐質賓之弟

鄭天麟湜之子俱閩縣人長樂縣志以陳諤為其邑人福安縣志以阮幡為其邑人　鄭

拱擢之弟　張士炳　韓同昌國之元孫掄之姪　葉莫發之弟歷吏部郎中

江西憲漕終中大夫　方隆時可之曾孫　葉發奉議郎　湊沖球之姪孫俱侯官人

洪杲公翼之子　潘剛　余經國深之元孫奉議郎俱懷安人　林闢立之

之姪貫漳州　陳泳彥啓之孫　鄭盐　王盐祺盐祥之兄寰宇志及縣志俱作

夔祺　周申申寰宇志作用俱長樂人　陳擢叔連江人　林清之掄之子中奉大

夫直華文閣湖南漕　林僖　俱福清人　余叟　復之弟　余亮　光廷之姪孫　俱古田人　寧德縣志以余叟為其邑人羅源縣志以余亮為其邑人　劉三益　永福人　陳清　羅源人安仁之子　王溆　貫紹興　葉子高　貫夔元府大理評事　葉觀　貫興化軍　劉宣之　貫興化軍　陳季脩　候官人安鄉之子貫泰州寰宇志無已上五人

宗子

善逢　古田人善彬之弟　彥假　公實之子　希梁　希魏之弟　崇恪

彥揩　彥拯之弟　彥翿　彥代之弟　汝悉　汝孝之侄　希灝　師董之子　洵夫　沂夫之兄

特奏名

林槩　弟二人候官人采之弟①微州通判　陳淑　陳淵　陳士顯　陳旦　壽朋之曾孫　俱長樂人　木宗　連江人　陳戍　周申

校注：①徽

俱古田人林吏　嚴肅　林元鼎　鄭谷　商倬　陳

弼　張維　詹驥　鄭鈞　陳鼎任　李沐溥詠之兄

鄭起莘　高震之　商伉倬之兄　程熹　高實　湛

衍　許仲宏　林士器　林登之　林用中

武舉　許應辰長樂人　陳大用連江人　陳著永福人　游昌叔

姚洛侯官人俊之之子　林寔之　柯國良　黃季鷹　黃

宣　陳萬石

上舍　釋褐　鄭擢侯官人掑之兄　李琪彌遜之孫國子司業　黃膚卿架閣

俱連江人

五年己未曾從龍榜 林発出之兄居長樂 湯震 傅起巖 鄭頤 鄭駿驤之弟 李起渭 項夔開①奉議郎 池鑄寄居連江 方杰朝奉郎 楊惟寅俱閩縣人 梁丙朝奉郎知泉州 李沖遇之父國子監簿 蒲開宗堯章之子 蕭杞朝奉郎 江公宜文叔之子承議郎 陳孔夙寄居平江孔碩之兄 林襲自之姪 楊譽詢梅卿之弟 姚子材育容之弟國子祭酒 齊琥俱侯官人 王天言 李德立 劉泳若虛之元孫 陳端俱懷安人 林冠英発之弟郡倅 黃岦朝請郎潭州簽判 陳起先自強之族先縣志作霖 高鍵俱長樂人 敖陶孫見人物志 林孝聞大理寺丞知撫州 陳大雅 陳貴誼宜宗召之子後中宏詞 劉沐貫建寧潮之弟 林

校注：①郎

圃俱福清人按縣志又有林豈舊志及寰宇志俱不載蘇大章古田人見人物志黄
寔斗南之子知汀州柯褓才聳之弟俱永福人何應酉羅源人珪之子知德安府
李大有丞相綱之孫奉議郎陳夢建伯圭之兄寰宇志無已上二人
宗字　崇節崇臯之弟椿夫彥早之子綦夫侯官人彥夔之姪
特奏名　謝澡第一人曾貢禹第三人椿之弟侯官人林德秀
萬彪習震之弟林綽然　鄭洪　林曾　陳申　張夫
翼　陳可速　陳禧　顏庶　萬習震彪之兄劉䒷①
先　陳才召　陳翼之大方之子王沂瀛之弟林浩翥之弟
趙震上四人俱長樂人倪翼羅源人允之孫黄瓛　梁廷儀　陳

校注：①夢

瀛　林宋鈞　陳元①鄉　林亨孫　林果（候官人采之弟）

魏謙　朱晉　陳欽之　陳曈

武舉陳良彪第一人　陳萬春（垓之父知雷州終侍講俱長樂人）　洪文

舉　馬萬里　林早（夙之族）　陳渙　陳宗襄　李亮

第三人

嘉泰二年（壬戌）傅行簡榜　柯誠中　陳俞　葉柟（明之之姪）

陳夢章　余夢泰　楊景良　林光敷　陳士表（峴之子知岳州）

李增與（俱閩縣人候官縣志以楊景良爲其邑人寰宇志無陳士表）　王

同（亘之子架閣）　丁謙　林半千（淮西提刑）　姚同　江巖公

校注：①元

陳端甫俱候官人田元晉質頤之弟林揖俱懷安人林得中南劍州通
判卓然林晉之俱長樂人連江縣志以晉之為其邑人張邦用縣志
以為慶元五年釋褐蓋誤趙琯陳槐卿少英之子侯國俱連江人陳紘
鮑介然俱福清人林森古田人蕭羲國均之子李伯屋俱永福人黃
孟求羅源人朝議大夫潘子京冠英之子鄭震居閩縣貫建東吳俯居候
官昉之曾孫貫江陰軍張渙臣趙綝貫解州林子正貫撫州寰宇志

無已上六人

宗子性夫浙東安撫希沂繹夫彥夔之子汝臣汝仍善秉
之子汝琉彥侯彥傳之弟繩夫綦夫之弟希洵崇洽汝

鄉

特奏名 任伯岳閩縣人文茂之弟 陳萬脩①坦然之子 黃爕宜之父

張黃中 陳衡之俱長樂人 陳朝英少英之族 陳應求與陳朝英又見開禧元年特奏未詳孰是 黃佺黃縣志作董俱連江人 詹綿 陳世公

孫說 張孝達 鄭杲 陳卣 倪駿 鄭桂

林捸 柯棠 鄭瀛 潘子儼子儀之弟

武舉 曾亨甫閩縣人 林克永福人 姚簡中 吳震 黃桂後登嘉定元年進士第三人

博學宏詞 陳貴謙宗召之子江東提刑

校注：①坦

三年東駕幸太學該恩　陸仲遜　吳達之　林訪
林溥　林時中　陳元脩　林景莊　王榕韜之弟
兩優釋褐　林坰候官人國子司業湖北提刑
開禧元年乙丑　毛自知榜　周鼎來毅之孫　楊公俊省試賦魁大猷
之族　陳瑢大亨之子監察御史終宗正少鄉①　劉炳文商衡之姪　黃灝毅之姪朝
散大夫刑部郎中　林埶善桷之族　陳季麟元圭之族　連懋逢辰之子　李
萬傳　陳垓禾之孫直寶章閣淮東提舉　林應行　羅誼　林
鍧　仵公玉　林子昌　褚天祐　陳韡孔碩之子見人
物志　梁成大寶慶初轉對陰詆真德秀諸②諸賢拜監察御史復論德秀及魏了翁楊③楊長孺徐誼

校注：①卿　②衍"諸"字　③衍"楊"字

胡夢昱宜重加貶竄除右正言進左司諫權刑部侍郎端平初洪咨夔吳泳先後論列竄潮州成大

天資暴很心術險巇凡可賊害忠良者率多攘臂為之與李知孝莫澤號三凶李起巖邁之

族俱閩縣人吳應龍均之姪孫林公紹謝伯恭奉議郎黃從

樞之姪朝奉大夫知韶州曾應甫晏之曾孫楊宏中宜中之弟見人物志姚自

有容之弟承議郎黃公謹崇之孫阮登寄居羅源俱候官人曾鼎春之姪

余震青深之族姚默卓山甫鄭志學杲之弟陳甲公格

之族俱懷安人鄭選長樂人邦彥之孫褱字志以為長溪人丘師陶劉龐

八成之子前知瑞州姚直夫俱福清人舊志無姚直夫而褱字志有之今增入陳王

度永福人葛從龍省試第二人朝散郎監丞黃肅定之弟薛東陳

愷通直郎俱閩清人　陳逵羅源人公奉之子歷監丞知楚州　陳垕居長樂貫平江

黄蓉居永福斗南之族貫常德　吕當哥孳之子歷監察御史終中奉大夫宫觀居江陰

寰宇志無已上三人

宗孚　汝雲善晤之姪　師詹　彦珽　必簣崇璟之子　汝玫

汝竣不敵之姪孫　汝固寄居連江朝議大夫　伯豫　彦侗彦代之弟　汝嗣汝悉之弟　汝倍善秉之子

特奏名　許暐炳之姪　韓輝卿彰名之兄　余侗利賓之曾孫上三人俱候官人　鄭寧卿易行可之弟　張萬　黄端　馬春卿　杜錫百　林百順浹之孫　王黙　魯洵美　陳存中　林

見獨　鄭震　陳絢　林歸　賴行之　陳震
余憲　丁似　楊繼先　楊魯　李炎之　鮑景
郭成章　潘邁　李觀　黎良能　高評　陳安
石　余子韶

武舉　鄭公侃第一人　陳子衛連江人歷閤門舍人終知封州　林訾
鄭嗣之椿年之子知化州　章德高　林巖起　施國威古田人
吳繼仲　林登惟楊之姪

特奏名　林復之　程君舉　蕭翼　陳天驥

嘉定元年戊辰鄭自誠榜　許應龍仲容之子見人物志　吳實卿

朱趯章士挺之子任應龍文薦之孫朝請郎鄧復黄德洪溥之
孫連德嘉逢辰之弟周霖偉之族鄭仲路肇之之子知連州林少
從鋗之弟陳震南美之族除監察御史終大理少卿陳時舉陳子是
聰之子承議郎葉棠柟之族陳元之同伯之兄俱閩縣人黄桂第三人邦彥之
子嘉泰二年武舉出身太常少卿徐範左史見人物志曾夢傳伉之元孫黄順
鄉邦彥之子主管官誥院陳元震椿年之族朱伯旻俱侯官人鄭斯立
鄭閩珍志學之弟陳道鄉俱懷安人陳朴厚貫寧國府宋霖之孫陳有
聲陳景仁致一之孫朝請大夫江西帥參俱長樂人寰宇志無陳朴厚陳有聲孫
德輿㬋甫之子江西提刑特旨一子恩澤林獲貫臨安府淳熙十一年武舉知梅州陳

去非　林之巽　陳起俱福清人舊志無陳去非林之巽而寰宇志及縣志有之今增入　高子昇見人物志　施潭斤國威之兄俱古田人　黃安之上舍諡之姪　黃與欽官第一人子春之姪　梁子張京之弟　馮三傑與好之姪　張劉變雲翼之族綜都餉　鄭夢鈞知剛之孫俱永福人　鄭自誠第一人董子科免文解湖南漕試賦魁見人物志　黃爌愉之子俱閩清人　朱實之知興化軍　沈更寄居溫州　陳公益貫慶元府寄居閩縣兵部侍郎兼侍讀寰宇志無已上二人

宗子　續夫　繇夫　綖夫上三人俱彥變之子候官人　必興崇祉之子　崇崒汝孚之子　彥傜①　汝誠善佳之子　彥仍公賓之子　汝麗善璋之子　崇壘汝探之子　與裒省試取應第一人知南安軍

特奏名　鄭次魏　陸明遠侯官人楠之從姪　陳俊　林昺
長樂人黃犀璧之叔　林汝能喦之姪俱永福人　鄭實　林宗會
陳允卿俱閩清人　林公瑞　潘隨俱羅源人　林翹如　潘孚
則　陳言應　林誠之邦符之姪　陸嘉禮　葉昌之
黃士玠羅源人
武舉　黃良貸永福人謐之子　王西應祖道之曾孫　陳秉碩　賴
嘉言　高經連江人　林萬春
特奏名　賴鳴嘉言之弟　鄭儀之公侃之兄　李叔瀛
博學宏詞　陳貴誼慶元五年進士詳見人物志

年辛未趙建大榜　葉應辰　陳辰定國之姪　鄭景儀　林
趙卿　郭泳　張宗　劉該松之子　黃之望寄居連江　洪
卯鑄之族　陳伯寬南美之族　蕭松申　張輔居永福　阮實
朱春　周千里震之子　林稜之　黃飛　蔡公申知惠
州俱閩縣人福安縣志以阮實為其邑人寰宇志無陳辰　李照　黃登南劍倅　徐
孝顯　陳飛　陳貴卿　黃愷詹之曾孫　劉庚夢先之姪　任
士寧　陳彥信復之兄俱候官人　劉浩知邵武軍　劉珙　林樞
楠之兄朝奉郎　陳雲俱懷安人寰宇志無林樞劉珙　張翀朝奉郎左司郎官　黃亶
宗學博士　蔡缶　陳子惠　黃千鈞俱長樂人　陳德林寄居平江

奉議郎黃龜甫知建安縣俱連江人孫禮輿晞甫之子建昌倅陳祐孫

林良顯省試賦魁僖之弟知連州俱福清人鄭良翰潛之弟朝散郎通判林元

國子錄黃夢高俱永福人寰宇志以鄭良翰為閩縣人張庠　張繙闢之

孫歷禮部侍郎權兵部吏部尚書以補闕程元鳳論罷寶祐中拜端明殿學士同知樞密院事參知

政事封長樂郡公贈少師俱羅源人李韶貫平江寧之之弟見人物志李寧之韶之

兄知昭州林護上舍貫興化縣陳直言貫臨安府羅源人寰宇志無已上四人

宗子必取必興之弟朝奉郎彥遏　時嘉董夫之姪希佈　與

璣　董夫　綘夫彥摺之子襸夫居連江知劍浦俞夫　希璛

湙夫　崇春汝玫之姪普夫　希字

特奏名 田頤懷安人元晋之兄 姜師恪 鄭公岳 林逢
午 鄭騏俱長樂人 林應辰古田人 宋綬永福人 蕭鑒 張
述俱閩清人 黃文羽惟則之孫 林欽夫寄居長溪俱羅源人 余游 吳
利見 徐公信 陳伯謙 鄭靖 南若礪 陳
雲卿 林文 陳仲杞 張夔 張熺 陳公柄
鄭伯忠 王明之 許夢松 林暠 鄒廣聲
楊勳 何自正 王企 林杲 黃廷 楊少發
武舉 洪冊浩毅之族 張公復 陸源彥敏之姪 方子宣省元時可
之族俱侯官人 林鄉雲

七年甲戌袁甫榜　張正子昺高之姪知靖州　朱晉　張元簡時修之子沿江制置副使　李澤卿　王立節　湛顥循之姪　曾是善亨甫之兄

俱閩縣人　陶季侍　陳汲居長溪最駿之族　陳子震　吳文震

余觀國經國之弟知邵武軍　鄭光增奉議郎　鄭自得毆之曾孫　李遇中之子監察御史秘書監　陳義和典之姪前國子監簿　林仁伯先民之族　張煥

葉儀鳳　黃林發澤夷之孫　方沖卿宷之子奉議郎俱候官人寰宇志無葉儀鳳　劉拱辰　馮若水　戴熹俱懷安人　曹伯成長樂人

林子升連江人宣教郎　林倚　林炎楠之族寄居嚴州承議郎　陳絃

顏惟直寰宇志顏作顧　鄭屋俱福清人　唐麟古田人　柯適別院省試第一

人垓之姪漳州通判陳綰俱永福人、黄起宗庸之姪陳李彬嶠之子俱閩清

人黄倈瑄之族奉議郎黄欽淶之族奉議郎黄夢顔瑄之子法曹參軍俱羅源

人李士熇侯官人倫之孫貫泉州李衛 趙豐亨寄居平江許澡

寰宇志無已上四人

宗子時儴 汝戀 檖夫彦曦之子崇祉知漳浦縣上二人寄居連

江汝惓 崇儷 與奕縣志作汝奕希逑與奕之父上二人俱古田

人彦仟公實之子汝檖汝峻之弟希沇希洵之弟崇恵 璲夫彦行

之姪

特奏名 張澈第一人澤之兄寄居①楊州王軒軺之兄曹渭 黄鍔

校注：①揚

蔡褒懷安人 鄭安夫 吳騰俱長樂人 張煥弦之弟 林夔孫

見人物志 阮亨謙俱古田人 曾華① 林晞呂譽之子 王惟月

方壽甫時可之族 高邃 李大壯綱之孫 楊勳 卓應羅源

人 陳合 鄭潛希純之兄 蕭萬里

武舉 陳孝嚴福清人知光州 劉益珙之弟 王介 柯夢旂子冲

之兄知雷州 柯子冲省試第一人夢旂之弟上二人俱永福人

試中教官 陳雲

十年丁丑 吳潛榜 王維祺 鄭良臣第二人省魁欽之兄太常寺博士

陳士擒機之曾孫 黄辰顯 潘繼伯潛闓之族 劉勺 林垚

校注：①華

宗士衡之弟李公侁中之姪居長樂陳槼逕之子連嶸 梁琮大任
之孫陳德遇 鄭清卿 林應辰士衡之族池昇 林觀
過凤之從姪糧料院鄧瓊 陳士介 潘觀剛之姪俱閩縣人楊
公羽 林紘 連世榮士登之子王萬同之弟方應祥時可
之元孫鄭應龍 吳文龍應龍之兄方禹錫時可之族俱侯官人李
仲淹攜之曾孫余伯泰俱懷安人陳調一舜申之子知新州李鑑廣東
提舉包榮父奉議郎俱連江人林珪仲堪之孫奉議郎陳伯鼎 林
宗烈 姚亨震俱福清人舊志無宗烈亨震而寰宇志及縣志有之今增入力
起處州倅唐璘最之孫見人物志余夢賜宋興之子俱古田人陳興龍

吴丙惠州通判梁子強子張之兄承議郎陳垓省試賦魁居長樂淳祐中爲監
察御史除左司諫兼侍講遷侍御史與鄭寀周坦輩排斥善類見譏公議寶祐初宰臣奏其貪贓不
法謫潮州梁庚闌俱永福人黄孳閩清人璀之子黄之望羅源人戊才之姪奉
議郎連江縣志以爲其邑人秦文煥貫袁州居懷安林公慶寰宇志無已上二人
宗子汝瑀與官彥傳彥嶓喻夫彥代之子與
琳與璣之兄與玫與琳之兄汝腴不敵之孫汝佩以夫彥括之子寄居
長樂見人物志彥俔公實之子與侍汝登古田人善進之子知石城縣與
枳與環師弁與宰崇棠時鑄汝覓
特奏名陳珏柯燦宗謙宗之弟張夔謝自信馮

典俱長樂人張參武舉北海之兄永福人萬搏陳子喻夢綿之弟余
游劉從龍鄭鐇陳公升林正諤陳應
時劉孝友林士瞻穎之孫葉伯秀上二人俱連江人蘇
盛甫曾復貢禹之族陳士豪候官人次公之子
武舉朱夢得陳聿甫連江人黃子儀永福人陳端
十三年庚辰劉渭樓鄭顯孫林子陽林應運林
公演黃士華居長溪陳如晦餘慶之族林叔褒寄居泉州周
說鼎來之子林公慶楊時升陳子直王庭黃
亮連必嘉南夫六代孫徐敏功寄居慶元府黃複居長溪陳

光大曄之姪魏復亨　梁夔庚　潘可叔衢之元孫宣教①郎淮
西運幹俱閩縣人王振文　盧奘文同父之弟太府少卿兼直學士院曾
齡噩之兄彭爚公永之孫歷架閣終南外宗院葉一新能報之曾孫曾韶
顯伉之孫吳易簡元衡之子居永福俱假官人陳寅亮　王振
王泰定震定之兄陳澄子俱懷安人陳子誠子愚之族周角　徐
漢章鏌之兄林揩俱長樂人陳景明　劉屋俱福清人舊志無劉屋而
寰宇志有之今增入林敏省試第二人古田人何守約　黃起渭知富陽縣
黃若鳳毅之孫俱永福人黃師參景説之子國子正南劒添倅徐夢得
池洙俱閩清人任友龍第三人文薦之孫貫建昌居閩縣婺州倅李公縉起巖

校注：①郎淮

之姪貫平江居懷安柯亭宗端卿之子貫紹興居候官襄宇志無已上三人
宗孚　崇瑒　紃夫彥夔之子綯夫紃夫之弟上二人俱候官人崇傚
通判安吉州崇栗汝國之子上二人寄居連江崇能　崇俟淮東提舉崇希
平　崇意　與灝希平之子汝清　汝仇　崇性崇恪之弟
特奏名　葉林閩縣人林國英　黃林聳　林逢年
張阜　鄒昞俱長樂人盧垕鎮之子黃閌俱永福人鄭瑩中閩清
人陳士龍羅源人潘唯　陳行申　葉應辰　陳曾
之龍興之叔陳士驥童子舉黃古心古學之兄陳衡材　陳應
求嘉泰二年開禧元年特奏俱有是名未詳張暄　鄭光廷　黃祁夢高

之姪

武舉　曹翯　盧德亘　莫應辰　鄭天翼

黃元吉

十六年癸未蔣重珍榜　謝觀國藻之族知廣州新會縣　張知憲宗侍之父知潮陽縣　杜輔良寄居羅源　鄭清子　曾公益　戴翼知邕州　馮惟說　任一鳴一鶚之弟　陳瑄大亨之子　任惟明一鳴之弟

陳士脩士表之弟　鄭公孫　陳子順堅之之兄知永豐縣俱閩縣人　陳夢庚襄之八代從孫　陳元鳳　曾必大　梁柱　黃脩華之子寶慶府倅　陳應龍太常博士廣德軍添倅　游繼榮省試第二人　葉爻

新　陳著士表之姪俱侯官人　林楠通直郎建寧教官　劉天乙　林
譱鳴　卓杰　廖福孫俱懷安人　陳逢寅　郭喆俱長樂人
林明之仲堪之孫　林杲　陳棐　林濟　林琥　林炎
申之孫大理丞俱福清人舊志無林杲林齊而寰宇志及縣志有之今增入　王公廙
蘇士洪俱古田人　林宋偉永福人昱之叔廣東提刑　葛崇節從龍之姪大理
寺正廣東運判　鄭德起元樞之子知興化軍俱閩清人　黃萬羅源人　彭穆年
後改名耕道寅之子　李任部鑑之弟貫平江終朝請郎　黃炳貫泰州寰宇志無巳上三
人

宗孚　汝傪　崇沆　璽夫　彥偶公實之子　希豐　汝

備　彥傑　崇趯　必英崇玠之子　必漸崇宇之子　瞻夫毅夫之兄居永福　崇僾　涌夫泆之之兄　崇瑟　必偲必漸之兄　歗夫

特奏名　劉叔侃　黃夢起俱懷安人　鄭澥　陳溥多福之子

陳夢良俱長樂人　黃信　李應東俱連江人舊志無應東今依縣志增入

程若中古田人本州解魁　陳梓羅源人　周寧甫　陳孝儼

林昉　葉端亮　宋夐　方寅侯官人時可之姪　鄭衍

黃鞏　林疇　張子華　鄭江　陳槩　潘逵

楊夢春　楊夢傳　麥國用　陳并

武舉　鄭自奪　劉垕　徐國英　林霆　何士龍

原书缺《八闽通志》卷四十七

二十五页与二十六页

遜與併與官之兄 汝偪汝仇之兄 耆夫忍夫之兄 爹夫 悌夫

慨夫之兄 希儔希誧之兄 彥龠 彥仡 挺夫寄居連江 崇仰①崇祉

之弟 時來公輔之曾孫 沂夫 善暆崇棠之叔祖 汝騰善暆之姪見人

物志 汝淞不敵之姪孫上三人俱古田人 敷夫 彥根

特奏名 林石第一人居福清 吳中魯 楊寅申 黃元恭

陳一龍 黃昪 林衢亨 黃瞳岳之子 楊雲慶

陳士泰儒然之孫 鄭經候官人上三人俱 張翊穆之曾孫 鄭士宗

鄭應龍 黃不欺俱羅源人 楊庠 郭沆 林灝 林

亹鑑 林得同上二人俱連江人舊志無此二人今依縣志增入

校注：①仰

武舉 方樞①第一人審之子 陸深 楊士倬敏中之姪上三人俱侯官人

洪應宣昇之姪 方桶 許龑龍 陳武伯

釋褐 劉卿月 鄭斗祥 林任貴州推官 鄭仕謨西州宗教上三人俱福清人舊志無林任鄭仕謨今依縣志增入 林應龍 陳郃永福人雲之子 陳顗伯羅源人千能之子宗學博士

紹定二年己丑黃朴榜 陳松龍省元大理司直 方仲嘉禹錫之弟 林伯順武博處州添倅 連同之得嘉之弟 謝讜之觀國之從弟 陳桂芳正任之姪潮州教授 湛霖衍之孫 連士首琪之叔 陳伯圭炳石之子泉州教授 張元嘉拯之子 蘇士穆省元居古田大璋之子知安福縣 葛俱閩

校注：①第

縣人黃朴第一人歷館閣吏部郎終廣東漕余正章以貴運幹陳鑑
明南省經魁居連江瑜之叔徐孝忠顯之弟李虞卿公縉之兄黃用賓
居長樂楊岦宜中之姪陳同叔曾之之姪李宗勉國輔之姪林機應辰
之姪潘立本居長樂津之兄俱候官人章以貴一云永福人卓炎子黃伯
歙俱懷安人林開先安上之元孫游夢春吳建中俱長樂人陳
高子炎子之兄終架閣劉漢英俱連江人林公度公俊之弟劉應東
貫太平州潮之孫丘元龍師陶之姪知晉江縣高建翁俱福清縣人張夢
庚古田人黃濤直寶文閣知吉州張楠貫太平州廣東運幹盧亭師孟之孫
俱永福人陳存子閩清人癸之姪孫知東莞縣林貢孫羅源人彭霆震

貫泉州居閩縣陳瑜省試第五人貫興化軍居連江鑑明之族林公志貫隆興居福清

公俊之弟通判泉州彭寅　何士頤　孟端懿　朱珏　林

德宣　周俌寰宇志無彭霆霆以下九人

宗孚　錧夫　崇珺古田人汝鉞之姪　汝冉汝催之兄　愓夫噩夫之弟

崇漈　崇掖　崇褭居連江汝固之子　崇華崇宇之弟　與琨

時現　師儐

特奏名　徐武子　任一清一鶚之弟　王夢重　施良臣

王應嘉上二人俱長樂人　孫夢縣志作夢龍　鄭則仁　林雄縣志

作雄暨　陳允中允縣志作元　王公成　王夢有有縣志作賢　黄

公定（俱連江人）張樸　黃鉞（俱古田人）鄭有開　鄭元吉　林昺　馮佑（俱永福人）丁泰亨　鄭有光　陳先　林掞　周起　何崗（說之子）王是（龍應之弟）王介雍　張綱　（穆之曾孫）陳伯豪　林魴　曾丙孫（候官人夢傳之弟）劉季冲　蔣振　張行簡　崔觀　連琪　陳粟　黃皆植　鄭德豫　林宋達　任鑑（一清之兄）李特卿　陳夢得　林顗親　徐公備（公信之弟）黃古學　朱熹夫　許維岳　陳謨（存大之父）陳景亶　潘泰亨　任儀　葉逢午　陳自立　林賁　林儀之　陳夢年　鄭豹

變　連中立　林總國　陳宜中　陳汝遷　葉

穧　林泳　陳致和　王翼起上四人俱羅源人

武舉　黃浩改名吉永福人

特奏名　周師望第一人古田人

四年辛卯　釋褐　林公俊福清人公度之兄太平州通判

五年壬辰　徐元杰榜　鄭石　張濟之　陳光庭南美之叔　陳

一鶚南劍州司理　張魯仲居永福雲翼之子　陳信峴之孫　高元裕

居長樂　靳盈之主管官誥院　林雲士衡之子知寧化縣俱閩縣人　陳南美

洪夢龍昇之姪通判　黃復古居永福監泉州石井鎮　陳子智　張

天定伯宗之孫吳鋌鄉①龍應之從兄王獬　王必張泰定之子俱侯
官人張鄉②明　何渙擢之子陳由　魏牧　王子端俱懷
安人郭正子本州解元廉州教授張鎮第三人翀之子通判紹興府陳子椿
景仁之姪童科永免俱長樂人黃鈞　林經德俱福清人按縣志又有陳章舊志及
寰宇志俱不載林貴謙　鄭公玉朝請郎通判潭州蔣逢午俱古田人
黃一震珪之姪孫蕭涓國梁之姪俱閩清人連江縣志以黃一震爲其邑人陳惟
月羅源人林元晉貫興化軍武學博士林溶貫安慶府俱居長樂鄭益祥
貫臨安居福清斗祥之弟王璞是之子知潮州寰宇志無已上四人
宗子　崇絳汝雲之姪必鶚嵩寄居連江崇秘之子崇瞰汝琰之子汝稴善踐

校注：①②卿

之子崇縏崇林之弟埜夫忍夫之弟時鏷時銑之弟淄夫　崇諦

瑥夫　時歆

特奏名　莊岦　林升古田人　林時發閩縣人僊千之弟　陳應

忠　高明遠懷安人　林綵岜之姪　李嵩哥　林絳綵之兄

許奇祥俱長樂人　陳若森子擇之姪　黃公權　鄭夢高俱連江人

游夢開福清人士衡之孫　王應甫　鄔之邵俱羅源人　任起濱

王洽雍介雍之兄　陳夢錫　何孝彰　黃奎大名之孫　王孔

碩　方泳　林壯行　李雲龍貫臨安貴之姪孫　詹萬右

林逵　張虞鳳　葉元龜圖　黃椿　王求　黃沭

陳貴讜　王浩士奇之從姪　曹庚　陳中實　林敷

鄭應龍　楊敏中　王士登　王吉　王端甫

劉田　陳應翹　陳靚　蔣李綱　鄭隆　陳

夢雷　陳夢星　張茂實　林一龍

武舉　劉夢洛長樂人　黃東叔永福人　張靖山黼之曾姪孫　李

師武亮之子

釋褐　李日新　鄧昱煒古田人　陳問閩清人

端平二年乙未吳叔告榜　潘牥第三人子儀之孫見人物志　張興龍

梁閣　林存見人物志　鄭發先　郭夢龍　陳夢炎定國之曾孫

王漳　陳坰省試別頭①賦魁之孫江州添倅　未　陳應甲婁綿之子主管西外
睦宗院　林似孫　林端起俱閩縣人　曾希林必大之姪　謝正卿②
藻之子　趙孺子俱侯官人　陳湜　余常與　張仕義應卯③之叔
林從實俱懷安人　陳實又新之子　潘午亭　陳子植溥之子　陳
炎子高子之弟三省架閣俱長樂人　張堯翁居永福　林湯　蘭斗南
俱連江人　林希逸解試省試賦魁介之姪孫見人物志　許一鳴俱福清人　陳繼
祖貫閩縣居古田德應之叔　林昱內舍省試第五人永福人宋約之弟　葉天祐貫□④
官肆⑤之曾孫　葉悊佐俱羅源人　連復孫　陳容　鄭如祖
王龍應　林應炎　陳福龍　丘升貫廣州居福清　陳夢

校注：①添　②卿　③卯　④侯　⑤肆

龍 裘牲 張宗傳 陳登 黃師心 阮嘉①□

襄宇志無連履孫以下一十三人

宗子 時暈 紱夫 綰夫 輿夰 輿際 必莘

崇莘之子崇札 時昂洵夫之子

特奏名 林應辰 林夢庚後之之子 陳綱 陳應洪

張春卿 陳舉 湛露 林定孫 楊馮昌 鄭

應龍 林大用 林宗傑 鄭開先 張夢鷟揩之

子陳夢雷 張椿 陳仝中 林夢麟 羅鎮

林伯耆 劉應訶 葉重開 林夢驥 李汝撝

校注：①謀

上二人俱連江人舊志無汝撟今依縣志增入何宗日　林震龍　王端甫　王三俊　林一龍　陳夢星　林驕白　張茂實　鄭景舒　高信巳　黃彝叙　羅從直

林楷　楊倬　潘子震　潘庚　潘朝伯　黃逢時　曹夢祥　趙若翁長樂人　蔣輔國逢午之父　陳元

林子高　程戩俱古田人　陳有之士驥之子　柯逢垓之子俱永福人

林師回　林忠清　陳次公祥道之族俱閩清人　陸夢良

倪禹鈞充翼之族　林贛孫仲龍之姪俱羅源人

武舉　洪震　李先登連江人　劉日起

嘉熙元年丁酉上舍釋褐 陛夫彥挺之子
二年戊戌周坦榜 邵澤 陳士登居永福雲之子 林顗元奮之孫通判
寧國府劉同叔 歐陽起鳴俱閩縣人 許文岳 姚逢午
省試第一等震特之兄 王復定泰定之弟 黃士度順卿之姪 陳存夫炳謨
之子建安尉俱候官人 林昌泰樞之子 郭元龍俱懷安人 常挺省試賦魁
見人物志 陳幼學鑑明之子端平元年解元 黃宜俱連江人 劉發 彭夢
林顏公起俱福清人劉龍發舊志以為福安人彭夢林舊志無林字袤宇志以為寧
德人皆誤按福清縣志又有陳酉木林宜公舊志及袤宇志俱不載 謝德垕 黃頡
悲之姪 林約俱永福人 黃濙師參之弟 陳振龍 黃玠辰昷之子 林

應龍俱閩清人陳天興孝嗣之姪黃綱詵之子林日華俱羅源人林
以立貫夔州居長樂徐華老貫建寧鳳之子陳中孚貫泉州居候官才弼之曾
孫徐夔發貫建寧鳳之子張應卯　林潮孫　姚震　鄭
炎　馬巖叟　林翊龍　許子正褒宇志無林以立以下一十一
人
宗子時冊　與從　必宜　與詎　時迲寄居連江慈夫
之子希志士師之子與倌　希棶　必宅　與琟　與嚳
與寶
特奏名　王宗合第一人貫紹興居福清黃惎第二人居永①福頴之叔□

伯麟第三人劉應神 鄭應明 林仲翼 俞夢傳

俱連江人黃夢龍 黃應雷 林應之 楊文震俱羅源人

魏成甫 李發先大有之姪孫劉天從泳該之姪潘子震

陳震孫 黃公著 郭岊正子之弟林時龍 陳深夫

謝仝 李寓 陳應庚 何挺午 陳松 余昌

正 陳德輿 張士滋 陳厚 衛福孫懷安人張

甲紹之仲子何夢益俱長樂人陳大昕 黃甲俱古田人陳浚

陳子昂 黃三鳳 韓夢説上三人俱永福人黃師伋

黃師軻可煥之弟池伯益 林忠清俱閩清人林公望 陳

逢午 郭文焕 李宗凱 汪公昭 陳光祖

林有澤 陳行簡 何善甄 林一龍 南璋

潘庚 柯傅 程武選 張元龍 黃嘉猷 陳

夢星 李公益 陳若泉 陸夢吉 高轍 陳

應申 連安中 林朱 黃以寧 李國選 梁

中行 羅從直 王參 林夢辰 陳詵景茂之姪 林

鍾

武舉 林虎臣 黃南叔永福人東叔之弟閤門舍人 項雷發

潘達伯冠英之孫 林士珂 林褒然 鄭景溫 林浩

特奏名 林仲龍 吴楠 黃有翼永福人

詞學科 盧壯父侯官人 林存

八閩通誌卷之四十七

八閩通誌卷之四十八

選舉

科第

福州府

宋

淳祐元年辛丑徐儼夫榜 潘龍 馬載萬里之族 任仕宏友①龍之子 鄭嗣祖逅之族 劉英發别試副魁鄉月之兄 翁涇老承贊之族 陳森寄居福清 陳必大光大之弟俱閩縣人 黄景亮 林畊子冲之子 陳珪 程應斗 陳首龍 黄澤 陳叔似昭嗣之族 程

校注：①友

若水俱侯官人陳天福　林立叔垌之姪俱懷安人高洪宗

卓右龍貫臨安遵之姪孫陳知章子震之子俱長樂人寰宇志無卓右龍趙

沂孫連江人朱伯奇　蔡應龍　林藩貫漳州林登

林時龍　高霆俱福清人寰宇志無林藩舊志無林登林時龍而寰宇志有之今增

入陳德應古田人貫閩縣繼祖之叔吳附鳳　蕭泰夫貫建寧王

榮公泰之孫俱永福人寰宇志無蕭泰夫黄俞詵之①乎豐州教授吳龍起俱羅

源人縣志俞爲愈吳作倪沈金煥貫臨安居福清寰宇志無此名

宗孚　縎夫侯官人崇烟汝胖之子必追俱懷安人崇玤　崇瑠

俱古田人

校注：①子

特奏名　林天驥　何善甄　施丙　林應龍逢年之姪

陳武子溥子之族陳德明　陳子炎俱長樂人林士復連江人

黃元素第一人古田人鄭希純第二人良翰之弟黃喬翼　張洽

俱永福人許木炎　許近　鄭自任　林志清志舊志作忠誤

俱閩清人王守約　王士同　陳松福清人　陳叔鵬　葉

首卿候官人寬傅之曾孫林一聲　林樞　周應祥　卓勳

鄭三玲　陸正明　魏夢龍　陳夢薦　張士滋

詹如　葉諤　陳應和　陳天就熊之孫　蕭夢得

鄭夢薦上三人俱羅源人

武舉　孔元　高塩　陳[redacted]　林國　林英　阮靈

莘學出官　陳宗慶永福人

四年甲辰　留夢炎榜三山志此後有缺校特奏名武舉俱無所考　卞元虎　李

大有　許必發　林得龍俱閩縣人閩清縣志以李大有爲其邑人　余

孟成　王得一　林公玉見人物志　葉自　黃寅孫

林公槐　張榮國　連通俱候官人　陳夢辰懷安人　陳合

德祐中拜翰林學士同簽書樞密院事坐罪免終宣奉大夫資政殿學士謚文惠　張鏜

陳多福　朱盛載俱長樂人　林禾　林宜高知漳浦縣俱連江人

鄭裕見人物志　林疇　陳仝下　卓石　許俊第　馮

欽 林振祖俱福清人舊志脫板寰宇志無林嘯以下六人今依縣志增入陳綽
盧鉞 林起巖俱永福人劉垍孫閩清人滂之元孫蘇謙羅源人
宗子 與琇古縣人見縣志必同閩清人時掌 崇窒俱連江人
特奏名 陳執禮連江人黃汝江閩清人
七年丁未張淵徵榜 林孔賜 陳鑒之 王光亨 陳
沂夫 陳棟孫貫臨安俱閩縣人寰宇志無此名姚垣同之孫提轄文思院
方澄孫寄居興化大東之子方大任樞之子吳珪 葉觀光
卓夢呂杰之兄葉應得一新之族俱候官人林士愷 曹有開
林應發居長溪應炎之弟陳堅子直之姪俱懷安人鄭祺先 陳獻

子震之族林鑑俱長樂人陳應元　鄭景仁　孫鼎來　林
介甫　鄭能定　吳驥伯　黃順卿　陳應角三復
之子李國梁俱連江人林夢疇汀州連城尉范處義太學林希道
夏闖午潮州推官俱福清人張疆貫鎮江章孝參見人物志俱古田人葛
鑄延年之族陳福龍俱閩清人高全誼貫江陰寰宇志無此名
宗孚　崇迢　與褱希孚之子與賦　崇貺　時逖溪夫之子
若漗　時佼閩縣人與䁂懷安人崇秸　若枻　必松
俱福清人崇琱古田人汝登之子必請求福人崇峙之子崇錥崇鎦之弟崇
璚　崇鑪崇錥之弟

特奏名 陳應斗閩清人振龍之兄 鄭汝嘉 王域 蕭邦傑 王宗玉 葉諤 鄭應魏 林得龍 陳應和懷安人 林長建孔章之姪孫 潘榮 王夢龍俱長樂人 李泰來彌大之族 李謙之譔之元孫 鄭天驥能之叔俱連江人 林宗益福清人舊志無此名今依縣志增入 鄭伯東公玉之兄 黃槃 林明昞俱占田人

黃攀龍永福人壇之姪 潘懷甫羅源人

武舉 張合永福人 余士成

特奏名 孫汝勉

九年上舍釋褐 陳龍光舊志無此名今依縣志增入

十年庚戌方逢辰榜　王夢龍　鄭應大　陳炤俱連江人　陳君寶監左藏庫　陳酉應　林仲仔昭州立山尉俱福清人　陳皆閩清人　許夔炎　陳天麟　林公發　孫附鳳　陳無咎　黃裳　陳時　陳元德　方夢開　張尚德　丘聞之　王以寧　潘德遠　黃秀實　楊鼎　陳子冲　林開先　王應器　張廷彥　王景曾　游明復　董璜　陳霆　陳與鰲　陳塏　陳應弼　黃士虎　黃潮東　洪應辰　林公慶　陳師呂　王同叔　潘同叟　林均　黃維銳　劉

元常·蕭和 潘瀅津之弟 鄭一鍔 曾森 陳子
祥并之子 林昌實 王弼伯大之從姪 曾士得衆字志無許饋炎以
下四十四人
宗子 時鎬公邁之曾孫 崇濼汝珇之子 掄夫 若鍩 必諿
省元崇秘之子上四人俱居連江 必薪 孟愈 若璧 若淸
崇琱 若珽時洗之子 必蓮漳州判官 良份貴溪尉上二人俱福清人 時
裖縮夫之子 汝催 必禓必薪之弟 良佑 良侍良佑之弟
特奏名 謝石孫 陳子翀中 陳偕 黃龔甫宜任之侄
黃應琯 林大舉上三人俱連江人 南叔 潘起 孫方

輿　葉熙孫林之子　阮康老　葉春觀之姪　張天應
林士元　劉良賢　郭士顯　徐碩　余日嚴
程燏孫上二人俱古田人　陳東　黃應雷　林霆　陳子
信　黃有大　周似曾　鄧堯煥　林夢康　任
儒伯　林宜之　阮士軫　林公順　陳迪羅源人
陳起渭　繆雷奮　林藻　陸洽　王炳　王震
龍　林開祖　陳子繼　許伯珍　林大成　陳
天應
兩優釋褐　方順孫太子學

武舉 林仲頴 方南皋 南強之弟 林起巖

宗子取應 必㙗 連江人 時淄 時璆

寶祐元年 癸丑 姚勉榜 孫應高 王文龍 林坤載 俱連

江人古田縣志以林坤載爲其邑人是年特奏名 郭時中 陳彙夫 陳

立翁 彙夫之子 林自懋 舊志無此名 林福翁 林公明 舊志作公

衡 林泳 林黃 舊志作林黃圓俁福清人 吳起龍 周應復

張錫留 濟之之子 蘇泰孫 鄭得助 吳秀發 鄭子

酉 馮應叉 陳用和 林孔賢 葉木 李特

昭 任豈潛 陳剛翁 長樂人朝散大夫知南劍州 陳秀璋

張澤　陳懋欽　陳皇子候官人樵子之弟　林璧秀之孫　鄔

東之羅源人其縣志以為是年特奏恐誤　潘文卿逕之姪　林貢子　黃

明伯龢之姪　陳中正　吳洪　林孔浥　王飛卿　周

堯咨　陳琥震孫之子　林友龍應龍之堂兄　高達之　高戴

霆之子　陳應選　陳琰唐佑之孫　劉君遇半千之子　陳夢發容之

子　王維新　王霖龍銓兕　黃岳九齡之姪孫　陳夢圓高子之弟

寰宇志無吳起龍以下四十人

宗孚　與諳　必寓　時壓賓之曾孫　必垺崇侯之子　時絪

與宿與宿之弟　與暘希武之子　必瑫　希聚與康之從兄　與衎師許

之從姪
特奏名鄭肖老第二人葉一龍　王炳　謝可貴羅源
人黃萬卿　陳夢符　黃逢原君賞之弟鄭則倪倪縣志作
悅陳應甫甫縣志作用常顯伯挺之兄陳平子平縣志作宜上五人
俱連江人葉起龍　鄭日千　林大舉　陳泰卿　林
大成　丁焯　陳子繼　謝恩　鄭有聲光增之子洪
卓　方應鷚　王震龍御射升第二等陳嚮源　魏士泰
李特士　張鈞　阮宗洙　葉震觀之從弟陳茂發
陳采　邵彌大　阮士軫　黃魁甲　劉半千君遇

之父盧泰父候官人同父之弟常晞尹顯伯之弟陳天應　王思節

武舉　黃佑德文若之三世孫林宋衛　周中孚孚縣志作李福清人

宗子取應　必祥福清人若瑰

四年丙辰文天祥榜　林鏜　林春一公慶之子俱長樂人劉木潤

鄭應雷俱連江人舊志無鄭應雷而寰宇志及縣志有之今增入鄭君薦　許自侍郎陳龍濟　劉午道　章贄　王體文　李周翰　陳夘東立翁之姪郭[illegible]廣俱福清人舊志無陳龍濟王體文李周翰而寰宇志及縣志有之今增入蘇德載　許一鳴　李斌俱古田人寰宇志無

許一鳴倪洪上舍永福人褒字志以為連江人張冰之濟之之從弟張夢

高林應昂　陳仲賓　鄭文龍俱閩清人陳賞　陳

俞羅源人楊琦夢斗之兄太學博士林元復　翁仲德　楊次

鄭夢斗之叔祖王龍應　陳明同羅源人李光大　李振

祖皇臣之元孫楊夢斗次鄭之姪孫陳若蒙椎之孫歐宬　吳

之選　林伯介　任汝賢　洪子壽卓之姪林椿

黃應辰　吳之道　林堯龍　黃必大　黃遂景亮

之姪陳懿伯　王良翁　林孟磁　楊叔濟褒字志無陳賞

以下二十七人

宗孛　時瑜　必桂俱居連江　若鈺福清人漳州簽判

特奏名　常時尹　吴夢巖　鄭應東上三人俱連江人　謝

文紀　余邦彥　李特士　周雲龍俱古田人　林逈

黄澡　朱伯樂　林康民　陳曄　余善述　陳

脩　林介　陳孝嗣　謝謙　林杞　陳宏　阮

志遠　倪俊明　余行甫　黄章　陳子龍　鄭

伯忠　王大節　黄嶢　陳子畊　鄭伯榮　林

紹按閩清縣志是年特奏名四十七人考之舊志內二十四人皆巳前諸科進士及特奏名今悉攺正餘二十三人無可證據姑録于此

開慶元年己未周震炎榜 趙時玘連江人寰宇志無此名 陳介潮州判官 林嵩兩浙運幹 陳逢鯉酉木之姪寧海節度判官 張雷震主簿 林方春廣州鹽幹 林象祖饒州教授 趙必給縣令俱福清人寰宇志無趙必給 李體學古田人 鄭豐聲 朱文備俱羅源人

宗子 崇敦崇祥之弟 必来崇撽之姪俱古田人 時玘居連江 必給福清人

特奏名是年賜袍笏 李子潛 陳洵俱古田人

景定三年壬戌方山京榜 陳巖石介之子 陳庭芝紘之孫 王鴇博羅令 林起東運幹 林友龍縣尉 盧龍應教授 丘應申制機

林登龍教授林申旦俱福清人黃文熇　蕭起夫俱閩清人王

勳　于則仕推官俱羅源人

宗子　必槶　崇詞俱古田人崇寀連江人與晦福清人希鏻之姪終

戶曹

特奏名　李必大古田人

咸淳元年乙丑阮登炳榜　陳介　林圭惠安丞林君榮吉州

司戶潘應庚潮州司戶俱福清人林塤　湯芳俱古田人黃明豊

黃應午　秦季梁俱閩清人陳天驥羅源人

宗子　與僕　與榕　時夫　時玲　時瑠　時衡

必弦 必譚 必滲 必徠 若軨 若輔 若
琯 若沶 埰夫俱連江人 崇球 孟溶 孟澮 必
鎏 必灆 必侅 必逌 由權俱古田人
特奏名 劉應旗 余大章 黃宜發 林逢午俱連
江人
宗子取應 若轆連江人
三年丁卯 辛學出官 林宗英 孫逢辰 高公襲俱連江人
四年戊辰 陳文龍榜 陳方叔 陳熵 陳溥俱連江人 陳卓
林用中 郭拱龍 陳昇翁 鄭巖 陳奚 章

采次旬曾孫莫崙　林應申　張敬簡　林潛子經德之子

林以弼俱福清人李弼　李夔龠　林君實俱古田人葛天

民閩清人鄔鎮　鄔季友俱羅源人

宗孚　必寀古田人時敬　崇皋俱連江人舉宏希鐏之子良奎

必給開慶元年宗子已有必給而是年又有必給未詳俱福清人

特奏名　林貴孫　孫士安　翁復道俱連江人

七年辛未張鎮孫榜　林榘連江人李文發　何君弼　高

應嵩　王克佐俱福清人余發　林見人物志李若虛俱古田人許

若彭　陳恕翁俱閩清人倪以仕　吳炎午俱羅源人縣志無炎

午而寰宇志有之今增入

宗子　良瑱福清人

特奏名　黄志召連江人

武舉　葉彪連江人

十年甲戌王龍澤榜　林名喜　陳堅　林龔龍　林海俱福清人　余遂之古田人　張鋭羅源人按縣志又有葉挺芳寰宇志不載

宗子　孟渚古田人

特奏名　張致麟　李唐英俱古田人

延祐四年丁巳鄉試　高驥生候官人

至治元年辛酉宋本榜　楊栻候官人　林興祖羅源人見人物志

三年癸亥鄉試　林同生

泰定四年丁卯李黼榜　張以寧古田人見人物志

天曆二年庚午□□榜　林泉生永福人見人物志

元統元年癸酉李齊榜　方季茂連江人

三年乙亥鄉試　陳中　趙森俱閩縣人

至正元年辛巳鄉試　池福觀古田人

二年壬午陳祖仁榜　林雋福清州人按浙省鄉試錄至正七年有林雋始中鄉試而

郡志以為是年進士未詳

七年丁亥鄉試　趙嗣曾錄事司人　林雋福清州人

八年戊子王宗哲榜　陳珪閩清人

十年庚寅鄉試　陳元珪閩清人　黃堯臣永福人　薛理元福清州人

陳善錄事司人　李璋閩縣人　陳俊懷安人

十四年甲午牛繼志榜　林韶福清人

十九年己亥鄉試　莊穀第一人　林民矩　林韶　林文熇

俱福清人　盧良鈺　黃厚　元美　黃德俱錄事司人　劉褒

懷安人　黃善　張叔震　梁諫　黃超俱永福人　方桂茂

連江人林良材閩縣人張伯誠凌州人寓懷安縣

二十年庚子魏元禮榜莊穀　薛理元俱福清人

二十三年癸卯楊輗榜林文壽　林海　徐宏　陳信之俱閩縣人蔣允文侯官人潘騰福清人

國朝

洪武三年庚戌鄉試黃綬　魏雲　鄭貞仲　孫文清俱閩縣人李輝　□器之　葉德潛俱侯官縣學陳信之

林德孚　林信孚　趙晟俱懷安縣學林文壽　陳洽祖俱長樂縣學陳執中連江縣學李升縣丞張必泰　王玄範

林嘉 薛理原 林大同 蔡子寶縣丞俱福清縣學

四年辛亥吳伯宗榜 陳執中連江人

是年鄉試 李卬 邵行清俱閩縣學林文福候官縣學楊全懷安縣學林谷顯 周清 趙裕伴讀陳伯珖俱長樂縣學蘭甫連江縣學林熺 陳臨 馬英 林清夫 劉炎 陳徹俱福清縣學許孟陽古田縣學

五年壬子鄉試 裴希和閩縣學王孚懷安縣學葉允吉長樂縣學陳子晟連江縣學見人物志林璟 鄭宗淳 陳源 郭本初俱福清縣學鄭熺古田縣學柯龔永福縣學陳珪閩清縣學陳奎羅源縣學

七年甲寅鄉試　陳德琓　葉元吉主簿俱長樂縣學　趙裕知縣福清縣學

九年丙辰鄉試　林錦　林希啓州判俱長樂縣學

十七年甲子鄉試　陳曾　倪烱　高景材慶生長子　孫崇俱府學　唐震　盧章俱閩縣學　陳益候官縣學　王福　卓閏　林細俱懷安縣學　陳仲完　陳洵仁仲完之弟　羅知　陳讙合之玄孫德慶知州　陳湜洵仁之弟海陽教諭　林輿英山教諭俱長樂縣學　鄭珇　夏伸　王瞰俱福清縣學　李林　陳煥　林瑜　丁坤　林龜年應天府中俱連江縣學　陳賔　朱聰俱永福縣學　鄭義閩清

縣學余瑲羅源縣學

十八年乙丑丁顯榜 倪烱 陳曾俱閩縣人 卓閏訓導 王福御史

林細俱懷安人 陳洵仁給事中 陳仲完見人物志 羅知御史俱長樂人

縣志無羅知 李林知縣 丁坤縣丞 林瑜江西按察僉事 陳煥主事 林龜

年縣丞俱連江人 鄭珇 夏伸 王瞰石首縣丞俱福清人 陳賓

朱聰俱永福人 余瑲羅源人金①華府通判 高景材南康縣丞

二十年丁卯鄉試 馮伏 王廣 潘善應 林謹俱府學

任貫 胡龍俱閩縣學 宋瑜侯官縣學 汪義瑞州教授 趙綱都督府經

歷 陳祿湯陰教諭 劉琪俱懷安縣學 林與希啓之子英山教諭 陳益淳溪

校注：①華

教諭陳震金華教授俱長樂縣學　陳昂　游義生俱連江縣學　林京

陳堅　王辛　陳鉉公安教諭俱福清縣學　彭賁　黃澄溫州教授俱永福縣學　張留孫羅源縣學湖廣按察司僉事

二十一年戊辰任亨泰榜　唐震第二人翰林編修　胡龍俱閩縣人　王廣侯官人　馮伏都督府斷事　潘善應禮部員外郎俱懷安人　陳昂御史

游義生御史俱連江人　王辛　林京　陳堅御史俱福清人　彭賁永福人　鄭義閩清人秦府紀善

二十三年庚午鄉試　唐爍經魁　陳錡　王偁見人物志　陳昇

孫源俱府學　張伯福第一人　王潛　姜宗俱閩縣學　趙全平度

知州陳桂　張信　黃玫俱候官縣學　吳鐩　鄭琛　李
和俱懷安縣學　黃銅光州知州　陳顯國子助教俱長樂縣學　楊謙應天府中
任教諭　林業教諭　孫保濟御史　孫奕　鄭麟　鄭貞俱連江縣
學　林演南城典史　周昌廣州教授　孫達羅城教諭俱福清縣學　陳廣羅源
縣學書田教諭

二十六年癸酉鄉試　林錫第一興人　孔廷　張珪　程臺
林瑳　林真　楊仁　陳穆　王褒見人物志　高澤上二
人俱應天府中已上俱府學　唐泰見人物志　李廣佑　張順　陳普
俱閩縣學　高禎　江輻　潘玄俱侯官縣學　傅蘆刑部主事　卞漢

方廣俱懷安縣學　林暘溧陽訓導　陳京寧波教授俱長樂縣學　林英連江
縣學　鄔孟福清縣學拜監察御史　趙定古田縣學晉府紀善　曹閏閩清縣學應天
府中安仁知縣　林皓晉府教授　鄭遂給事中俱羅源縣學
二十七年甲戌張信榜　高澤主事　高積俱閩縣人　唐泰　李廣
佑俱侯官人　孔延懷安人　林英連江人浙江按察司僉事
二十九年丙子鄉試　林善同　陳長　王通　潘閏
丘良山陰教諭　方琟　陳鄰應天府中俱府學　陳童閩縣學　吳環
侯官縣學　鄭玄壽州學正　蔡海宜興教諭　陳衍國子助教俱懷安縣學　林耔
訓導　蘭侃　陳全應天府中訓導俱連江縣學　李騏第一人定海知縣　陳

正武緣教諭陳嵓德化教諭陳錡武宣教諭陳賽教諭林奇理定訓導俱福清縣學林寶古田縣學應天府中寧遠教諭丘庸永福縣學麻陽教諭阮復與

提舉李安教諭上二人應天府中吳安睢寧教諭已上俱羅源縣學

三十年丁丑陳𨛍榜是年又有韓克忠榜俱北人六十一名陳𨛍第一人閩縣人

三十二年己卯鄉試王端陳昂新城教諭王福俱府學張聰

鄭曦唐溥經魁余鎮余灝趙奉俱閩縣學葉福

陳豐經魁程仲俱候官縣學曾邑邑一作玘懷安縣學唐亨訓導吳彬

知縣陳節知縣俱連江縣學林福福清縣學山西布政司理問

三十三年庚辰胡廣榜張聰永康知縣贈主事余灝俱閩縣人葉福

候官人　曾邑懷安人　陳義生永福人

三十五年壬午鄉試　洪順經魁　何曾　王庸　任童　葉

容　黄安　鄭濟嘉定教諭俱府學　胡敬　陳立本　鄭

顯遼府紀善　林賢俱閩縣學　陳真　王槐　嚴光祖　陳昱

俱候官縣學　程春懷安縣學　王惜長樂縣學瑞安教諭

永樂元年癸未鄉試是歲例應會試文廟入正大統因命再鄉試以明年甲申會試　陳

佛福清縣學　馬宗誠古田縣學應天府中任濟南訓導　黄銳　黄潤揭陽

教諭　黄須番禺教諭　丘政沛縣訓導俱永福縣學　陳中羅源縣學

二年甲申曾棨榜　嚴光祖　鄭瀾　王槐　陳立本俱閩

縣人陳貞　胡敬俱候官人　程春荆山知縣　洪順見人物志俱懷安人　陳
佛福清人　黃銳永福人　許容閩清人　陳中羅源人
三年乙酉鄉試　林真宜興知縣　劉賜楊州學正　高同梓之第預修大典以子旭
恩贈兵科給事中　徐麟溧水教諭　李聰　高應高州知府　黃岳麟子之子
池州推官俱本府學　傅蘭　葛回　林均俱閩縣學　王善　蔡慈
林京安　林壽　王良俱候官縣學　王璲候官縣儒士　邵輝
國子助教　陳閭　沈慧國子助教　王徽　張安宿州同知　徐禮教諭
俱懷安縣學　高沂　陳全　池鯨淳安訓導俱長樂縣學　方義
丘文政俱連江縣學　汪清　敖旦　鄭添俱福清縣學　蘇光

古田縣學主事倪濟永福縣學封川教諭

四年丙戌林環榜黃安考功主事蔡慈葛回山東按察司僉事俱閩縣人林壽侯官人鴻臚寺丞鄭回邵輝國子助教陳閏趙益監察御史籍江寧縣俱懷安人陳全第二人經筵侍讀陳驥俱長樂人鄭添福清人工部主事

六年戊子鄉試陳輝陳外張祝興寧教諭俱府學鄭義顯之姪戴乾郭崇林衡徐福趙濟俱閩縣學陳敏閩縣儒士林澤侯官縣學鄭瑛侯官縣儒士陳傑鄭珷教諭陳興廣信訓導秦顯九江推官林平林文澧俱懷安縣學是年福建鄉試錄無林

文豐擬省取應別　吳寶　林錦　林衡（新淦教諭俱長樂縣學）陳善

陳潤　陳鑾（俱連江縣學）葉極（教諭）陳最（萬州學正俱福清縣學）陳

得安（福清縣儒士訓導）王麟　魏亨（俱古田縣學）鄭敗（閩清縣學）

九年（辛卯）蕭時中榜（是年進士乃七年己丑會試因車駕巡狩北京至是始臨軒策試）

林衡（閩縣人監察御史）王善（侯官人見人物志）吳實（長樂人廣西按察司僉事）

陳善（連江人監察御史）

是年鄉試　林誌（第一人）黃澤（第二人）孫曦　林碩　楊安

（俱府學）張舉（第三人）郭廉（俱閩縣學）鄭憲　戴禧　林褒（俱閩

縣儒士）林定　王弼　陳順　楊壽（洛陽教諭俱侯官縣學）汪

繼宗龍泉訓導彭順訓導陳芝　陳蓁　林曾俱懷安縣學林

文秸懷安縣儒士陳李蘄水知縣陳鐸進賢教諭馬鐸　陳昌西安

教諭上二人俱應天府中己上俱長樂縣學林森連江縣儒士嘉興教諭鄭萇戶部

主事丁鏞漢州知州韓魁　丘細應天府中俱連江縣學韓弘　黃

濟俱福清縣學林至福清縣儒士曾斌松陽縣丞吳牧俱古田縣學黃

瑢①石城教諭許通俱永福縣學林琚羅源縣學

十年壬辰馬鐸榜　林誌第二人會試第一人見人物志戴乾刑部主事鄭闇

見人物志黃澤浙江布政使林碩見人物志俱閩縣人孫曦侯官人林文

灃懷安人監察御安馬鐸第一人長樂人見人物志陳潤連江人龔府經歷

校注：①古

十二年甲午鄉試 洪英第三人 陳景著 鄭塈 陳皓
陳循 劉鳳俱府學 鄭瑩第五人 陳叔剛 羅澤 陳
宗琦 卓堅 鄧斌俱閩縣學 董龢閩縣儒士 程震 龔
林生 王溥 林貞俱侯官縣學 鄭珞玦之弟侯官縣儒士 何瓊
第一人 嚴熩 林道 林道明教諭俱懷安縣學 謝復進
劉應 蔣復常山教諭 曹贊 陳拱松陽訓導 劉徵俱長樂縣學
潘正 林希 陳惟待 陳聰 王用懌俱長樂縣儒士
孫欽 孫瑪潮陽訓導 孫後俱連江縣學 陳巢 林龢教諭俱福
清縣學 林添保福清儒士 江潤揭陽教諭 張隆保昌訓導 章潤俱古田縣

學 張泗永福縣學 倪建資羅源縣學

十三年乙未陳循榜 陳景著第三人見人物志 鄭瑩 鄭塾歷禮工兵三部主事 劉鳳終鎮寧知州 陳輝見人物志 戴禧 林道監察御史 鄭瑛 劉麒南康知府籍江寧縣俱閩縣人 鄭珞見人物志 王良 程震 林定 王弼吏部主事俱侯官人 林文秸見人物志 洪英會試第一人見人物志 何瓊終雷州知府 嚴烜見人物志 林文秩文秸之兄見人物志俱懷安人 謝復進潞州同知 曹賢太常寺①傅士 陳聰行人俱長樂人 孫欽按察僉事 陳鑾俱連江人 韓弘見人物志 曾佛四川馬湖教授俱福清人 章潤古田人刑部郎中

校注：①博

十五年丁酉鄉試　林崇　陳良珪　林茂叔　曾聰
蘇華　林友清俱府學　劉環　陳源　羅紋澤之姪武進訓
導　王澤　胡珪俱閩縣學　吳源　薩琦　羅繹紋之弟新河教
諭俱閩縣儒士　廖伯牛　翁清　陳宗　程晶武邑教諭　楊佛
童更名復廣東布政司參議　包綱教諭　戴珏俱侯官縣學　林彤安仁教諭　謝
錡俱侯官縣儒士　劉哲樂安教諭　陳恭　張福生訓導　申屠鐸教諭
俱懷安縣學　李馬第一人　張汶　陳顥終山西按察使　陳僧於潛教諭
高淮　林隲　潘正俱長樂縣學是年鄉試錄無潘正疑別省取應　何惟
善　陳京　馮寶俱長樂儒士　張貞　趙雍俱連江縣學　陳

賡閩清縣學尤端羅源縣學

十六年戊戌李騏榜郭廉監察御史董龢貴州布政使吳源知縣鄭

憲衢州通判林真監察御史王煇俱閩縣人陳泰主事林得戶部主事林

茂叔張舉海寧知縣俱懷安人寰宇志以林茂叔為閩縣人李騏第一人翰

林脩撰舊名馬騶今名潘正俱長樂人林柰州判韓魁縣丞俱連江人鄭源

閩清人

十八年庚子鄉試陳復姚銑馮瑗王溥林鐸

趙建金璧俱府學張衍曾拱陳乾陳鐸俱閩

縣學鄭理劉艷之弟海鹽訓導方立林元美林隨緣俱閩

縣儒士高旭　劉和　姜志　林懽　王獻俱候官縣學

陳潤　椰廣訓導王信紀善林膺教諭林文安俱懷安縣學林

玉懷安縣吏鄭崇懷安縣儒士王康　鄭澣　高森郴州學正王

錫俱長樂縣學是年福建鄉試録無王錫疑别省取應黃文政　潘財　高

紹保俱長樂縣儒士戴均長樂縣人布政司典吏董寰揭陽訓導趙恢

趙璉程鄉訓導俱連江縣學卓觀南康教諭鄭欽俱福清縣學陳實鄞縣

教諭王神祖俱福清縣儒士林璁永福縣學肇慶訓導

十九年辛丑曾鶴齡榜　陳叔剛見人物志林元美見人物志俱閩縣人

廖伯牛候官人王錫　陳京俱長樂人林至福清人

二十一年癸卯鄉試　何宣甲辰冬召試奉天門中第二人授吏科給事中　陳治

陳光教諭　林彥輝　陳繁俱府學　王員　趙悌　蕭鑛

游烱　劉文端俱閩縣學　蔡文璟　張瑜聰之姪　林鈍興山

教諭以子清源恩贈南京工部主事俱閩縣儒士　陳均厚　黃紹　鄭珙

俱侯官縣學　林琚國子助教　張衡　林塘俱侯官縣儒士　程珙教諭　陳

濟訓導　方福教諭　陳徽教諭　陳陽教諭俱懷安縣學　李孟玉碭山教諭

潘仲郇肇慶訓導俱長樂縣學　金悌　潘休美　田鈞俱長樂縣

儒士　詹堙訓導　林淮宗　陳曒平樂訓導　龔端文昌教諭俱連江縣學

周晅　陳美俱福清縣學　曾寀樂清教諭　陳潛俱福清縣儒士　林塤

羅源縣學

二十二年甲辰邢寬榜　張衍刑部主事　羅澤浙江道監察御史俱閩縣人

姚銑候官人見人物志　陳復懷安人見人物志　黃文政長樂人陝西按察司副使

趙雍連江人雲南布政司參政

宣德元年丙午鄉試　鄭建第二人　楊求　林渭知縣　吳礿

晏寧播州教授　陳述　王志訓導　黃鈞長史俱府學　鄭亮第三人閩縣儒士

陳康鄭府長史　鄭志教諭　楊澄溧水教諭　吳康恕開封教授　陳賜俱閩縣學

李宗應　盧憲德慶州學正俱侯官縣學　林惠懷安縣學任學正

陳昊鄆城教諭　陳俞息縣教諭　陳淮國子助教　陳礿俱長樂縣學　張

子初連江縣學監察御史

二年丁未馬愉榜　楊求監察御史　陳賜　陳均厚俱閩縣人　陳順

主事左遷知縣　黃紹員外郎俱候官人　吳初懷安人知府　林進宗連江人刑

部主事

四年己酉鄉試　朱珪　劉垕　方員　趙文鏗教諭　陳晶

鄭華①　馮珪翰林檢討俱府學　林燈瓊州知府　王珏俱閩縣學　張文

候官縣學　陳文升通判　林震任知州俱懷安縣學　楊謙懷安縣儒士訓導　陳

宣濟寧州學正　鄭萬奎廣州教授俱長樂縣學　林桂儀真教諭　周禧靖江

教諭俱連江縣學　林昊福清縣學龍川教諭　林廠古田縣學　趙正第二人上海教

校注：①華

諭陳子瞻第三人羅源縣學

五年庚戌林震榜　薩琦見人物志　鄭建見人物志俱閩縣人　張文候官人按

察司副使

七年壬子鄉試　黃環高塘教諭　劉繼金①華教授　胡祥教諭　林昆俱府學

金叔朝　唐垣　林春俱閩縣學　鄭珵閩縣人籍建陽縣塋之次子曲

江教諭　鄧建饒州訓導　徐宗復俱候官縣學　林璟懷安縣學任教諭　高

耿第二人長樂縣學　陳晴連江縣學知府　余端閩清縣學　陳廷珏羅源縣學

寧波訓導

八年癸丑曹鼐榜　鄭亮戶部主事　方員廣西布政司叅政俱閩縣人　高旭

校注：①華

候官人見人物志　高耿長樂人　趙恢第二人連江人右春坊庶子兼侍講

十年乙卯鄉試　高岡第一人　羅均第四人　陳傅第五人　謝回

陳暉定安教諭　連福俱府學　李清源　張祐　朱章徽州訓導

張諤俱閩縣學　黄廷儀侯官縣學第二人　趙壯知縣　周傑　林應

教諭俱懷安縣學　陳敦長樂縣學　王遠衛學教授　林燦武城訓導俱福清縣學

黄貞羅源縣學

正統元年丙辰周旋榜　高岡刑部主事　陳傅給事中俱閩縣人　黄廷

儀侯官人河南布政司參議　周傑懷安人戶部主事

三年戊午鄉試　李忠第五人孟縣教諭　孟玘　李榮　陳永崇

教諭劉永剛訓導江武　陳舉教諭許敏府學教諭俱　張學閩縣學　俞昂①弟二人訓導　林壤霸州知州　陳鈍俱侯官縣學　申屠建教諭　劉昱正教授　莊璼俱懷安縣學　林僑②弟一人無錫教諭　陳淀梓童教諭　鄭序俱長樂縣學　吳善葉縣教諭　周儀俱連江縣學　郭譽泗洲學正　李瑑俱福清縣學　張鐸潮州訓導　莊鑑教諭俱永福縣學

四年己未施槃榜　孟玘拜戶部主事未幾北虜入寇隨大駕討之③土木之難玘被傷卒不死間關而還景泰間陞乘州知府改廬州以疾致仕卒　李榮行人俱閩縣人　陳鈍侯官人戶部主事　鄭崇懷安人　李燦福清人衡州通判

六年辛酉鄉試　羅增第五人岷府長史改教授　趙寧國子學錄　鄭鏞程鄉教諭

校注：①②第　③土

林琇訓導陳福教諭邵增　黃恭教諭陳良弼四川按察司提學僉

事程文杭州教授俱府學王英澤之子唐鍾歸善教諭俱閩縣學施俊

教授黃鎬　周文瑞贛州訓導劉賢應天府中俱候官縣學陳漢懷安

縣學星子教諭趙暭滕縣教諭陳隆苑馬少卿俱連江縣學鄭恭教授夏裕

林泗繹縣訓導俱福清縣學是年福建鄉試錄無林泗疑他省取應趙汝宜古田縣學

任訓導改河泊黃勤永福縣學王府教授

七年壬戌劉儼榜　王英閩縣人廣東布政司參政劉賢候官人監察御史李

森　鄭序湖廣布政司參政俱長樂人夏裕貴州按察使鄭敬俱福清人

九年甲子鄉試　沈剛第二人陳叔紹①第三人叔綱之弟林建教諭高

昇　姚舉教授　鄭文鎬理劆之子伴讀　陳興俱府學　王鑑　郭

政訓導朱宗榮教諭　王勗翁源教諭　鄭伯純應天府中俱閩縣學　何濬

寅之姪①龍南教諭　周榮　熊璞訓導俱侯官縣學　劉琮懷安縣學　李達

學正李叔玉俱長樂縣學　許紳　陳慶奚德訓導　鄭陸瑞安教諭俱福

清縣學

十年乙丑商輅榜　沈綱中書舍人　陳叔紹見人物志俱閩縣人　黃鎬侯官

人見人物志　李叔玉長樂人惠州知府

十二年丁卯鄉試　邵銅第二人　唐儀西安教授　龔福國子學正　李貴

榮之弟教諭　謝睿　車寧　林爚俱府學　陳[⿰火帝]叔剛之子　戴昂

校注：①龍

東宮教授陳瑄汝珪從弟　潘岳俱閩縣學　黃溫岳之姪閩縣儒士仁化訓導　唐

濂第四人　劉景星　林清源俱候官縣學　謝琚第五人　王浩

任知縣終訓導俱懷安縣學　戴天錫襄府紀善　王皐英德訓導　王濬睢寧訓導

林塈高州教授　趙琰揚州同知俱連江縣學　何宜　王克復　俞

璟　龍章訓導俱福清縣學　唐鏘始興訓導　謝瑀籍福州右衛俱閩清縣學

十三年戊辰彭時榜　車寧閩縣人廣西布政使　劉景星主事　唐濂山東

布政司參政俱候官人　謝琚懷安人浙江布政司參議　何宜福清人江西左布政使

景泰元年庚午鄉試　馮珏　鄭浩　王儒　王佐褒之姪

官伯齊教諭　林孔滋　陳瑩常陽春訓導　卓奇　周崟

雍敬 林榮 教諭 黃德齡 太順知縣俱府學 鄭同 經魁 王衡

崔永 豐城訓導 林士淵 俱閩縣學 鄭宗成 閩縣儒士應天府教授 姜竑

經魁歸安訓導 陳涓 教諭 周文奇 衢州教授 楊懋實 教授 徐安 嚴州教授

俱侯官縣學 林璟 孔滋從姪 黃景隆 林孔仁 孔滋之從弟 鄭懿

知縣俱懷安縣學 潘汝輔 懷安縣儒士 陳云粳 謝章甫 林

公傑 香山教諭俱長樂縣學 施伯淳 長樂縣儒士雙流教諭 翁實 第一人束

鹿訓導 林旦 泰和教諭 林錦 廣東按察司副使 宋毅 蒼桐訓導 陳鴻漸

俱連江縣學 林文 李璋 電白訓導 敖璡 訓導 薛世晅 知府俱福清縣

學

二年辛未柯潛榜　王佐候官人廣東布政司參政　林璟監察御史終曹州同知

林孔滋俱懷安人　陳鴻漸連江人刑部郎中

四年癸酉鄉試　林廸　陳郕景著之姪第五人教諭　鄧珙　陳廷

王第二人廣東按察司僉事　龔鑑濟南教授　徐彰句容教諭　朱泰訓導　鄭克

載亘之子教諭　楊勝徽州教授　吳溥　陳演訓導　林瀚元美之子　林

宗文訓導　林城順德知縣　林岡訓導　鄭必顯塾之孫教授　林璠

林璒知縣　鄭鋹應天府中俱府學　黃塤　王旻教諭　鄭克剛琨之

長子訓導　謝琮莒州知州軍生俱閩縣學　張得瑄教諭　陳文鏗　林壅

翁源訓導　宋經訓導　林玭　盧璟教諭　林希玉訓導　王集　林

芝訓導俱侯官縣學林廷器玭之從兄侯官縣儒士張文　曾師孔

教諭曾琳教諭林宗　婁瑾　吳文澄教諭陳鎰　張汝

華①　鄭垣上二人俱知縣鄭玉順天府中授訓導俱懷安縣學林漢恭松陽

教諭陳陵全之子王思澤　王德訓導黃熙　謝士元俱長

樂縣學黃珪連江縣學慶州訓導陳璽光祿署正林洪開建教諭何熙陽山

教諭俱福清縣學江輝龍泉教諭許善繼增城訓導俱福清縣儒士陳汝珪

永福縣學台州教授余亮福州右衛左所軍慶州學正

五年甲戌孫賢榜　莊敬　王衡監察御史邵銅溫州知府鄭同東安

知縣王廬俱閩縣人林孔仁唐縣知縣林宗陽縣知縣婁瑾刑部主事俱懷

校注：①華

安縣人 謝士元長樂人右副都御史 俞璟福清人廣東按察司僉事 謝瑀閩清

學福州右衛籍廣東右布政使

景泰七年丙子鄉試 黃華① 林敦仁化教諭 趙德 林淳鄱陽

教諭 陳寬金華②教授 張景純諤之子訓導 劉朴陽春訓導 張純續之弟

高瑆番禺知縣 李宗達溫州知府 龍晉武生黃梅訓導俱府學 官舜經魁

程鄉知縣 林禋樂會訓導 張續教授 張燦靈璧教諭 朱鐸 陳汝傑

汝珪之弟 鄭克和卿之子 黃友直祁門教諭 李烜俱閩縣學 陳安教諭

葉思廉 曾盛本教諭俱閩縣儒士 劉琦訓導 方彥京訓導俱候

官縣學 黃惟絢秀水教諭 林必芳俱候官縣儒士 陳廷璧懷安縣學訓導

校注：①②華

包綺懷安縣儒士 鄭崇 陳鐸太平訓導 林時益 林則明開封教授俱長樂縣學 陳德隆長樂縣儒士浦江教諭 張儒霸州同知 林治

教諭俱連江縣學 林槐寧波訓導 林堉 蔡傑鹿邑教諭 林璲安陸知縣

戴濬俱福清縣學 林孟喬福清縣儒士 趙昂古田縣學行塘訓導 高應羅源縣學詔州府教授

天順元年丁丑黎淳榜 黃塤廣東布政司參政 鄭克和郎中 林迪貴州布政司參政俱閩縣人 王克復副都御史 林孟喬戶部郎中俱福清人

三年己卯鄉試 陳子皋景署之子第四人教諭 林泮鉉之子第五人 何湜濬之弟國子學錄 吳伯章樂清教諭 張濬訓導遷知縣 陳曄① 李廷

校注：①曄

韶上二人俱教諭　高璽州判　林坤知州　李塤忠之子寧國推官　郭清教諭

王釗潮州通判　陳溫訓導　王鑛俱府學　陳中　李廷美廷韶之弟

羅玄錫繹之子惠州府教授俱閩縣學　葉公大　李尚達　鄭文

錀理剩之子常山訓導俱閩縣儒士　葉蘊教諭　陳綸荊門訓導俱侯官縣學　鄭

弼　陳鑾學正　王佐武生任教諭俱懷安縣學　陳維裕　林明德

陳元祿興國教諭　馬叔文鏵之姪夔州同知　黃注松江教授　陳養德

寧波教授　謝炫俱長樂縣學　李玨長樂縣儒士黟縣教諭　林崧連江縣學衡水

教諭　陳璜程鄉教諭　林域太平知縣　項澄俱福清縣學　莊嚴古田縣學龍川

教諭　鄭文述塾之姪閩清縣學訓導

四年庚辰王一夔榜　葉公大　李廷夫蘇州知府　林清源户部主事遷南京工部員外　陳熺江西布政使俱閩縣人　黃景隆吉安知府　陳維裕河南道監察御史俱長樂人　項澄溫州知府　戴濬岳州知府　薛世暄臨江知府俱福清人

六年壬午鄉試　王俊　姚忠　葉徽上二人俱教諭　鄭璲南宮教諭　王奎教諭　鄭觀　廖誠訓導　王禄英之子　張寶海寧教諭　胡翻　官瑄訓導　張堅潮陽知縣俱府學　黃政萬州學正　車誠寧之姪　楊成　趙綱　丘瑛金華教諭　藍昌學正俱閩縣學　鄭克昭程之子　詹景　宏俱閩縣儒士　許寶①第四人　程剛教諭　袁昌　曾儀　陳端

校注：①第

訓導俱侯官縣學方莊侯官縣儒士吳偉增城知縣王弼浩之子林玠

玭之弟嚴賀煜之子俱懷安縣學陳潭鄭昊郭宗瀚林

彥明李明聰陳德成羅田知縣陳瑎訓導俱長樂縣學林

清鄭昭廣信教授張穀俱福清縣學韓鏞項潭澄之弟永福教

諭俱福清縣儒士張璄任訓導中進士鄭鋹弼之兄林璣俱永福縣學鄭

文欽理剩之子閩清縣學富陽教諭

八年甲申彭教榜先是七年癸未春二月會試場屋弗戒於火詔移於秋八月會試至是年春

三月始覲策唱名楊成揚州知府鄭觀垣之子户部郎中李宗達溫州知府俱閩

縣人林玭侯官人浙江按察司僉事潘汝輔懷安縣人户科給事中黃熙長樂

縣人吏部郎中

成化元年乙酉鄉試　鄧焯　林鎰　孟鼒玘之姪　陳立諸暨

教諭　葉明　王澧鄖城教諭　裴俊武生俱府學　陳士顯　陳定

訓導　李燁烜之弟　陳烜應天府中俱閩縣學　黃雋麟子之曾孫　林謹夫

士淵之子　葉琚石城教諭　蔡肅　陳紀谷常之弟　陳華　張源清

開化川學正俱閩縣儒士　陳塤樂清教諭　翁晏　姚珏　林堅盧陵訓導

宋宣俱候官縣學　林瑭候官縣儒士玭之弟　鄭應懿之弟　藍通昌之弟俱

懷安縣學　姚倬懷安縣儒士餘姚教諭　高以銑桃源教諭　謝文禮南豐教諭

俱長樂縣學　呂繼和連江縣學新城教諭　陳仲賢連江縣儒士　王馭滑梁

訓導陳鑑俱福清縣學　李潤藤縣教諭福清縣儒士　陳金古田縣學敏政之姪

二年丙戌羅倫榜　林瀚歷翰林院編脩脩撰遷左春坊左諭德　林廷庸知縣

致仕　王俊員外郎袁州知府　黃雋江山知縣遷戶部主事　鄧珙貴州布政司參

議俱閩縣人　翁晏侯官人廣東按察司副使　陳潭長樂人戶部員外郎遷浙江布政司

參議　韓鏞戶部郎中遷布政司參議　林堉知縣擢監察御史俱福清人

四年戊子鄉試　周熊經魁　葉亨經魁　鄭炯　林璿　陳明高唐

學正　鄭宏順天訓導　鄭徤廣宗訓導　余瀛富陽教諭俱府學　郭珙　鄭

琳　林堅蕪湖訓導　薛誼訓導　陳烓煒之從弟俱閩縣學　林濬判泮洴之

弟第二人　林世珎　林世龍謹夫之弟　黃賜陳留教諭　鄧理珙之從弟

慶雲教諭崔恭永之弟教諭楊儀訓導俱閩縣儒士葉鑑開化訓導俞玉
知縣陳淮陳淵訓導俱候官縣學、何俊候官縣儒士陳崇潘
昱游興劉武遂昌教諭俱懷安縣學林昌本陳灙
丁銓陳遂良武昌訓導陳則安宿松訓導俱長樂縣學劉則和
陳維新濟南訓導俱長樂縣儒士林樞福清縣學方漢昌化教諭楊廷用
常山教諭林綱俱福清縣儒士李汝潔永福縣學訓導姚志仁閩清縣學鐃之
姪訓導

五年己丑張昇榜陳紀監察御史張純淳安知縣葉亭戶部員外遷寧國知
府周熊刑部員外郎鄭炯戶部員外郎蔡肅貴州按察司僉事俱閩縣人

張毅廣東按察司僉事　林樞員外郎　陳鑑俱福清人
七年辛卯鄉試　林璧　黃湜鎬之姪廬陵教諭　薛瀚淳安訓導陞國子學
錄　李俊訓導　林良教諭　陳焯叔紹之子　陳棨吉水訓導　陳涱　強
瀚　林筌碩之孫俱府學　陳齊　劉宣訓導　董宗道秀之子潮陽教
諭　謝增　王陛教諭　呉儁保昌教諭俱閩縣學　李廷儀廷美之弟經魁
董宗成宗道之弟　黃克敬溫之姪廣德州訓導　朱麟　郭子聲
張孔潔瀚之弟俱閩縣儒士　危澄教諭　曾瑞儀之弟　李源　林瓅
玭之弟　馬慶鳳陽教諭俱侯官縣學　俞完侯官縣儒士　丘策杭州訓導　林
世重俱懷安縣學　陳克震懷安縣儒士慈谿訓導　王有恬　陳景

隆　林時潤　石璧　梁行慤眉山學正　林節於潛教諭　高

繼文臨海訓導俱長樂縣學　王棠長樂縣儒士訓導　林泙錦之子　陳從

儒頌之孫俱連江縣學　周信福清縣學　王拱辰福清縣儒士　林璧璲之弟求

福縣學　趙明　張湍海寧訓導俱羅源縣學

八年壬辰吳寬榜　鄧焯刑部郎中　林璧吏部郎中　林濬淵刑部員外遷浙

江按察司僉事　李燁監察御史　林泮大理寺正遷廣州知府　王祿太僕少卿俱閩

縣人　強湍候官人知縣　游興懷安人南京刑部郎中　林清福清人

十年甲午鄉試　劉璉金華教諭　李贊貴之子　葉極仁和訓導　王侃訓導

張槃訓導　吳循俱府學　張源潔源清之弟　陳文玉　葉宗周

郭雍欽州學正倪珏　王弼衡之子陳文衡俱閩縣學鄧焌焯之第①弟五人鄭璠璲之弟俱閩縣儒士許坦②弟三人蘇鏞桐廬訓導陳宗饒州訓導俱候官縣學任璽　鄭琪垣之姪東陽教諭薛文旭旌德教諭俱懷安縣學陳崇德長樂縣學謝文著仕元之從弟陳宗泰俱長樂縣儒士鄭堪連江縣學高明教諭林彥脩連江縣儒士吳華福清縣學德清教諭林鐸驥之姪求福縣學劉珣閩清縣學麻城教諭陳侃閩清縣學克震之兄東平學正

十一年乙未謝遷榜　任文遂刑部郎中鄭克昭行人郭琪户部主事

李尚達監察御史張源潔大理寺正俱閩縣人宋宣候官人户部主事王有恬户部主事陳景隆武康知縣遷御史俱長樂人趙明福州右衛軍籍兵部

校注：①②第

七事

十三年丁酉鄉試　林籥　馬成　林昊　樊廷選　張

琦　鄭時佐必顯之子徐州學正　王鼎佐之子武生俱府學　林廣本府吏

林時中　王士奇　楊棫麗水訓導　吕世禎俱閩縣學　陳仲

堅上虞教諭　吳鋒　謝奎　林寔奉化教諭俱候官縣學　林文振

林茂堅海寧教諭　翁文澤俱懷安縣學　林則方　林德陞

林元立嵊縣教諭　黄世忠兖州訓導俱長樂縣學　林章長樂縣儒士閩建教

諭　林彥學太平教諭　林智博平教諭俱連江縣學　陳義　黄珏

林經俱福清縣學　孫錦　楊禋成之弟俱閩清縣學

十四年戊戌曾彥榜　林塈工部主事　林昊戶部主事　鄧㷆翰林編脩　陳
烓推官擢監察御史　陳文玉知縣　許坦戶部主事　鄭璠俱閩縣人　余完
候官人常山知縣　陳崇懷安人樂平知縣　林璿膠州知州　劉則和刑部主事
林則方行人司行人　林時潤寧波府教授俱長樂人　周信福清人滁州知
州　張璄永福人歸化知縣

十六年庚子鄉試　陳元成第①三人　莊宥敬之姪②第五人　葉鋌　黃
世昭維絢之子　陳敬　林庭桂瀚之子　陳欽紹興訓導　程定
鄭世澤範之子俱府學　陳憲　戴同　王文規　張樾光山
教諭　陳文淵教諭俱閩縣學　鄭緼中塾之從孫太名教諭　郭文旭　蔡

校注：①②第

禹肅之第俱閩縣儒士王迪　周旻文奇之姪黃克守俱候官縣學劉

琮　林鐄璟之子徐英軍生康彬應天府中俱懷安縣學　高伯齡

鄭孔明　莊禮定陶教諭俱長樂縣學趙塈連江縣學張烜　林

鸞　敖汝壆　鄭棋平州學正俱福清縣學鄭鈍古田縣學林淙

羅源縣學

十七年辛丑王華榜　莊宥南京户部主事陳憲禮部主事郭文旭海寧

知縣倪珏户部主事林鼐潮陽知縣俱閩縣人黃克守揭陽知縣林𤩽監察

御史俱候官人林鐄　王定安户部郎中俱懷安人陳崇德知縣樊廷

選蘇州府推官俱長樂人陳義户部主事張烜南海知縣俱福清人王鼎福州

中衛官籍樂陵知縣

十九年癸卯鄉試　鄭復璣之子第三人　鄭珪同之子第四人　曾嵩盛本之姪

何顒湜之子　鄭琨平湖訓導　林玘　王仕輝　高文達昇之

子　潘常　姚繼鋭之姪孫　王泳　陳熺棨之姪　鄭坤　林

克洪璽之姪　陳晉暉之子　林棨璽之從弟　張瀚宿遷教諭　吳文奎

惠之子俱府學　張澤蕭之弟　鄭仲達學正　黃源大教諭　陳日章

林煥　林世瑞璧之從弟　陳文僑　吳叔和俱閩縣學　程士

張彬純之子俱閩縣儒士　魏廷器　鄭昇　曾瓘　黃清應天

府中俱候官縣學　唐選黛之子　鄭錫文　陳時憲景隆之姪　高

進俱長樂縣學陳譙光鴻漸之姪陳寵俱連江縣學林秉淵林
文珹俱福清縣學林注永福縣學
二十年甲辰李旻榜姚繼潮州府推官戴同廣昌知縣林景美景寧
知縣吳鏘①褐陽知縣張澤大理評事林煥户部主事俱閩縣人劉琮懷安人南
京户部主事鄭旻石璧俱長樂人
二十二年丙午鄉試吳汭高顯鄭炤炯之從弟林垐壐之
弟宋世用朱定俱府學謝瀚脣之子陳墀烓之姪葉士
美張昱許顒坦之姪鄭冉趙文元俱閩縣學林文
琛張經純之姪俱閩縣儒士蔣昂文之孫興國州學正姚鏘曾基

校注：①揭

訓導俱假官縣學朱麒麟之兄第五人龍游敎諭廖雲騰誠之子鄭積中

復之姪陳尚達日章之兄阮時懋俱懷安縣學謝廷柱士元之子林

世銘林則裕俱長樂縣學黃孚敏長樂縣儒士翁士榮賓之

姪林衷俱連江縣學林朝材林賢敖瑰俱福清縣學謝

鐸閩清縣學鋋瑀之子

二十三年丁未費宏榜鄭炤翰林庶吉士謝翰何顯葉

鋋俱閩縣人王迪假官人

八閩通志卷之四十八

八閩通誌卷之四十九

選舉

科第

建寧府

唐

咸通二年辛巳 葉京 建安人見人物志

五代

唐長興□年 江文蔚

周顯德□年乙卯 楊徽之 浦城人見人物志 張靄 初浦城人後徙崇安見人物志

宋

建隆二年辛酉張去華榜 楊澈浦城人見人物志

太平興國二年癸未王世則榜 李虛已見人物志 陳應期俱建安人 章衮 詹垂憲俱甌寧人

雍熙二年乙酉梁顥榜 李寘 吕拱辰俱建安人 詹易知 張夔叙俱甌寧人

端拱元年戊子葉齊榜 李晏如建安人 陳應元甌寧人 葉齊第一人見人物志 江極第二人俱建陽人

二年己丑陳堯叟榜 楊自牧建安人尚書 章瑛甌寧人 黃震浦城

人見人物志 阮中慶建陽人見人物志寰宇志作阮中度 張岐崇安人知瓊州 張

纂寰宇志無此名

淳化三年壬辰孫何榜 楊纖 張正符俱建安人 王皃甌寧人

張傚見人物志寰宇志無此名

咸平元年戊戌孫謹榜 楊子禛建安人 阮昌齡建陽人 柳宏

崇安人見人物志

二年己亥孫暨榜 章偕建安人 王昱甌寧人 黄旦浦城人見人物志

三年庚子陳堯咨榜 章得一 魏幽求 章頔 萬

昌 章琮 黄務本俱建安人浦城縣志以章頔為其邑人 吴應

萬章　丘貢貢寰宇志作貫俱甌寧人吳待問浦城人見人物志

五年壬寅王曾榜　吳曜卿甌寧人章得象浦城人見人物志

景德二年乙巳李迪榜　章鐸　楊倚見人物志陳知言　黃

翼俱建安人浦城縣志以楊倚為其邑人章冲　章可法　張為冊

當年特奏並同進士出身俱甌寧人江任建陽人章頡　黃覺俱浦城人劉

滋此上四人俱見人物志吳航校書郎俱崇安人

大中祥符元年戊申姚曄榜　曹修古見人物志黃補　黃霖

章佑俱建安人黃觀　張湜俱甌寧人陳儼建陽人贈太師張沔浦城

人詹庠崇安人上三人俱見人物志

二年己酉梁固榜　王希建安人　陳詢甌寧人　徐陟浦城人見人物志寰
宇志無此名
五年壬子徐奭榜　王并　曹修睦見人物志　張演俱建安人　徐奭
第一人見人物志　章侁寰宇志作張詵　陳商俱甌寧人　章從寰宇志無此名
八年乙卯蔡齊榜　張泌見人物志　黃珪　章傺俱建安人　王述
章大裳俱甌寧人寰宇志作吳大裳　黃鑑浦城人見人物志　劉夔見人物志
柳寘俱崇安人
天禧二年戊午王整榜　程適　黃援援寰宇志作板　張式見人物志
俱建安人　徐的甌寧人見人物志　柳三復崇安人比部員外郎

天聖二年甲子宋郊榜 章孝基 黄可 黄昱 黄帖
黄凝俱建安人 王初 任凱俱甌寧人 黄孝先見人物志 黄鑄
黄孝元俱浦城人寰宇志以黄孝先黄鑄為建安人郡志及縣志又無孝元恐即孝先之誤
宋咸見人物志建陽人寰宇志無此名
五年丁卯王堯臣榜 呉育省元見人物志 楊儀 章維 黄稷
黄補之 黄普俱建安人 呉方育之弟 呉京育之弟 魏巽俱甌寧人
章岷浦城人見人物志 阮逸建陽人見人物志
八年庚午王拱辰榜 黄孝恭 丘荷 柳垂象 黄展俱建安人
章資 張鑑 呉師服見人物志 楊仲元俱甌寧人 章

峴 楊翊見人物志俱浦城人寰宇志以章峴為甌寧人也 翁純 吳誠

翁純俱崇安人

景祐元年甲辰 張唐卿榜 連舜元 黃孝立 張洞

張謨俱建安人 吳秘見人物志 章君陳 章造 陳良 李

格 張容 王俞俱甌寧人 陳升之建陽人見人物志 章俞浦城

人職方郎中 柳三變更名永見人物志 柳三接 吳評見人物志 彭

鉦俱崇安人

寶元元年戊寅 呂溱榜 章岵 章佺 楊績 阮適

阮逸 吳充見人物志 魏宏見人物志俱建安人浦城縣志以吳充為其邑人

黃昪　黃師古　陳為宜　陳鼎俱甌寧人張詵浦城人見

人物志游奎崇安人

慶曆二年壬子楊寘榜　章嶙　楊緬　阮遵　何辟非

吳簡　阮陶　林術俱建安人黃禋　謝棨　丘與齡

陳立俱甌寧人陳洙建陽人侍御史吳棨松溪人正奉大夫徐九思崇安

人見人物志

六年丙戌賈黯榜　夏噩　張誼　呂百能　吳締　葉

悃　魏式　黃子華　陳倩俱建安人張達權　章京

葉敦　張安雅光祿大夫楊煥　吳見推　葉圠　劉

泌　曾叔卿　魏軻　鄒何俱甌寧人　章訢浦城人光祿大夫
翁蕭見人物志　柳涗著作郎俱崇安人
皇祐元年己丑　馮京榜　游景先　楊仲孺　劉洵　陳
潛　陳洌　黃儼　黃默　陳郛　陳瀚　陳與
京　連希元俱建安人　張詳　楊景脩　吳申見人物志　詹
常　徐昂昂舊志作昻　徐洪　施彬俱甌寧人　王寓崇安人見人物
志
五年癸巳　鄭獬榜　章辟強　樂式　章顗　黃莘　張
傳　徐伯琥　樂康直見人物志　翁績　陳傅　盧

元　黃儼（俱建安人）　丘同　游奎　陳絇　郭友賢

周可封　張聘賢（俱甌寧人）　柳淇　翁萬　彭仲熊（俱崇安人）

嘉祐二年（丁酉）章衡榜　劉涇　范覞　黃荏　魏洙

黃尭（先寰宇志作元）　陳戩　李弼（俱建安人）　彭次雲　陳沂

黃翊　楊長聘（寰宇志作長需）　黃洙　陳讓賢　丘高

徐昉（俱甌寧人）　章衡（第一人）　黃好謙（俱浦城人寰宇志作孝謙）　陳郛（建陽人）

翁仲通（崇安人上四人俱見人物志）

四年（己亥）劉煇榜　董威　周權　吳子選（俱建安人）　黃襄

張袞 謝麟見人物志 陳讓夷俱甌寧人寰宇志以謝麟為建安人 章惇
浦城人俞之子元豐中自翰林學士拜參知政事
改門下侍郎哲宗朝知樞密院事出知汝州石①為
尚書左僕射惇為相專以紹述為國是凡元祐所
革一切復之引用所親協謀朋姦報復仇怨至以
老姦擅國詆宣仁太后而元祐臣僚被羅織得罪
者千餘人天下寃之徽宗時知越州再貶雷州司
戶參軍 江淑 翁敏政俱崇安人
六年辛丑 王俊民榜 吳賁 葉斐 魏諤 徐師冉
阮師德俱建安人 傅咨後元豐八年焦蹈榜亦有此名恐非 葉咫 王彝
陳流 徐璹 陳世京俱甌寧人 丁擇
八年癸卯 許將榜 楊懷寶 吳應 吳道 黃潔 張

校注：①召

粤　張括俱建安人　吳毅　章友賢　黃顏　安締

游勛俱甌寧人　練定浦城人　陳軒第二人建陽人　吳執中松溪人　詹

範崇安人上四人俱見人物志

治平二年乙巳彭汝礪榜　楊凝　曹極侍郎　何甫　賈愚

彭璟俱建安人　范洛　袁符　魏森　廖平　陳讓能

俱甌寧人　章漈浦城人省元見人物志

四年丁未許安世榜　吳師龍　楊國保　阮述　黃遠

張翥俱建安人　劉彝甌寧人　黃敞見人物志　葉邦節縣志作安節朝散大

夫寰宇志無此名俱浦城人

熙寧三年庚戌葉祖洽榜 張中 范子淵 章傳 王昕 翁貺 葉表 呂偵 陳節 潘立方俱建安人

陳稷 黃舒 丘述 吳説 劉龥 章修俱甌寧人

章甫浦城人見人物志

六年癸丑余中榜 江翊 張元方 楊遷 張焱 周彥中 林式 施聞 江與幾 祖洽 黃寔見人物志 劉川 黃叙 江彥適俱建安人浦城縣志以黃寔爲其邑人 施令 黃汝平 黃儒 黃頡 周常見人物志 徐明

黃洽 黃安節 黃彥 王順 吳栻見人物志 黃詳

李端夫　楊夙（俱甌寧人浦城縣志以周常為其邑人王顒舊志作王熙）江側（建陽人見人物志）葉棣（見人物志）楊郊　練亨甫（少年以所業見王安石安石呼為小友後遷崇文院校書坐交通鄧綰諂事王雱被謫召除給事中）黃好信　范鏜（俱浦城人黃好信寰宇志作黃孝信）

九年（丙辰）徐鐸榜　丁諟　陳寮　張元素　魏默　丁褒　施遵　張岷　練儀甫（寰宇志無此人名）劉常　葉豫　張戣　呂賁（俱建安人）葉康弼　張元弼　章縡（見人物志）呂常　熊俊明　黃考甫（俱甌寧人浦城縣志以章縡為其邑人建陽縣志以熊俊明為其邑人）陳師錫（第三人見人物志）江立（俱建陽人浦城

縣志以師錫為其邑人

元豐二年己未時彥榜　徐常見人物志　祖逼　黃秸　黃致

致新郡志作紋　江禹　孫夙俱建安人浦城縣志以徐常為其邑人　詹國華

卓威　李秸　黃公綽　陳信臣　葉極　陳孟

進　葉大方　吳子翼俱甌寧人　章粹見人物志　何述見人物志

俱浦城人　游醇建陽人　李懌松溪人朝奉郎　江時寰宇志無此名

五年壬戌黃裳榜　江準　呂杭　葉默見人物志　魏勛　葉

示　黃君輔　丘傳　吳仁斅　王藻　魏閎

黃奕　翁援　黃董　呂察　熊敷常　曹震

黃覺 葉禾 葉世隆俱建寧人 葉安節見人物志 吳睿
黃毅 葉孝王 張謀 吳企 楊恕 謝嚴
劉安行 劉幹 黃數俱甌寧人 楊訓 張巨 黃靜
俱浦城人 游酢建陽人 李規松溪人 暨陶 吳仲虎俱崇安人此上
七人各見人物志
八年乙丑焦蹈榜 呂梲 張仲元 陳民先 楊觀
姚易見人物志 龔起 江旟 周恭先 黃從周 劉
通 張譚 章繹 楊悅 謝沖俱建安人新郡志以姚易為浦
城人誤 黃輔國見人物志 范致祥大中大夫 王叙 葉廷輝

游充 施邁 吳全 章述之寰宇志作衎之①志作衍之尚書
黃漸新志作董漸 吳潛 吳潘 徐遵俱甌寧人浦城縣志以黃輔國
為其邑人郡志無吳潛寰宇志有之今增入 吳駿浦城人通判饒州 詹時升建陽
人見人物志 吳逢道崇安人 陳律政和人
元祐三年戊辰李常寧榜 章援省元 黃一正 張徽言
陳南夫 傅列 黃槩 徐建常俱建安人 葉時 游
煦 劉毅見人物志 黃嶺 陳渥 章綜見人物志 謝得仁
練素俱甌寧人寰宇志無陳渥 李充 練逢俱浦城人 范致虛建陽人
江滋上四人俱見人物志 劉約崇安人 丁秩寰宇志無此二名

校注：①縣

六年辛未馬涓榜　葉特材　黃從簡　黃賁見人物志　葉揩

李適　徐載中俱建安人浦城縣志以黃賁為其邑人　黃棨　游醇

施述　黃同　江維　江介　張訪俱甌寧人　李宋浦城

人御史

紹聖元年甲戌畢漸榜　徐當　詹尚　袁閩儒　吳著

謝烈　黃軒　張得臣　劉穀　謝燾　吳獻可

後莫儔榜亦有此名　吳賁貴寰宇志作賁　張粵俱建安人　黃睍見人物志　黃堅

黃獻可　何成之　雷覺民見人物志　何賁　李中行

陳修　葉楚材俱甌寧人寰宇志無陳修葉楚材　劉韐見人物志　翁彥

深見人物志 吴覺推 余孝持俱崇安人寰宇志無余孝持
四年丁丑何昌言榜 章持 章佃 范致沖郡志作致君 翁
慶奕 丁淳 王褒 黄鞏 章惠求 黄遂中
張卿才 黄公述 吕深 游暐 楊傑 丁稠
吕杭俱建安人 鄭存 章授省元見人物志 黄逸 章防 章
程 章棨 張公獻 徐弁 黄和甫 吴愈
陳溝 黄讜 陳遜 陳器則俱甌寧人 葉常 周武
仲 周因俱浦城人 胡安國 翁彥國此上五人俱見人物志 暨
唐裔俱崇安人

元符三年庚辰李釜榜　范致明待制　謝学　陳曄曄郡志作畢
魏貢貢郡志作賁　陳煇　林迪　張公厚　徐端行俱建
安人呂沆　熊安行　吳伯正　陳幃　丁天民
呂棁俱甌寧人寰宇志無呂棁　郭汝賢浦城人見人物志　翁常崇安人
崇寧二年癸未霍端友榜　陳洛書　練幹譽見人物志　曹歔
承　翁珪　江去惑　黃陞　黃滕　楊桂　江
信　曹襄　陳能千俱建安人　葉中行　葉燧省元終侍制
周豐載　黃炳　陳彥弼朝散大夫　黃會極　黃平
張公徼　應廓　謝穆　張獻臣俱甌寧人浦城縣志以陳彥弼

為其邑人楊授浦城人見人物志彭路崇安人見人物志

四年乙酉上舍釋褐是年初行舍法周固第一人浦城人見人物志登科記作元符三年進士非葉翺第二人登科記寰宇志作政和二年進士非

五年丙戌蔡凝榜張翔黃齊見人物志呂著廖邦傑

陳昭度潘建中第三人龔寬張龜齡葉裕

張章黃寬孫量練表董營俱建寧人葉皐

黃鋭呂若常葛安國黃量張虞卿徐

陸黃理卓雄吳仲交翁兼張膺魏

揚用練師中范伯進俱甌寧人章誼見人物志楊㬇見人

物志俱浦城人 游斌崇安人

特奏名 徐適見人物志 吳栻俱甌寧人

大觀三年己丑賈安宅榜 張臨 徐韡 游傳 丘之

立 應時發 王山 謝仲逸 劉鄜 魏汝賢

張昭 李弼 黃子服 呂賓 范致厚 徐昉

葉傳 葉彥隆俱建安人 徐大明 游時升 張績

張行己 楊尚友 呂祚 吳師中 葉照鄰

葉伸 吳可 丘彔 江濤俱甌寧人 張豸 練繪俱浦

城人 陳戩松溪人此上三人俱見人物志新郡志有陳球舊志及寰宇志俱不載

政和二年壬辰莫儔榜 劉疇疇舊志作時 陳沃 熊天啓
熊迪 丘程 黃卓 陳師尹 張撒 陳舜隣
李驥 梁從義 陳天助 葉逸俱建安人新志以熊天啓熊迪
皆為建陽人 謝逸 翁孝昭 黃達 黃存道 張敦
書 丘崇 鄧植 彭信 吳[illegible] 陳居實 李
正中 余文俱甌寧人 江杞建陽人見人物志 彭拯終沅州倅 翁彥
約見人物志 詹公薦見人物志 卓剛中 翁谷俱崇安人 吳直亭
寰宇志無此名
三年癸巳上舍釋褐 羅遲 張公綽建安人

五年乙未何㮚榜　黃褒　黃鎮　江文中　周莊仲
范舜舉　盧少英　郭擇仁　黃俊卿俱建安人　葉廷
珪見人物志　黃偉　黃天助　楊陞　江鈿　曹韻士
黃積厚　梁之嘉　楊中　游天衢　吳安中見人
物志　盧棐　葉文　章芹俱甌寧人　張大年見人物志　謝鼎
李韻士見人物志　黃鍰見人物志俱浦城人寰宇志無謝鼎　章元振見人物志
劉牧　詹卓然俱崇安人　邵知柔政和人見人物志
重和元年戊戌王昂榜　熊適　鄭轂見人物志　吳斌　游其
淄郡志作徐其藩　徐文虎　吳岑　羅肇　鄭穀見人物志　陳

癸 徐端臣 林逵卿 黃與權俱建安人 卓特立

吴秉文 劉汝舟見人物志 陳徹 章陟 陳觀國

葉發明 陳大中 范文俱熈寧人浦城縣志以劉汝舟為其邑人政和

二年進壬未詳 楊邦度見人物志縣志作公度 黃璘見人物志俱浦城人 丁偕

翁采右刑曹 郴綬 劉瑋俱崇安人寰宇志丁偕作丁偕山 梁之儀

寰宇志無此名

宣和元年己亥上舍釋褐 江溭建安人

二年庚子上舍釋褐 祖秀實第一人浦城人見人物志 龔昔新 張

寇武 吴舜卿建安人

三年辛丑何澳榜　張轂　翁起予　王康佐　魏延世

程端緬　魏公晋　陳績繢舊志作績　陳延賞　魏孝

孫俱建安人寰宇志以魏孝孫為甌寧人　謝鸞　葉英傑　黄仲道

張參　魏楙見人物志　陳瑀　李宲見人物志　黄生　陳希

孟俱甌寧人　吕祉見人物志　游操　傅伉　江琦俱建陽人舊志以謝

鸞為建安人紹聖元年進士寰宇志以傅伉為甌寧人　胡寅　何昌世　吴

逵上四人俱見人物志　吴逾俱崇安人　黄脩寰宇志無何昌世以下四人

六年甲辰沈晦榜　葛宏　章傑惇之孫知閩①知　陳與廉　陳思

周棐　龔濤　謝元禮　范振俱建安人　黄褒　黄悦

校注：①縣

周适 江航 章驤 吴介然 嚴有翼 王以
詠見人物志 江祐之 黄朝佐 黄處仁 謝安民
祖日新 張之邵 謝希亮 黄偉 范疇俱甌寧人
新郡志以黄悦為元豐八年進士褒宇志以謝希亮作劉希亮 丘之起建陽人褒宇志無此
名 江灝見人物志 吴萌卓 彭南舉 范元凱俱崇安人 魏
公會巳上三年柯渙榜而褒宇志是年亦無此名
建炎二年戊申李易榜 葉棻 陳璹 葉衡郡志無此名 葉
觀 鄭鍔 楊璟璟郡志作景 章籍 黄仲選 葉薦
見人物志 張震 黄延年 葉宗武俱建安人 黄銓 吴希

說　翁涂　范周翰　張裳　丘之立　陳堯民
歐陽頴士　黃僺俱甌寧人寰宇志丘之立作立之文　黃衡　范如
圭　吳櫪上三人俱見人物志　魏樾俱建陽人　吳叔虎寰宇志無魏樾吳叔
虎二人
紹興二年壬子張九成榜　范寅賓　楊秬　陳琦　黃
子魯　周廣譽　丘欽若　陳沺　龔汲俱建安人　陳
廷傑　黃仲適　謝譽　虞翔　葉榮　王勉
陳綱　范彥輝俱甌寧人　丘之奇建陽人編脩寰宇志無此名　范芭
崇安人　吳球政和人見人物志○按浦城縣志又有黃子狩舊志及寰宇志俱不載

五年乙卯江應辰榜　楊秀韻建安人　胡璉　河灝俱崇安人

八年戊午黄公度榜　江鵬　葉山　詹如松　王大治

李師中　黄友德　范愉俱建安人崇安縣志以詹如松為其邑人　黄

箎　黄元量　黄萬頃　魏清臣　謝龔　黄拱

章倧　江廣　陳嵩見人物志俱甌寧人　李弁知連城縣以子貴贈中散

大夫　虞公輔俱崇安人寰宇志無此名

十二年壬戌陳誠之榜　江符　劉希保俱建安人　范文達

陳元祐祐寰宇志作裕見人物志　王旟旟寰宇志作旌俱甌寧人　楊邦弼浦城

人寰宇志以為甌寧人　劉拱　劉如　宋翔此上四人俱見人物志　程

擴俱崇安人寰宇志以程擴作程構為甌寧人

十五年乙丑劉章榜 謝逵 陳廷鈞 倪必強 黃恬

龔冲俱建安人 賈挺 王遵路 劉順順寰宇志作傾 陳雲翼

俱甌寧人 祖逢清浦城人 李秩松溪人見人物志一本作李昳

十八年戊辰王佐榜 丘崇郡志作褰 吳特 何欽承俱建安人 練

榮 陳旦 張商卿 倪寬俱甌寧人 黃嗣廡浦城人宣義郎

寰宇志以為甌寧人 何邦昌 詹輗 朱熹見人物志 胡師孫見人

物志俱崇安人寰宇志以邦昌詹輗為建安人

二十一年辛未趙逵榜 黃汝舟 盧寬 蔡瑀 劉信

魏介卿 程鶚 劉棨（俱建安人崇安縣志以程鶚為其邑人） 黃石

陳煥 魏諧 張孝立 蕭竑 施一靈（俱甌寧人） 徐詡（浦城人見人物志） 游訔（建陽人） 趙不槁（崇安人朝奉郎寰宇志無此名）

二十四年（甲戌）張孝祥榜 黃敷忠 楊椿年 丘疇（俱建安人） 袁彬 劉璠（璠寰宇志作蟠） 袁蘊元 彭頁（俱崇安人寰宇志以袁彬劉璠袁蘊元為甌寧人）

二十七年（丁丑）王十朋榜 范大用 周之才 謝灝

賈祺（俱建安人） 詹機 葉齊山 斐叔慶（俱甌寧人） 熊克（建陽人見人物志） 王文震（崇安人寰宇志以為建安人）

三十年庚辰梁克家榜　魏鈞　葉延壽俱建安人　虞必詹
虞韶俱甌寧人　祖世英浦城人見人物志　葉堯賓崇安人見人物志
隆興元年癸未木待問榜　李宗思　徐柟　陳之方
葉元貫　董居安舊志以為童居安　王畿　邵謨　李拓
周焯　虞當　張寅　潘澍　周煒　徐閎俱建安人
袁樞見人物志　范璋　袁說友　鄭德麟見人物志　徐粼①粼寰
宇志作翶　鄧高　葉肅　游岳　劉鼎　施譽　翁國
瑞　張咸　陳洙見人物志　梅琰俱甌寧人　詹體仁浦城人見人物
志舊志寰宇志俱作張體仁以為建安人而崇安縣志又以為崇安人　詹岳　李獻

校注：①鄰

明俱崇安人寰宇志以詹岳李獻明為甌寧人

特奏名　翁德輿①第一人建安人崇安志以為其邑人寰宇志以為是年進士

乾道二年丙戌蕭國梁榜　葉有秩　林光見人物志范汝礪

葉鎬　楊延年　張藉俱建安人翁德廣　謝震　陳

堯卿　鄭鼏　葉才老　游雱俱甌寧人黃碩浦城人寰宇志

以為甌寧人李岐崇安人見人物志

五年己丑鄭僑榜　吳三省　熊可量　梁光　周明仲

俱建安人郡志以熊可量為建陽人翁子羽中改名子中甌寧人江默見人物志吳

靈　虞大中見人物志黃鯉俱崇安人寰宇志無吳靈又以黃鯉為甌寧人

校注：①第

八年壬辰黃定榜　危嵩高　雷霆　賀次章　陳光祖

江泰俱建安人　張成招　李正通　盧特俱甌寧人　劉綸建陽人見人物志　歐陽光祖崇安人見人物志

淳熙二年乙未詹騤榜　馬子嚴　范斗南俱建安人　吳挺甌寧人　徐應龍浦城人見人物志　劉崇之建陽人見人物志寰宇志無此名　暨壽隆　林[illegible]　趙善沛見人物志　翁華俱崇安人寰宇志以暨壽隆為建安人林[illegible]為甌寧人

特奏名　陳應行第一人建安人寰宇志以為是年進士

五年戊戌姚頴榜　江珣　范應辰　劉策俱建安人　劉炳見人

物志詹炳 卓賁 陳甲俱甌寧人 熊以寧建陽人今寰宇志無此名

詹克愛 翁允明 劉褒見人物志俱崇安人寰宇志以詹克愛為甌寧人

八年辛丑黃由榜 劉特 楊備 王齊巽 徐原俱建安人

毛可擇 李春 葉師德俱甌寧人

十一年甲辰衞涇榜 梁待聘 陸子忠 張文弼俱建安人

葉文炳 李曼卿俱甌寧人寰宇志以葉文炳李曼卿為建安人

十四年丁未王容榜 張應之 黃仁仲 魏復 魏光

葉建中俱建安人 劉源 楊迪 吳曾卿俱甌寧人 江史崇安

人見人物志

紹熙元年庚戌余復榜　馬任仲　張彥清　李沖　謝子蜚俱建安人　程高　馬滂　吳遠俱甌寧人　虞庠崇安人

四年癸丑陳亮榜　劉塡見人物志　李政　黃張　江疇　袁聘儒　黃志寧　楊與立　游覿俱建安人　李公明　陳總龜　吳瑨俱甌寧人　邵元齡今寰宇志無此名○按郡志又別出劉塡以為建陽人紹熙七年癸丑曾易榜進士考之紹熙僅五年而癸丑則為四年又文獻通考前後俱無狀元曾易姓名疑此即四年特奏名或釋褐也然劉塡之名已見於四年進士榜而復重載於此殊不可曉

慶元二年丙辰鄒應龍①郡志作莫子純非榜　李桂　梁鑄　張
槐　葉祐甫　盧由　張杰俱建安人丁德元　翁珣
曹建國　劉拘　徐鳳見人物志翁蜀俱甌寧人浦城縣志以徐鳳為
其邑人崇安縣志以翁蜀為其邑人詹師文見人物志徐昌之見人物志俱崇安人
五年己未曾從龍榜　葉麟之　吳旂　熊節見人物志游澤
李勲　陳如　陳梓見人物志劉必端　甄大中俱建安人
王佮　何知　劉沐　楊圭　葉選　葉湜俱甌寧人
真德秀浦城人見人物志詹淵崇安人見人物志
嘉泰二年壬戌傅行簡榜　謝汲古②第二人黃應酉　李芑

校注：①郡　②第

李臯俱建安人崇安縣志以李芑為其邑人 丘橚 游金酉 劉賁

劉文軏 陳熙甫 江沆俱甌寧人崇安縣志以劉寅為其邑人 葉

元之松溪人 詹臯見人物志 胡翔卿俱崇安人

開禧元年乙丑毛自知榜 鄭友直 卓田 李機 朱

復之俱建安人 呂稽叔 杜桂 劉升俱甌寧人 李仲光

陳雲 趙汝郭上三人俱見人物志 詹甫俱崇安人寰宇志以詹甫作鄭自誠

榜

嘉定元年戊辰鄭自誠榜 華堯封 黃宋興 劉松

林韶俱建安人寰宇志以林韶為甌寧人以黃宋興為崇安人崇安縣志亦以為其邑人 朱

吉甫　甄世光　廖闕闕舊志作閡寰宇志作閡俱甌寧人　江壎崇安人見人物志　雷丑助福州監鎮寰宇志無此名

四年辛未趙建大榜

沈敏　劉灼　周清　鄭杜　田傳寰　劉衍　張毅然俱建安人　吳文　王由之　艾丑　黃定　汪孚　張渼俱甌寧人崇安縣志以黃定為其邑人　李華崇安人見人物志

七年甲戌袁甫榜

馮振祖　葉同　袁夢松　范榮俱建安人崇安縣志以袁夢松為其邑人　范騤國學　能源　劉世　翁浦　陳晉卿俱甌寧人崇安縣志以翁浦為其邑人　徐清叟見人物志　徐榮叟

見人物志俱浦城人宋秉孫建陽人寰宇志作淳祐四年進士陳範崇安人見人物
志
十年丁丑吳潛榜　黃廷　虞應龍　陳壬　楊宗亢
雷復新州教授俱建安人黃自然　陳必大　劉天錫　范
會之俱甌寧人宋慈建陽人見人物志
十三年庚辰劉渭榜　吳擢　章子仁國學裒長吉見人物志丘
發省元俱建安人崇安縣志以裒長吉為其邑人黃應丙　張國梁　游
定山　廖安　張覺先　童英俱甌寧人寰宇志無此名彭彝
崇安人知府

十六年癸未蔣重珍榜 王九萬上舍 黃洪上舍 陳正夫國學俱建
安人黃濤之 倪漢卿 鄭雷震 黃海俱甌寧人 趙時
鉞崇安人舊名時洪見人物志
寶慶二年丙戌王會龍榜 游鎔 周中 祖吳 李炎
之 張申子申子寰宇志作中子俱建安人 廖武子 葉天藻俱甌
寧人翁甫見人物志 江寅 江鎵俱崇安人寰宇志以江寅江鎵為甌寧人
特奏名 魏壬良建安人
紹定二年己丑黃朴榜 張擢 陳埜 鄭永 袁申儒
詹夢龍 謝一龍 翁文鳳 陳應之 黃應翁

（俱建安人郡志無黄應翁而寰宇志有之今增入）楊可久　劉德權　周
丙　游清夫　藍興祖　鄭彥實（俱甌寧人）蔡抗（見人物志）
何元澤　吳七德　李莘老（俱崇安人而寰宇志以蔡抗為建陽人又以何元澤吳七德李莘老俱為甌寧人）
五年（壬辰）徐元杰榜　廖仲光　鄭振甫　朱沂　王仲
賢（俱建安人）范純甫　劉公權　風子興　蔡世德
周紆　朱繼芳（俱甌寧人）尤德卿　翁酉　江鎔　江
巳（俱崇安人寰宇志以尤德卿翁酉江鎔為建安人江巳為甌寧人）
端平二年（乙未）吳叔告榜　潘希夔　何茂才　楊仁吉

黃叔度 俱建安人 游渾 陳德夫 丁熙之 沈助 俱甌寧人

江文龍 崇安人，寰宇志以為甌寧人

嘉熙二年戊戌周坦榜

盧德亶 葉夢材 劉子實 廖舉 俱建安人 湯鑄 楊翼 俱甌寧人 徐華老 徐夢發 華老之弟，俱浦城人，寓居福州 翁合 崇安人，上三人俱見人物志

淳祐元年辛丑徐儼夫榜

張助 翁以孫 吳勢卿 見人物志 葉應雷 楊鰲 汪子木 木，寰宇志作本 吳益 王榮 俱建安人，崇安縣志以吳益為其邑人 李申 游旋叔 黃夢吳 龔榮卿 王佮 葉采 葉泰夫 毛天書 葉賔

王　何正夫俱甌寧人

四年甲辰留夢炎榜　雷紹　陳子和　趙宗楹一作䁝葉

酉大　吳夢龍　鄭祥老　周清父　雷子發俱建

安人　陳可仁　吳述　趙汝睽　陳謨　張桂子

陳子良　朱天雷　魏復延平法曹俱甌寧人寰宇志以趙汝睽為建安

人又無魏復　宋秉孫建陽人見人物志

七年丁未張淵微榜　黃駟甌寧人　范宏忠　蔡益俱崇安人寰宇

志無此三人

寶祐四年甲寅文天祥榜　李鑰　陳夢華　夙武伯

夏詵仲 黃夢複 祝洙見人物志俱建安人 趙崇銘 劉夢騂 周清老 謝見斗 何德華俱甌寧人 詹慶豐崇安人

開慶元年己未周震炎榜 夙師靖 張必先 陳元善 黃德父俱建安人 丘樞 陳德午 魏桂臣俱甌寧人 趙若柚崇安人案宇志以趙若柚為甌寧人

景定三年壬戌方山京榜 詹復崇安人案宇志無此名

咸淳元年乙丑阮登炳榜 魏公圭 翁燧 曹應時俱崇安人案宇志無此三人

四年戊辰陳文龍榜　吴清伯政和人

七年辛未張鎮孫榜　陳從史政和人

十年甲戌王龍澤榜　劉應李見人物志　熊新民俱建陽人寰宇志無此二人　熊禾崇安人見人物志寰宇志為建陽人　趙若槸崇安人見人物志

宏詞科　黄彥　章傑

八行科　鄭轂　范達如　游安世縣令

武舉　謝勳節使　黄章　吴仲友　練山甫　藍斌已上凡十人舊志不載年月姑附于此

元

延祐二年乙卯張起巖榜 楊載浦城人見人物志裒宇志無此名

四年丁巳鄉試 虞堯祖建陽人

五年戊午霍希賢榜 雷機建安人朝散大夫

泰定元年甲子張益榜 張復字伯陽

至順三年壬申鄉試 雷杭建安人字彥弁

元統元年癸酉李齊榜 雷杭知縣

至元元年乙亥鄉試 陳楠老政和人建陽雲莊書院山長

至正元年辛巳鄉試 李峕錄事司人 雷燦建安人

二年壬午鄉試 雷拱建安人見人物志

七年丁亥鄉試　雷燧建安人　夏裏崇安人

八年戊子王宗哲榜　宋繼建安人寰宇志作奕

十年庚寅鄉試　雷枋教諭　雷燦再舉授主簿俱建安人按本年鄉試錄無雷枋

十五年乙未鄉試　李仲容　雷櫟教諭建安人

十九年己亥鄉試　雷烜建安人

二十二年壬寅鄉試　雷燉訓導俱建安人　江敏德

二十三年癸卯楊輗榜　雷燧翰林編修建安人

二十六年丙午張棟榜　雷埏鹽運司知事

二十七年丁未鄉試　楊恭　蘇境　雷爍照磨俱建安人　趙友

士李文昌俱甌寧人楊奎 黃普保 寧獻 盧清
余哲 張仁伯 陳孟隆

國朝

洪武十七年甲子鄉試 劉伯濟源教諭謝珪贛州府學訓導俱府學鄭
賜 鄭輔 曹文 張文貞 張和俱甌寧縣學章暘
浦城縣學西安教諭羅寅建陽縣學陳淇 范朗俱政和縣學
十八年乙丑丁顯榜 葉復增城知縣葉耀御史葉規杭州通判李增
知縣俱建安人鄭賜見人物志鄭輔都督府都事曹文吏部主事張和監察
御史張文貞刑部主事俱甌寧人丁顯第一人羅寅知縣俱建陽人李濬

見人物志　江觀縣丞俱松溪人　陳滇翰林庶吉士　范朗縣丞俱政和人
二十年丁卯鄉試　陳閏上元教諭　范益經歷　張炯楚府教授　林龢教諭
王進教諭　吳僧訓導俱建安縣學　吳道光經歷禮科給事中　黃琮江西
按察司僉事　李悌東陽教諭　姜宗得知事俱甌寧縣學　謝馬　楊元
貫俱政和縣學
二十一年戊辰任亨泰榜　翁德甌寧人承務郎
二十三年庚午鄉試　陳觀　林安　黃文貴教授　董文邏
訓導　許壽電白教諭俱甌寧縣學　劉亢工科給事中浦城縣學
二十四年辛未許觀榜　林安吏科給事中　陳觀俱甌寧人

二十六年癸酉鄉試　劉復建安縣學　葉勝教諭　張貴　彭禧
劉賢教諭甌寧縣學　葉文瞳　詹溥知縣　莫保知縣俱浦城縣學　李
善建陽縣學衛經歷
二十七年甲戌張信榜　劉復建安人歸安知縣　張貴甌寧人刑部郎中
童英崇安人博平知縣
二十九年丙子鄉試　李文保訓導　徐因教諭俱建安縣學　謝悌臨淮
教諭　程賜　趙惟文俱甌寧縣學　鄭亮國子監學正　陳顔知府俱浦
城縣學　詹易建陽縣學知縣　魏鐸松溪縣學任主簿　張志崇安縣學任訓導
三十年丁丑陳郊榜　程賜建安人監察御史

三十二年己卯鄉試　楊子榮第一人　雷塡俱建安縣學　陳綬

劉得　李瑀　林褓俱甌寧縣學　徐奇　黃福見人物志　余

保孔目俱浦城縣學　丘錫見人物志　丁護俱崇安縣學

三十三年庚辰胡廣榜　楊子榮後名榮見人物志　雷塡見人物志俱建

安人　劉德監察御史　李瑀石康知縣　陳綬休寧知縣俱甌寧人

三十五年壬午鄉試　田忠　江鐵　江貞　雷將冠帶舉人

俱建安縣學　張策甌寧縣學教授　吳廷用政和縣學

永樂元年癸未鄉試　程燧松溪縣學永豐教諭

二年甲申曾棨榜　江禎一作貞見人物志　田忠見人物志　江錢見人物志

建安人彭福甌寧人行人司司副徐安庶吉士陳滿潘賜見人物志

俱浦城人吳廷用政和人見人物志

三年乙酉鄉試吳春　謝沚　魏春經歷謝善　饒賜

林繼宗　陳原祐　林道安已上俱府學鄭洙第五人訓導

魏福教諭連智　閔富兵馬張珂　雷錞知縣江濟湖州教授

葉濬已上俱建安縣學高第　張巖　王觀已上俱甌寧縣學蕭

福第四人饒生　李存禮教授陳遜已上俱浦城縣學范普建陽

縣學張寶　李兆俱崇安縣學張美政和縣學

四年丙戌林環榜吳春婺源知縣謝沚浦江知縣葉濬鄱陽知縣張珂

見人物志俱建安人饒賜知府林繼宗俱甌寧人饒生　蕭福兵部員外

郎俱浦城人裴旻崇安人見人物志

六年戊子鄉試　雷吉生建安人第二人許繼甌寧人俱府學謝泌贛州教授

建安縣學徐表訓導張意祥符知縣黃鑄教諭鄧烜監察御史張琦

吳安推官張策縉雲教諭俱甌寧縣學張琳教授史振俱浦城縣學范

澄趙府典寶正饒廣湘陰主簿俱建陽縣學楊誠見人物志江麟知縣俱松

溪縣學張珽崇安縣學教諭是科福建鄉試錄無張意張珽張策三人疑別省取應後倣此

七年己丑蕭時中榜　雷吉生建安人監察御史謝善甌寧人監察御史

九年辛卯鄉試　孫應　張順俱府學陳原祐　葉獻知縣楊

禮 禮部郎中 黃燧 教諭俱建安縣學 李惠 教諭 杜宗 見人物志 杜自然
通判俱甌寧縣學 徐管 分水教諭 王許 户部主事 李祿 州判 蘇賑 德興知縣
俱浦城縣學 游熊 松溪縣學訓導 胡德 崇安縣學教諭 吳敦 政和縣學 是科福建
鄉試錄無陳原祐葉瀛楊禮三人

十年 壬辰 馬鐸榜 陳原祐 建安人嘉興府通判 高第 甌寧人江西僉事 陳
遜 浦城人見人物志

十二年 甲午 鄉試 謝時清 甌寧縣學 鄭以誠 黃仲芳 朱
泗 州判俱府學 連均 建安縣學 魏瑢 任保 教諭 范忠 俱甌寧縣學
葉恕 東珙 江陰教諭俱浦城縣學 胡昂 松溪縣學 吳安 政和縣學

十三年乙未陳循榜　黃仲芳雲南布政司參政　連智翰林修撰　連均
見人物志俱崇安人　魏瑢甌寧人　葉恕浦城人監察御史　胡昂松溪人監察御
史

十五年丁酉鄉試　雷璲　吳任知縣俱建安縣學是科福建鄉試錄無雷璲
李衡知縣　陳祥通判俱甌寧縣學　劉童建陽縣學知州　葉敷信宜訓導　鄭
旭餘杭訓導俱松溪縣學　彭新政和縣學

十六年戊戌李騏榜　雷璲建安人見人物志　劉童建陽人知州

十八年庚子鄉試　張疇訓導　雷塏學正俱建安人　馮繹訓導　范圓教諭
譚廣知府　彭友　滕康見人物志俱甌寧人已上俱府學　魏琮教諭　趙

震　葉鉉知縣俱建安縣學　陳悌由御史陞南陽知府是科福建鄉試録無此名

暨和經歷俱甌寧縣學　張善　鮑寧俱浦城縣學　陳恭建陽縣學光祿署丞

林翁崇安縣學經歷　黄穆　余鏐　范星俱政和縣學

十九年辛丑曾鶴齡榜　張善浦城人監察御史

二十一年癸卯鄉試　陳昇建安縣學任教授　吳惠清教諭　游賢甌寧縣學

徐矩浦城縣學任訓導　楊童　翁瓊訓導俱崇安縣學　劉恒松溪縣學寧國教授

二十二年甲辰邢寬榜　陳悌監察御史　范忠兵部主事俱甌寧人

宣德元年丙午鄉試　龔錡是科福建鄉試録無此名　陳華甌寧縣學推官

四年己酉鄉試　朱櫻教諭　滕貢見人物志俱府學　吴智助教俱甌寧縣學
曾怨浦城縣學麻城教諭　周志政和縣學
五年庚戌林震榜　龔錡建安人第二人翰林編脩
七年壬子鄉試　楊文煒訓導　雷潛見人物志俱建安縣學　朱奎甌寧縣學
翁賜教諭　龔貴知府俱浦城縣學　游敏建陽縣學任教諭　方成崇安縣學
任訓導
十年乙卯鄉試　陳順德建安縣學大理評事　江漢甌寧縣學任訓導
正統三年戊午鄉試　劉福　楊琦訓導俱建安縣學　葉璣松溪縣學
遂昌訓導

六年辛酉鄉試 范光建安縣學任訓導 鄭遠浦城縣學任訓導 蕭崇德州
學正陞教授 丁慈俱建陽縣學
七年壬戌劉儼榜 劉福建安人見人物志
九年甲子鄉試 徐慶訓導 馮鋌教諭俱府學 丘福建陽縣學永寧教諭
十二年丁卯鄉試 張敬景州學正 吳鑑南海知縣俱建安縣學 吳憲政和
縣學
景泰元年庚午鄉試 楊璋鴻臚寺序班 謝梴郯城訓導俱府學 吳琮
光祿寺署丞 連銳 謝瀌始興知縣俱建安縣學 黃智浦城縣學知州 雷
春 陳待俱政和縣學

四年癸酉鄉試　龔沉　謝文璉　劉璣桐廬訓導　楊仕倧俱府學

劉佐浦城縣學按察司經歷　程勉訓導　陳賜訓導俱崇安縣學

五年甲戌孫賢榜　丁慈建陽人河南按察司僉事

七年丙子鄉試　楊瑛第一人　雷溫　鄒員知縣　袁朗俱建安縣學

范榮甌寧縣學知縣

天順元年丁丑黎淳榜　楊仕倧建安人無為知州

三年己卯鄉試　楊仕儆中書舍人　楊仕偉俱建安縣學　徐鉉甌寧縣學禮部司務　趙文建陽縣學宜春訓導　暨文崇安縣學　姜瑛壽寧縣學任訓導

四年庚辰王一夔榜　楊瑛建安人翰林庶吉士

六年壬午鄉試 陳琦 吳真 雷鴻訓導俱建安縣學
成化元年乙酉鄉試 江沂 趙欽麗水訓導俱建安縣學 謝諫左長
史 吳文元俱甌寧縣學 蕭泗建陽縣學
二年丙戌羅倫榜 江沂建安人四川按察司副使 吳文元甌寧人浙江按察司
副使
四年戊子鄉試 滕祐府學
五年己丑張昇榜 龔沅建安人工部主事
七年辛卯鄉試 黃輔建安縣學教諭 曾瑾浦城縣學 林一寧政和縣學訓導
十年甲午鄉試 雷士①旃 葉華俱建安縣學 范鎡 彭程俱甌

校注：①旃

寧縣學林奇　劉忠上二人俱浦城縣學應天府中

十一年乙未謝遷榜　楊仕偉會試春秋魁兵部主事　雷仕旃浙江按察

司僉事陳祥俱建安人

十三年丁酉鄉試　楊晃　葉忠　徐鍵　唐洎俱建安縣學

童奇甌寧縣學　蕭銳建陽縣學應天府中

十六年庚子鄉試　黃奎建安縣學訓導　張瓛

十七年辛丑王華榜　彭程甌寧人戶部主事

十九年癸卯鄉試　楊旦府學

二十年甲辰李旻榜　滕祐建安人行人司行人

二十二年丙午鄉試　張秀甌寧縣學　袁銛建陽縣學　葉鎮松溪縣學

二十三年丁未費宏榜　徐鍵建安人　彭崑崇安人

八閩通誌卷之四十九

八閩通誌卷之五十

選舉

科第

泉州府

唐

貞元八年壬申賈稜榜　歐陽詹晉江人見人物志

開成三年戊午裴思謙榜　李稠工部尚書　陳嘏見人物志　歐陽秬詹之姪見人物志俱晉江人

會昌六年丙寅[illegible]榜　傅荀晉江人第二人

大中十一年丁丑□□榜　盛均永春人見人物志

文德五年戊申□□榜　謝脩晉江人

五代

梁貞明中　陳逖

唐同光中　黃仁穎

天成三年戊子陳保極永春人見人物志

宋

太平興國八年癸未王世則榜殿試分三甲自此始劉昌言晉江人見人物志

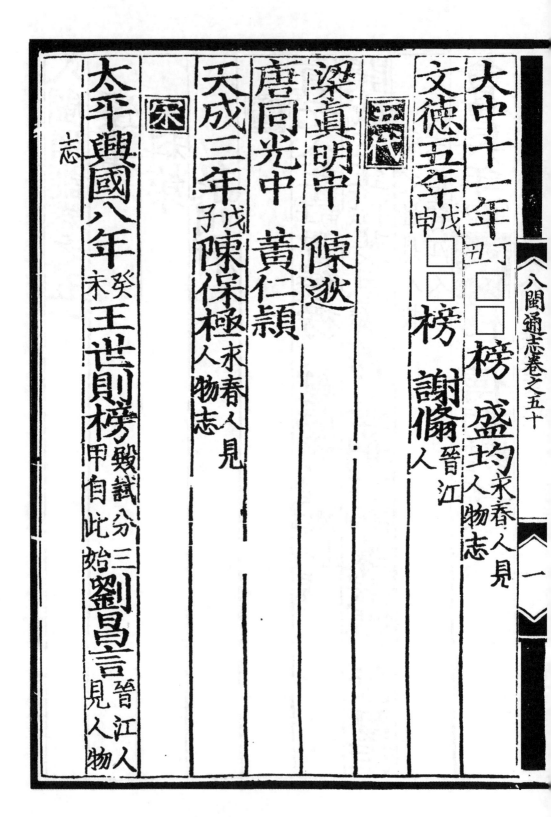

雍熙二年乙酉梁灝榜　錢熙南安人見人物志
端拱元年戊子程宿榜　梁希言晉江人
二年己丑陳堯叟榜　曾會第二人見人物志　劉易知　陳從易見人物志　蘇國華①　陳垂象　劉昌齡昌言之弟　王言徹見人物志俱晉江人　崔拱惠安人太常丞
淳化三年壬辰孫何榜　韓曜　陳元豫侍中之父　楊令問　蔡玉　呂言為侍御史終京東利州路轉運使俱晉江人　陳綱同安人見人物志　陳庚尹永春人
咸平元年戊戌孫僅榜　黃宗旦見人物志　鄭褒見人物志　李慶孫

校注：①華

水部郎中
俱惠安人
二年己亥孫暨榜　王中孚　林渭夫　李浚俱晉江人
三年庚子陳堯咨榜　石昭　朱淑　蔡中正　王宗閔
蘇季成國華①之弟　楊令緒　陳汝礪　王元之　胡肅
李譪譪郡志作葛俱晉江人　吳謂惠安人屯田員外郎
五年壬寅王曾榜　蕭楚材晉江人
景德二年乙巳李迪榜　梁審言希言之弟　錢蒙吉熈之子俱晉江人
黃宗望惠安人宗旦之兄知柳州
太中祥符元年戊申姚曄②榜　陳話三司副使　陳時中　蔡黄

校注：①華　②曄

裳見人物志劉設　胡靖　張裕　曾壽俱晉江人

二年己酉梁固榜　宋程第二人著作郎通判台州　郭咸見人物志俱晉江人

四年辛亥張師德榜　劉適晉江人

五年壬子徐奭榜　曾愈晉江人　陳統同安人

八年乙卯蔡齊榜　錢貞吉蒙吉之弟　林貞幹更名升　黃虛舟

吳均　陳從直從易之從弟　曾公度會之子　謝徵初名徽金紫光祿大夫俱晉江人

天禧二年戊午王整榜　陳木　謝起　楊洧　蕭沆俱晉江人　蘇慶民　蘇紳見人物志　蘇仲昌俱同安人舊志無蘇慶民而寰宇志

有之今增入寰宇志無蘇緈仲昌崔正則惠安人拱之子終山陽令寰宇志亦無此名

特奏名　曾充　許朝宗　陳漸俱晉江人

天聖二年甲子宋郊榜　曾公亮謚宣靖見人物志　謝伯景見人物志

蘇璹國萃①之子張汴　柯慶夫　洪儼　呂造　陳嘉謀俱晉江人崔嚴則惠安人拱之子終秘書丞

特奏名　蔡昌宗晉江人

五年丁卯王堯臣榜　張惟德　蔡袞　陳順孫從易之姪柯湜　趙諴見人物志楊克昌　洪儀　曾公奭公亮之弟俱晉江人林杞見人物志南安人

校注：①華

特奏名 蔡黄中 劉半千 陳舜圃 陳積中時中之兄 許贄 陳日宣俱晉江人 盛奇永春人寰宇志以爲是年進士誤

八年庚午王拱辰榜 謝伯強伯景之弟 藍圭太常寺丞 藍丞圭之弟都官員外郎俱晉江人 宋宜同安人見人物志 鄭方惠安人褒之子南劍州推官

景祐元年甲戌張唐卿榜 陳先寰宇志作侁 黃炳 許當

蘇玠 林積眞幹之子 王果 宋穆 蔡巽 柯顗

陳成務 呂璹見人物志 儲卿材俱晉江人郡志無卿材而寰宇志有之今增入 林植南安人杞之弟秘書省著作佐郎寰宇志以爲晉江人 黃豫見人物志 鄭慈俱永春人

特奏名　石選　王昊　黃偉　王佑　戴昌符俱晉江人

寶元元年戊寅呂溱榜　謝伯初微之姪終知府朝奉大夫　張翊裒字志作翊　陳汝頤話之姪　陳宗元　楊洙洧之弟　李惟幾俱晉江人

蘇緘見人物志　蘇紘俱同安人　崔黃臣惠安人羆則之子建州別駕

特奏名　陳嘉猷嘉謨之弟　王公佐言徹之子　石震　陳德荀垂象之子俱晉江人

慶曆二年壬午楊寘榜　曾公定公奭之弟　丘陞　蔡若水

呂喬卿　鄭廣　陳鍁從直之姪　陳補　侯世儀　許

端 章孝揚 陳棫 周萬 石仲甫 李頔浚之子 王友直 蔡奭 鄭諤 楊拯 呂夏卿喬卿之弟見人物志俱晉江人 蘇頌同安人見人物志

特奏名 陳萬 鄭兼濟俱晉江人

六年丙戌賈黷榜 許齊 蘇勉 盧承 王贄宗閔從姪孫 林季和 王儀宗閔從姪孫 石繹 呂元 曾彰 陳諮 楊緩 蔡若拙若水之從弟 楊注俱晉江人 蘇袞同安人 陳規 林允中俱永春人 胡昱惠安人終著作郎

特奏名 謝子房晉江人

皇祐元年己丑馮京榜　石仲攸　林獲　曾鯁歸姓林名須　陳昌侯統之子　謝仲規左朝散歷本路轉運使　楊允中　楊綰洙之從弟俱晉江人　蘇結　石遵　石賡終廣西轉運判官俱同安人

五年癸巳鄭獬榜始改四年一舉為間歲　陳汝羲一作汝義結之子　蕭伯儀一作義　陳說　錢效蒙吉之子　李若訥　李涇　郭綱　李湜俱晉江人

特奏名　陳德昭荀之弟晉江人　劉敏永春人

嘉祐二年丁酉章衡榜　呂惠卿璹之子歷翰林學士參知政事加觀文殿大學士少年逢合王安石驟致執政及安石去位遂極力排之至發其毋使上知之語後安石退居金陵

深悔為所誤蘇隨壽之子蔡洵袞之子辜肅陳龍輔汝弼之子

楊汲堯昌之子見人物志張紀卞之子柯世程夔大之子改名述陳恩

陳闢俱晉江人謝礎見人物志陳滔國録崔宋臣嚴則之子金部員外郎俱

惠安人

特奏名陳錫晉江人

四年己亥劉煇榜莊確黃裳之子林序植之姪俱晉江人柯述見人物志

柯迪述之弟俱南安人而寰宇志以述迪俱為永春人永春縣志亦以迪為其邑人顏孝

初永春人見人物志莊公嶽惠安人吏部郎中元祐中極陳時事

六年辛丑王俊民榜曾孝繹彰之從弟終南恩守蔡洙荀之弟俱晉江人

八年癸卯許將榜　呂隋喬卿之子　王鉅　王斐贊之從弟俱晉江人　石

亘見人物志同安人寰宇志作咺賡之從弟　鄭前惠安人方之子轉運推官

特奏名　陳頡　蕭稷楚材之子俱晉江人

治平二年乙巳彭汝礪榜　蔡碩確之弟　蘇咸隨之弟　林世規

植之子　周密　李亨伯湜之從弟　陳端俱晉江人　許權同安人

四年丁未許安世榜　林臯晉江人

熙寧三年庚戌葉祖洽榜　呂升卿惠卿之弟以兄秉政引為侍講資性慘刻

喜求人過章惇謀將盡殺元祐諸臣在謫籍者遂以升卿察訪廣南臺諫陳次升力諫乃止　蘇

松　王裕民　宋直方見人物志　謝荀俱晉江人　傅霖南安人

卓天宜永春人

特奏名　蔡接　楊景俱晉江人　王獻臣惠安人秘書郎

六年癸丑余中榜　呂陽喬卿之子　黃發　呂享陽之弟　曾諤　許公孫當之孫　韓作建州司理俱晉江人　蘇遇同安人

特奏名　蔡頰　呂鑑濤之弟　王景純公佐之子　黃洞　王安雅　陳濬諮之姪　鄭韋　許淑　呂伯畋　陳景弼　陳爽　林輩俱晉安人

九年丙辰徐鐸榜　楊勉綰之子　陳京　盧廣　顏懌　蔡惟稽　許梁俱晉江人

特奏名　江淵　王訪　許琦俱晉江人
元豐二年己未時彥榜　陳遇弼之姪　蔡彥丕　李琦　王
覺民俱晉江人　蘇駉同安人
特奏名　陳逢　黄節　陳況　蔡亮彥丕之父　王闢
陳遵逢之弟　陳昌倫嘉謨之子　陳楷棫之從弟　陳宗袞宗元之從弟
胡偃　楊拱俱晉江人　陳瑊永春人
五年壬戌黄裳榜　李彥升　林師醇楨之孫　陳琳改名高　謝
若　呂儔言之曾孫　張及俱晉江人寰宇志無李彥升林師醇二人　許良肱
吳檜俱同安人寰宇志無許良肱郡志無吳檜而寰宇志有之今增入

特奏名　黄允(節之從姪)楊簡　柯庸　陳簡中　陳肱
陳準(况之從弟)郭寓　鄭良　柯宣符　黄琰(俱晉江人)
八年(乙丑)焦蹈榜　楊希仲(湑之孫)楊璞(汲之姪)曾說(公亮之孫)許
轂(梁之從弟)林黄中(皐之子見人物志俱晉江人)林蹈　許楫　劉
逵(中書侍郎資政殿學士俱同安人寰宇志有林斐而無林蹈恐字之誤亦無許楫名字)郭
朏(惠安人秘書丞)
特奏名　陳頌(第二公人)王與(裕民之兄)陳必　陳亘　蘇復
(隨之兄)陳存(順孫之姪俱晉江人)
元祐三年(戊辰)李常寧榜　呂儆(吉之曾孫)蔡彰(奕之子俱晉江人)

特奏名　陳正卿　吳弼直　楊汶（注之從弟）　宋密（宜之從弟）

劉勃（昌言之曾孫俱晉江人）　黃允升（惠安人終宣撫陝西）

六年（辛未）馬㮄榜　戴臨（彰之從弟）　丁獬　蔡彤（彰之從弟）　王公濟（見人物志）　許諒　陳裦　黃冠（允之弟國子監判俱晉江人）　蘇象先（同安人）

特奏名　韋彙　方啇　陳覺（頌之從弟）　陳復古（俱晉江人）

武舉　崔升之（惠安人宋臣之子陝西宣撫）

紹聖元年（甲戌）畢漸榜　劉滋　陳圻　梁經　柯炤（宣衍之子）　楊明述（拯之子）　楊勣（琯之子俱晉江人）　胡惕（惠安人倉部郎中）

特奏名林迪　王緬安雅之子李潛彥升之兄陳對　吳甄

李肅俱晉江人吳堯封永春人

四年丁丑何昌言榜　陳詢倪之子陳詳濠州通判蘇伯材見人物志

曾誕公頍之孫見人物志張仲友紀之子傅惟肖嶽之姪俱晉江人林

駢　王炳見人物志俱南安人陳師文寰宇志作師文德化人陳彥聖

永春人張讀安溪人見人物志

特奏名陳範　力齊　謝滂俱晉江人

元符三年庚辰李釜榜　黃曠冠之從姪高義　林元定杞之孫

張過　王廷世儀之子蔡翊　曾詞誕之從姪俱晉江人劉允

迪永春人

特奏名　宋直躬直方之弟　盧杌　黃章　江旣濟　吳

稷　陳鉞從直之姪俱晉江人

崇寧二年癸未霍端友榜　呂脩卿升卿之從弟　吳格　鄭維

飛賁之姪　王傅燮　林景淵杌之姪知惠州南安縣志以景淵爲其邑人

韓謹　王介壽　林廷彥　陳宗哲正卿之子俱晉江人　王

昭獻臣之姪知山陰縣　郭郊司户俱惠安人

特奏名　王孳景純之子　吳騆　陳宣民俱晉江人

五年丙戌蔡嶷榜　郭畬綱之子　謝袞君之子　呂之材倣之從姪　鄭

良弼 林著 儲敦叙見人物志 梁熈志經之再從弟俱晉江人

江常見人物志 黃翰宗旦之姪江寧令俱惠安人寰宇志無江常郡志以黃翰爲晉江人

特奏名 韋①庇晉江人

大觀三年己丑 賈安宅榜 丘价 陳騤補之孫 梁熈載熈志

之兄 李深道 楊課明述之姪 曾固愈會之孫俱晉江人 姚師禮

莊積中俱永春人 黃騰惠安人終通判郡志以爲晉江人

特奏名 許思誠 陳旆 韋豫肅之子 丘世京 蘇

謚俱永春人 胡靖恭惠安人惕之從姪海豐令

政和二年壬辰 莫儔榜 陳騑 李大老 洪壯 陳康

校注：①韋

年知潮陽縣林芑須之姪孫俱晉江人蘇祥德化人候官丞寰宇志無此名

特奏名 林黃美 徐徽 石鋭之 鄭子元 戴

天秩 戴天祥天秩之兄 蔡蕚 陳希楫 留汝弼

蔡和中頤之子俱晉江人 陳基永永春人

武舉 陳師顏京之姪 楊友見人物志俱晉江人

五年乙未何覺榜 陳球 徐瞻見人物志 黃冀賞 劉之翰

楊汝賢 王仁壽景之孫 石倪鋭之子 黃若時章之從弟 羅

構俱晉江人 溫豫改名華見人物志 吳大經改名逵老見人物志俱惠安人

特奏名 林淇 王資深安雅之姪孫 王天任改名待①陞 黃彥

校注：①任

中翰之子 楊瓚洧之從姪俱晉江人 胡溫恭靖恭之從弟吉安丞 黃與靡

安溪令俱惠安人

武舉 陳師良師顔之弟

六年丙申 上舍釋褐 許剡晉江人

重和元年戊戌 王昻榜 李則濳之子 陳才良楷之從弟 柯楫

陳汝楫 黃駜 林充一作允俱晉江人 石鄰同安人 林揚

休德化人

特奏名 夏與靡①第三人騰之從兄 夏式 陳遠範之姪 王賓

張珎俱晉江人

校注：①第

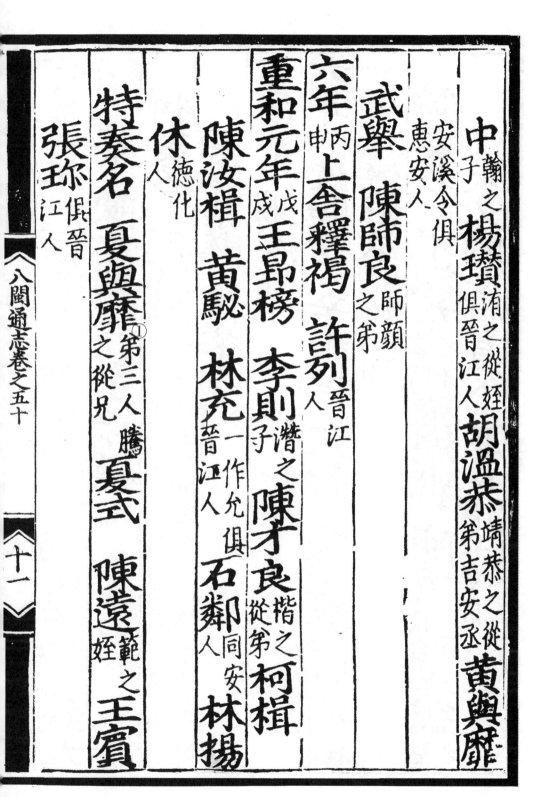

宣和三年辛丑何渙榜　陳元有淑之子　楊椿年勉之子　錢大
榮　陳孝則況之從弟　康寧俱晉江人
特奏名　王賓賓之弟游太學大觀初蔡京當國賓與同舍生陳朝老等上書言之晚年
特奏補官蔡肱　楊蕃俱晉江人
武舉　湯澄晉江人
六年甲辰沈晦榜　辛永世　王幹　陳元巽元有之兄劉振
俱晉江人蘇欽德化人見人物志
特奏名　宋誠彥直躬之子張鴻飛　陳甲復古之子王綿絅之
弟朱文淵　盧直友　顏貝懌之姪俱晉江人

武舉　楊允濟　陳詔　陳致柔俱晉江人

建炎二年戊申李易榜　林邁　徐光實瞻之從弟見人物志陳輯

宗袞之孫留俊俱晉江人黃豐知興化軍陳駜俱永春人李文會惠安人御史中丞除端明殿學士僉書樞密院事兼權參知政事

特奏名　柯遇　熊袞　王大任　黃鵠允之子陳芰

儲敦史　王符　林文卿存之姪俱晉江人

武舉　朱文明歷福建兵馬副都監光堯慶典以龍飛舊人進一官

紹興二年壬子張九成榜　李邦美　劉康時　歐陽清

卿　呂靖夏卿之曾孫俱晉江人石憲　陳敦仁俱同安人寰宇志以

敦仁為晉江人政和五年進士未詳
特奏名 許祥 陳苟範之子 葉升 石邦鎮俱晉江人
五年乙卯汪應辰榜 戴覺天秩之子 楊宏材圻之從姪朝奉大夫 蕭規
陳元師元異之弟 楊時發 林嘉猷 陳之純 王維
則 楊董才俱晉江人 黃袤惪安人騰之從姪知廣州府
特奏名 傅惟康惟肖之弟 吳仲孚 呂秉文之才再從弟 陳
汝能 楊世求注之孫 黃焱允之子 吳希侁 鄭溥俱晉
江人 蔡可義惠安人邕州判官
武舉 胡希廣 楊惟康 蔡能俱晉江人

八年戊午黃公度榜 申屠亨 陳斯立 高倬知溫州 張搏俱晉江人 吳閎惠安人見人物志郡志以為晉江人

特奏名 林若谷 傅惟深惟康之弟 鄭國賓 曾世昌 楊通課之弟 李安行則之弟 陳埴 黃民先 黃碩 鄭光祖 陳邦式 陳輔 李若虛 陳得時 黃民師俱晉江人

十二年壬戌陳誠之榜 公傅 陳挺卿 張邦聞 陳古彥聖之從姪 郭能 紀可久俱晉江人 蔡兹見人物志 陳知柔見人物志俱永春人寰宇志無蔡兹 黃顧言惠安人德慶府推官寰宇志無此名

特奏名　蔡大成　趙天輔　黃秉德　林格　郭
體　林同　曾琨　胡覺　詹循聖　陳公佐
呂榮義　陳宗禹（俱晉江人）吳逢（惠安人德清簿）
十五年（乙丑）劉章榜　謝安宅　蔡紹　林陳義　陳彥
先　徐晉老　謝邦基（徽之曾孫知府）蔡煥　朱世臣（俱晉
江人）吳慶宗（惠安人大理司直）
特奏名　康獻民　楊孔昭　黃鐸　黃光實　黃
秉哲　陳國珍　陳議（詳之弟俱晉江人）
十八年（戊辰）王佐榜　陳豐（提轄文思院）王宗衡　謝芷　梁

南一見人物志林杆僉判南恩州謝詑伯茂俱晉江人陳光僉判
封州蘇升知瓊州俱惠安人

特奏名陳國老江致堯謝徽柔許覺張
登林塤俱晉江人陳公坦永春人

二十一年辛未趙騤榜李毅史清蔡息莆田尉陞化州教授
鄭作求呂定復姓徐黃毅黃適見人物志楊齊雄
趙公迥①見人物志俱晉江人寰宇志無黃激

特奏名黃介林汝弼黃濬陳楷詳之弟黃彤
俱晉江人莊竑鄭若虛俱永春人

校注：①迥

二十四年甲戌張孝祥榜　柯宋英見人物志　辜宗堯俱晉江人

特奏名　呂旃　石侁倪之弟　謝湜　楊景申俱晉江人

武舉　董權晉江人

二十七年丁丑王十朋榜　楊夢齡見人物志　黃萬頃　高似倬之從弟　郭一飛　孫冀　高伉倬之弟通判漳州　蔡椿老若水之曾孫　蘇向　陳登騑之子　李起　汝諟俱晉江人　諸葛廷瑞南安人見人物志　吳興德化人寰宇志無此名　黃中立　黃儔大理卿俱永春人　吳驥惠安人逢之子建德令

特奏名　儲閎　楊顗　蔡楫　陳鐫　蔡顗能之兄

宋訓彥俱晉江人

武舉 郭山晉江人

三十年庚辰梁克家榜 梁克家第一人見人物志 張公顯愽之從弟

林外樞之孫見人物志 柯知彰述之曾孫見人物志 陳瓌俱晉江人 留正永春人見人物志

特奏名 林構 陳宗伯 曾濬 王登 李文紀

方碩 陳耀卿 王帝 陳無善 李純臣俱晉江人

章竑德化人

武舉 黃申 蕭振俱晉江人

三十二年壬午上舍釋褐　蘇總龜欽之從姪提舉廣南東路　曹植官司農寺丞知潮州俱晉江人　黃萬頃同安人見人物志

隆興元年癸未木待問榜　謝時若　趙公逮公迥①之兄　魏㠯

臣　傅伯成見人物志　陳曼卿　傅伯壽伯成之兄少與伯成俱從學朱文公已而草制譏詆道學終禮部尚書簽書樞密院事　莊方見人物志俱晉江人　謝

亞璟惠安人潭州教授

特奏名　許驥　李永　儲國瑞　張承祖過之姪　許

通　張公煥公顯之弟　傅佑惟康之子　劉天麟　徐洵美晉老之從叔　周南密之從姪孫　楊文卿　楊時登時發之弟俱晉江人

校注：①迴

武舉　謝人傑晉江人

乾道二年丙戌蕭國梁榜　陳研詳之從姪見人物志　陳之鍔　楊
楙宏才之子見人物志　楊儻椿年之從弟　謝時舉時若之從兄　朱子愚
王庚昭之從姪　呂寔定之弟復姓徐　趙彥檃　蔡天君萼之孫　高
獲倬之子　陳範嘉謀之曾孫俱晉江人

特奏名　陳煇諮之曾孫　呂竑靖之弟　林宗孟　陳詵　陳
彤　林果　施實德官簽判有詩文曰瑤林閑居集俱晉江人　蔡彖永春
人

武舉　陳儀晉江人師顏之姪

五年己丑鄭僑榜　石起宗第二人見人物志　鄭鈞　郭昭子通判興化有惠政　鍾元鼎通判福①判　黃宙見人物志　楊楷之　趙彥爲改名彥括　趙伯遜知慶德府　呂容寔之弟復姓徐　蔡漢傑　蔡溢舒　林子輝　柯肱俱晉江人　顔應時　陳樸見人物志俱永春人　方烜惠安人分教臨賀

特奏名　陳旃　蔡天錫天若之兄　陳義俱晉江人

武舉　孔異　黃營　丘知剛价之姪俱晉江人

八年壬辰黃定榜　邵子尊　留定汝弼之孫　莊傅　呂庭堅俱晉江人　許衍　曾柲見人物志俱同安人寰宇志以祕爲晉江人五年進士　謝

校注：①州

汝爲惠安人履之孫教諭山陰

特奏名　王純臣　盧宣　黄炳　王公舉俱晉江人　鄭凌永春人　陳世德莆田簿調惠陽錄事　盧應時瞻之孫宣義郎俱惠安人

武舉　林宗臣第一人晉江人見人物志

淳熙二年乙未詹騤榜　楊炳見人物志　趙師瑑見人物志　曾恕　陳开登之姪　梁文虎　林昂皐之孫　尤鵬　陳升俱晉江人　吴欽巖德化人宗宇志無此名

特奏名　黄確鐸之子　傅坤佑之弟　蔡天均天錫之弟　楊震景申之從弟　唐以愷　柯賞貺之孫　徐宗禮　林俔　蔡[illegible]

俱晉江人吴旦岡之從姪德興學諭江沂常之姪官至轉運推官吴憲岡之再從姪教授汾陰吴甄岡之從姪潮陽縣丞俱惠安人

武舉黄甫中之兄陳彥直研之從弟張文郭俱晉江人

五年戊戌姚穎榜呂炎董鈞權之姪趙師逮蘇養直王世纘言徹之孫陳召林子蒙俱晉江人陳廷傑德化人鄭嵓永春人

特奏名陳穆林次山若之子陳碩高儔獲之孫鄭希孟王有裕民之從姪儲杓國瑞之姪徐宗義宗禮之兄俱晉江人陳輝英永春人

武舉 黃旦晉江人甫之弟知欽州

八年辛丑黃由榜 鍾元震元鼎之弟王琳 陳讓康年之孫莆田教官

趙善脧 趙庚見人物志蘇仕鳳 黃禹疇 傅思讓佑之子高杲沆之子見人物志俱晉江人蔣勵德化人家宇志無此名莊夏永春人見人物志

特奏名 謝齊石第二人汝爲之兄陳綰 林庚 張仲堪

廖德遠 陳雷 戴舉覺之弟俱晉江人

武舉 謝讜伯初之玄孫任省倉王造 林岳俱晉江人

十一年甲辰衛涇榜 趙師瑛 鄭葦通判汀州陳克勤 石

大昌起之弟蔡夔發見人物志陳孝謙　石應孫大昌之子儲
用見人物志俱晉江人蘇權德化人欽之孫再世居仙遊歷知雷新封辰四州
特奏名　林遒第二人　唐林　黃忠　詹利正　張才
柯造　彭縝　林左　李宋翰　夏倫　郭洙俱晉
江人陳宗　戴夢極俱永春人
武舉　謝必萬　張次仲次郭之弟張大用次用之弟俱晉江人
十二年乙巳兩優釋褐　顏棫永春人見人物志
十四年丁未王容榜　柯應辰知彰從姪趙善謐見人物志李天敘
則之姪林克忠　李希宰寰宇志作趙希宰趙汝章　蔡元

秀 陳震見人物志 楊昭嗣 林飛果之子 吳逢原 李

輶俱晉江人郡志無李輶而寰宇志有之今增入 王克恭南安人見人物志 林洽

德化人見人物志 連之瑞安溪人寰宇志以爲晉江人

特奏名 王次皐 林昭序昂之弟 許調一 許駉

楊特公允之子俱晉江人

紹熙元年庚戌余復榜 趙汝僎 陳元翁良才之曾孫 李宗

逕 趙善新汝僎之父 趙汝倣汝僎之兄見人物志 陳煇煇寰宇志作燀

薛純儒 鄧一名 吳豐逵老之姪俱晉江人寰宇志無此名 薛舜

俞同安人見人物志 陳一新永春人見人物志

特奏名 曾應震 林伯山伯壽之兄 林伯春伯山之弟 江沂
常之姪 朱孔陽文明之姪 吳憲岡之從姪 夏子棐 張夢弼
丘如阜 陳嘉言 黃興詩 洪庚 許鈞 洪
茂 陳敳登之弟 吳夢得 楊治鳳 吳甄岡之從姪 龔
廷佑升之孫 楊泳之楷之兄 王鐸帛之子 蘇振士鳳之兄 劉振
宗 陳朴俱晉江人 王子新永春人永春縣志以張夢弼爲其邑人
武舉 蕭天與振之子 鄭叔良 林伯玉伯春之弟俱晉江人
四年癸丑 陳亮榜 謝賜豩之孫 陳晃 趙善諡善謚之弟以文稱知
潁州 趙師瑒瑒一作 方元震碩之孫 楊仕豁見人物志 王沖遠

俱晉江人諦舜庸見人物志劉孟虎通判興化軍俱同安人

特奏名 郭起 洪祚 賴鋭 柯藩 陳山甫致柔之姪孫俱晉江人顔迥永春人

武舉 林一飛 莊舒特奏俱晉江人

慶元元年乙卯釋褐 覃恩 黄以寧見人物志俱永春人

二年丙辰鄒應龍榜 錢德謙大榮之孫見人物志楊復禮孔昭之孫趙善蒿 王克有之子允宜中 允異宜中之兄林亹

徐伯蒿光實之從孫陳楨良才之孫趙汝僊善新之孫趙鄒夫

趙汝倰 陳摶 陳模樸之從弟見人物志林孟肅 徐復

正伯嵩之弟傅璧伯成之子見人物志俱晉江人蘇漢　陳洽見人物志俱同
安人寰宇志無陳洽林瀛德化人洽之弟國子監簿陳模樸之弟知梅州陳易
姚選俱永春人寰宇志無陳模郡志又無陳易姚選而寰宇志有之今增入連三益
安溪人之瑞之從弟見人物志謝宜中知錄吳囦達老之孫見人物志俱惠安人

特奏名　張價　吳文發　許寓　唐庚楙之弟鄭衆
王伯修克之兄陳昌克　施澤　陳力行　陳懷忠
陳崧卿　林嚴機　楊嬰　林冠英子蒙之兄俱晉江人

武舉　廖叔政見人物志陳汝剛　謝學禮　吳文益文發
之弟俱晉江人

五年己未曾從龍榜 曾從龍（初名一龍第一人因賜今名見人物志）趙時和（寰宇志作時豪省元）傅烈（見人物志）趙公貺 吳克遵（庭堅之子）陳孝通 程淳 陳磯 趙藝夫 楊士宏 呂克廣 呂檜（俱晉江人寰宇志無呂檜）黃奎（德化人海豐簿寰宇志無黃圭）林萬（見人物志）鄭宋臣（俱永春人）余誠之 余克濟（誠之從弟見人物志俱安溪人寰宇志以余誠之為晉江人）

特奏名 方煥 吳作霖 呂襲（靖之子）楊豐（董才之子）黃次曾（確之子）林昂（植之曾孫）吳與 唐範（庚之兄）黃璵 石寅 留文瑞（正之族姪）蔡嘉（紹之子）陳叔董 吳士先

李三接純臣之子　董康民　吴興　①睾大卿

嘉泰二年壬戌傅行簡榜　陳用賦魁　林儒藻　趙汝梧善謚

之子　趙希贇　謝居正芷之姪　陳邃　陳宗衢知新州　錢

祖成　趙汝愬　吴朝章　丘迪嘉　馬遇　楊

儀庭　李興詩　莊士貴俱晉江人　吴子斌同安人通判肇慶府

黄龜朋圭之姪歷浯州推官撫州教授　鄭輪見人物志俱德化人

特奏名　黄譙　白承休　盧迪　張宏休　戴要

中　林奭　陳炎俱晉江人

開禧元年乙丑毛自知榜　羅知古通判興化軍　陳翊　曾治

校注：①辜

鳳從龍之弟　王有聲　陳德新　徐挺履正之族兄　趙偱夫

鄒夫之從弟　陳亨辰　黃尹　陳宣衢　楊景陞見人物志

吳彬建寧司法　趙彥佻　黃應甲　趙汝褒知施州　趙汝

音汝褒之從弟知鬱林州　施夢說　蘇凱之俱晉江人　顏楠棫之族弟

見人物志　鄭煬俱永春人寰宇志無此二人

特奏名　鄭南一　徐浩　蔡孚衡俱晉江人　鄭子春永春

人　吳寅剛之子惠安人知莆田縣尤工詩

博學宏詞科　留元剛永春人正之孫見人物志

嘉定元年戊辰鄭自誠榜　楊保中士谿之子　洪飛英　紀用

可久裔孫留大用正之姪孫謝南式　趙公連　劉用行昌言
七世孫見人物志楊寅翁見人物志林時中　留良正之族孫王世
英積之族弟陳孝仁　林首善杆之孫陳嶼嶼寰宇志作璵俱晉江人
郡志無楊寅翁林時中而寰宇志有之今增入林鸞德化人藤州推官寰宇志無此名莊
任見人物志黃學行顧言之姪見人物志俱惠安人
特奏名　梁俶克家之族姪陳應炎　董瓌　阮良　高
洙俱晉江人林端行永春人
武舉　謝學詩晉江人學禮之兄
四年辛未趙建大榜　鄭思議　黃樞才　王伯震　蘇

思恭（見人物志）楊斗南（齊雄之孫）王傳烈　趙汝啻（汝音之弟）趙
希璒　趙汝欃　趙興倆（希宰之姪）趙汝佟（善新之子見人物志）
趙善㚛（善嵩之弟）王度　趙南（一本作謝南）曾子享（恕之從姪）留
廣運　傅天驥（烈之從弟見人物志俱晉江人）留瑞（永春人正之從姪）
特奏名　曾壽（秘之從弟）陳汝堅　陳可　陳莅　陳問
禮（俱晉江人）陳克俊（永春人）
七年（甲戌）袁甫榜　柯汪（知彰之子）張銳　陳仁爵　趙必魁
趙希潔（伯遏之孫）劉崇卿　高行義（倬之孫）陳子木　趙
希㬇（希遏之孫）趙汝熊　王鄭（伯震之從弟戊辰賦魁）趙希秬（師琩

之子趙汝靉　郭宗夔　陳祐　陳洪見人物志　蘇伯承俱晉江人南安縣志以陳洪為其邑人　許巨川同安人知泉州文行為後進楷範　黃霆發德化人

特奏名　周郁　傅思義　林德進俱晉江人

十年丁丑吳潛榜　李熙續　王仲高　吳邁　趙汝琤　曾天麟從龍之弟　李舜舉熙續之從弟　黃必昌見人物志　趙崇伯　趙善滄　趙希璋　楊卓俱晉江人　留元英永春人正之孫見人物志

特奏名　陳立禮第二人　葉準　董禡通判南劍州　張夢龍

俱晉江人孫瑞　林仲俱永春人

十三年庚辰劉渭榜　董洪第二人見人物志　蔡次傳思之姪孫監察御史

直秘閣陳浩洪之弟連城令南安縣志以為其邑人　林叔震泊玉之姪　王襄

龍節之弟　蕭遘之　黃時中　楊驥　陳霖思節見人物志

唐價介　趙時煥見人物志　趙與才　顏若愚　趙希

賜俱晉江人褒宇志無蕭遘之　莊庠永春人

特奏名　王叔嘉　黃申孫　蔡朋　林克定俱晉江人

武舉　楊熊晉江人

十五年壬午　上舍釋褐　陳檜壽晉江人

十六年癸未蔣重珍榜　王胄省元見人物志永春縣志以王胄為其邑人　錢

宏　王炎震仲高之叔　鄭志果　錢景良德謙之子　趙必璋

必魁之兄　傅齊伯成之姪　陳伯璋宗衛之弟　柯憓　曾純　林挺

宋臣之從姪孫　蘇公求　李麗舜舉之弟　趙若武時豪之子改名若僖　趙

師璘　趙希騵　陳帝臣峻之弟　鄧聖佑童之子　陳德

復　周瑕夫萬之四世孫　諸葛寅　林熤俱晉江人

特奏名　劉銳　黃作霖　許鉌　楊泰之　何植

陳起炎　陳倫俱晉江人

武舉　石城晉江人

寶慶二年丙戌王會龍榜 趙汝育毀音之弟 趙與讄與秩之從弟

蔡潛夫椬之姪孫 趙善耆善滄之從弟 劉復昌言之五世孫 蔡端夫

洪佐飛英之姪 翁日就 趙師餉 趙善墢 趙必循

趙汝卒汝育之兄 趙公迄 趙師寀師琇之兄 趙與秩與讄之從

兄 王烈傅烈之弟 吳洋 洪天錫飛英之子見人物志 胡淡 吳

宜濟洋之弟俱晉江人 徐雷開德化人 蘇國蘭德化人居仙遊郡志無蘇

國蘭而褒字志有之今增入

特奏名 陳震 謝發 林及 周元槼俱晉江人 陳燾

得永春人

紹定二年己丑黃朴榜　魏國梁見人物志　胡元衮淡之從弟　趙崇鱻汝佟之子考之韻書無鱻字疑當作鮥寰宇志無此字　陳龍用補之孫　莊元戊

楊元龍上舍賦魁賓翁之從弟　趙崇謙汝駿之子　趙希敬希嬰之弟

趙希橙師琩之子　趙時賓　葉明明寰宇志作明　趙密夫

王元震俱晉江人　王南一歷知漳州　吳燧見人物志俱同安人　陳霆

德化人　林時傑萬之從弟永春人寰宇志無此名

特奏名　王日新　謝駿　黃章　陳時中國珍之從弟

黃朝瑞　陳用武　趙石　陳趾　吳梗　黃始振

范明　陳維新　蔡輝　林應甲　陳雷煥

朱鸞　陳振俱晉江人

武舉　黄朝舉晉江人

五年壬辰徐元杰榜　徐明叔伯嵩之子見人物志或以為紹興中進士誤　李

桂高宗達之子　聶德進　趙與錮①帥璲之孫知揭陽縣　趙若憑

趙崇麂汝佟之子　趙崇譜汝儆之子　林禧孚　趙時儛藝夫之子

黄有孚　趙崇寵汝佟之子　趙必揖必播之弟　蔡澤民元秀之子

卓夢卿　黄朋甫有孚之弟　傅遷天驥之從姪　董振　黄夢

烈俱晉江人褱字志無傳遺　薛夢純同安人　陳晉接永春人

特奏名　周源獬夫之姪　黄啓楫[illegible]申孫之弟　盧德常　楊景侃

士銘之子彭卿月　陳孝一亨辰之弟陳楷模之弟

武舉上舍釋褐　儲申晉江人

端平二年乙未吳叔告榜　趙希韜　王稼炳之孫　趙若忠

舊名若保若愚之弟王登沖遠之姪吳仲羽　趙希穰希燈之從兄　傅

應子遘之從叔張振仲　黃瑞龍　柯洪汪之弟　趙希璉

趙時憲舊名時習趙瓏夫從事郎趙時勁　林仲賢　史

關　王履信沖遠之子俱晉江人寰宇志無趙希穰　許廷熺　劉半

千俱同安人吳桂德化人寰宇志無趙希穰劉半千、吳桂

特奏名　曾功懋　謝震發　陳岱　傅光遘之父曾

邦哲 潘宗甫 陳尤俱晉江人

嘉熙二年戊戌周坦榜 林真子 儲應祥儒林郎 傅直方應子之從弟 蔡璞元秀之子 黃春卿若時之姪孫 傅坤厚直方之兄 趙時浥 趙時揘時勁之從兄 趙希府 陳德任 吳克廣宜濟之從兄 趙奎夫俱晉江人 林斐德化人寰宇志無趙奎夫林斐

特奏名 洪濯天錫之從兄 柯源肱之從姪 方應辰 陳仲丙俱晉江人

淳祐元年辛丑徐儼夫榜 魏國佐國梁之弟 顏若春若愚之弟 魏必大國佐之從弟 梁椿選省試經魁 吳惠濯 趙孟遒與例之弟

趙崇玦汝琈之從弟 趙孟泳 趙嗣嘉省元若愚之從姪 趙孟
模 趙時烋時滮之兄 趙時漌時實之從弟 王廷瑞 王庚
侵信之從弟 謝士鳳 莊與玠俱晉江人 陳雷光永春人寀守志以需
光爲四年進士
特奏名 江濤 陳伯良謙之孫 陳應愷 王廡舉俱晉
江人 陳搓永春人
四年甲辰留夢炎榜 趙泝夫 趙瀕夫 趙崇璔汝啻之子
魏國龜國梁之從弟 黄邁倫師譴之孫 趙崇璍汝卞之子 趙與潔
師遜之孫 趙時禊 黄龜助 王必先廷瑞之從兄 王復俱晉

（江人）

特奏名　王嗣翁（庚之父）　陳震龍　鄭軫（輪之弟）　林應炎

陳揚甫　王克濟

七年（丁未）張淵微榜　呂中（見人物志）　呂大圭　趙若滬　蘇

天民　趙時煜（時爀之弟）　趙與穡（與㮙之兄）　趙時芹（芹寀字志作勤

瓏夫之子）　陳銖（研之姪孫）　謝垚　洪天驥（天錫之從弟）　王卿雲

趙穮夫　趙濟夫　趙沾夫　王序（庚之弟）　朱時中

（俱晉江人）　林汝作（德化人源乳薄）　莊彌明（永春人）　江奎（惠安人教授泉州）

特奏名　李真英　蔡士瑞　陳洪進（俱晉江人）　溫得一

永春人

十年庚戌方逢辰榜　謝夢棐　李應午俱晉江人寀守志作逢午　蔡

義和永春人　陳應靁　胡似翁俱安溪人郡志無似翁而寀守志有之今

增入

正奏　鄭桂發晉江人

特奏名　吳莘①夫永春人

寶祐元年癸丑姚勉榜　鄭帝俞永春人　許登龍惠安人

正奏　黃福老惠安人江州錄事

特奏名　曾子正永春人

校注：①華

四年丙辰文天祥榜 田眞子 林應嘉 呂岳僉判英德府

趙與達 趙孟鐇 蔡福嗣 郭龍發 林聳

趙若晉 陳龍復見人物志 吳有定俱南安人 林時遇

王唐俱永春人 黃岩孫台州錄事 謝次魯①分教南劍州俱惠安人

特奏名 吳仲明安溪人

開慶元年己未周震炎榜 黃廷瑞安溪人 黃瑞龍惠安人教授台州寰宇志以此二人為景德三年進士誤

景定三年壬戌方山京榜 趙時著 謝夢符 黃克濟

趙必功 趙時瓚 趙崇道 趙若林俱晉江人 陳雷

校注：①魯

震永春人
正奏　洪劉發晉江人　薛作霖台州錄事　吴玉潤知明州俱惠安人
特奏名　趙震龍　陳舉龍俱安溪人
咸淳元年乙丑阮登炳榜　陳德高永春人　黃榮甫　趙由
燦俱安溪人
四年戊辰陳文龍榜　施沅　林天澤　林沆俱晉江人　陳遇
龍　蔡方俱永春人　陳應鼇　趙由熚①②熚寰宇志作烨　陳兩潤
薛夢傳俱安溪人
特奏名　董巨川安溪人

校注：①②燁

七年辛未張鎮孫榜　周鍾　石天祥　趙孟𨖚一作監俱晉江人寰宇志又有林沆蓋即四年進士而重出也

釋褐　劉志學見人物志　劉璧俱同安人　趙次劉安溪人

十年甲戌王龍澤榜　趙孟淞　劉叔智見人物志俱晉江人

釋褐　黃思承晉江人

八行舉　盧瞻惠安人舊志不載何年姑附于此

元

延祐□年□□□　呂大奎南安人

至正元年辛巳鄉試　盧琦惠安人

二年壬午陳祖仁榜　盧琦見人物志
二十二年壬寅鄉試　周太初晉江人同安教諭

國朝

洪武三年庚戌鄉試　陳章應　何德舉俱晉江縣學
四年辛亥吳伯宗榜　陳章應見人物志　何德舉知縣俱晉江人
洪武初鄉試舊志不載何年姑志於此　陳顯　沈章刑部主事　林剛中監察御史俱同安縣學
十七年甲子鄉試　黃維清　周同生　楊體初俱晉江縣學
十八年乙丑丁顯榜　黃維清見人物志　周同生保昌縣丞轉京衛知事俱

晉江人劉安生安溪人

二十年丁卯鄉試吳安生　馮亮　顏閏生嚴州府訓導魏慈生處州府教授郭居賢臨武教諭楊琇潮陽知縣俱晉江縣學鄭正石康教諭吳賢孫教諭陞監察御史俱①□安縣學

二十一年戊辰任亨泰榜吳安生　馮亮俱晉江人

二十三年庚午鄉試許同生魯府②□□林弼　林維和大理寺副李儀鳳俱晉江縣學李容同安縣學莊宗惠安縣學石康訓導

二十四年辛未許觀榜李容同安人監察御史

二十六年③祭酉鄉試林正中寧鄉教諭郭文昌俱晉江縣學徐鯉

校注：①惠　②典寶　③癸

俊南安縣學經歷　陳隆松江府通判　王中　陳福山俱同安縣學　陳

敎惠安縣學惠州教授

二十七年甲戌張信榜　郭文昌晉江人知縣　王中知縣　陳福山

知縣俱同安人舊志是年有林惟和而①祭科録不載志盖誤也

二十九年丙子鄉試　李學敏　吴遜　莊謙才　鄭懋

中見人物志上二人俱膺天府中已上俱府學　馬保周府教授　陳賜教授　何安

江山訓導俱晉江縣學　黄昇　白興　洪宗立俱同安縣學　陳遂

惠安縣學廣德州同知

三十年丁丑陳鄒榜　莊謙才晉江人左參議

校注：①登科

三十二年己卯鄉試 薛用昭府學 龔貫同安縣學終繕所正 謝仙學
①□②□沈正嗣知縣俱安溪縣學
三十五年壬午鄉試 倪維哲 謝敏俱府學 林鳳廷珪之子 梁
嗣隆瓊山訓導俱晉江縣學 謝隆祖 康賢廖元訓導 歐陽隆祖
金溪教諭俱同安縣學 朱雅惠安縣學南康訓導
永樂元年癸未鄉試 劉孔宗 蔡維溥 林良 趙仝
弋陽教諭陳貞河南教諭 丘全紹興訓導俱府學 黃應晉江縣學 ③辜敬道
葉賢生教諭俱南安縣學
二年甲申曾棨榜 黃應龍遊知縣 林鳳戶部主事 謝敏遂溪知縣 倪維

校注：①伴　②讀　③辜

哲刑部郎中蔡維溥欽州知州劉孔宗山西布政司右參議林良江浦知縣
俱晉江人辜①敦道南安人臨桂知縣

三年乙酉鄉試楊端儀炳八世孫第一人朱鐸見人物志李斯義
柯應隆衡山知縣黃敏俱府學留震晉江縣學蔣疇陳季良
雷州訓導李仲良訓導俱南安縣學是年福建鄉試錄無李仲良黃同安遠訓導陳
文驥四會教諭俱同安縣學楊賢得安溪縣學縣丞凌輝德化縣學鄭俊
余福俱惠安縣學

四年丙戌林環榜楊端儀吏部主事朱鐸戶部主事李斯義岡州判官
俱晉江人余福惠安人撫州府知府左遷太平府同知

校注：①辜

六年戊子鄉試　丘董刑部郎中　劉宣永春訓導　李祐泰州訓導　王純禮俱府學　陳公爵烏程知縣　胡守宗俱晉江縣學　陳瀫南安縣學知縣　林梴戶部郎中　陳顯宗　劉時道杭州通判　張孝綱餘姚主簿俱同安縣學　朱雅　陳遂俱惠安縣學

七年己丑蕭時中榜　葉暘同安人長興知縣

九年辛卯鄉試　林安復姓陳見人物志　林儀鳳　曾濟　傅沆　卓貞教諭俱府學　林廣①晋江縣學山陽教諭　蔣疇南安縣學是科福建鄉試錄無蔣疇

十年壬辰馬鐸榜　胡守宗②晋江人吏部員外郎　蔣疇南安人陝西道監察御史

校注：①②晉

凌輝德化人江西按察司副使

十二年甲午鄉試　楊和陝西按察司僉事　徐升堂　陳有曾朝陽

訓導　吳應宗　傅沈　林禮　陳應良　林鳳儀河南

道監察御史　吳凱衛經歷俱府學　吳靖黃梅教諭　羅閏　蔡輝俱晉江縣

學　王瓚①右城教諭南安縣學　張守庸　白尚德　張衡俱同安縣

學　蔣應德化縣學　陳除國子助教　陳濤訓導歷山東道監察御史俱惠安縣學是

科福建鄉試録無吳應宗傅沈林鳳儀

十三年乙未陳循榜　林安重慶知府　吳應宗戶部主事　羅閏廣東按察

司副使　傅沈宣焉知縣　陳應良湖廣道監察御史俱晉江人　張守庸同安

校注：①右

人

十五年丁丑鄉試 王彦英 李英 鄭文欽 楊嵾

許塘 張節俱府學 陳道曾 何季 曾孟初光祿署丞

王耀武寧知縣 朱鑑見人物志 王立 陳湍長沙通判俱晉江縣學 趙

庚化州同知 莊蒞長泰知縣 何惠生訓導俱南安縣學 徐榮 蔡昭

薛陽生循①僊教諭俱同安縣學 蔡恭 蘇觀南昌通判 葉禎順義教諭

涂完江浦知縣俱惠安縣學

十六年戊戌李騏榜 曾濟茂名知縣 王彦英山西布政司左參議 陳道

曾見人物志俱晉江人 白向德同安人 蔡恭惠安人

校注：①遷

十八年庚子鄉試　徐陝　郭全寧都教諭俱府學　陳璲晉江縣學　彭壽南安縣學昌化教諭　李讓太平教授　李貫祐　李玹金華①知縣俱同安縣學　曾灝德化縣學瓊山主簿　翁進永春縣學　馮轂教諭　林信俱安溪縣學是科福建鄉試②無李玹

十九年辛丑曾鶴齡榜　徐升堂　柯季徐聞知縣俱晉江人

二十一年癸卯鄉試　何觀府學象山知縣　黃貴國子助教　楊盛基俱晉江縣學　王智南安縣學　李玹同安縣學任知縣　陳榮惠安縣學

二十二年甲辰邢寬榜　李賢同安人戶部員外郎

宣德元年丙午鄉試　洪顯右長史　李宗孟俱南安縣學　黃泉永春

校注：①華　②缺“錄”字

縣學

四年己酉鄉試

陳智萬全衛經歷　陳永江川王府教授俱府學　王文晉江縣學博羅訓導　吳爵南安縣學信宜教諭　余英德化縣學

七年壬子鄉試

馮觀府學揭陽訓導　羅裕安溪縣學

十年乙卯鄉試

黃凱府學感恩訓導　崔惠石城教諭　黃寧儋州學正陞通判俱晉江縣學　陳時敏南安縣學彭澤教諭　陳性同同安縣學遂平教諭　張曄①惠安縣學袁州訓導

正統三年戊午鄉試

薛滿南安縣學合浦訓導

六年辛酉鄉試

蔡欽晉江縣學　葉賓亮同安縣學　詹靖安溪縣學開州同知

校注：①曄

吴昴惠安縣學衢州訓導

九年甲子鄉試 林璟晉江縣學

十年乙丑商輅榜 莊敏雷州知府晉江人

十二年丁卯鄉試 張寬府學合州教授 溫良第三人中書舍人晉江縣學 呂

大宜同安縣學是科福建鄉試録無此名

十三年戊辰彭時榜 葉普亮同安人監察御史

景泰元年庚午鄉試 林同 陳亮黄縣教諭俱府學 伍璧重之子

陳彝端州通判 莊諫俱晉江縣學 彭麟南安縣學龍川教諭 黄觀同安縣學

李昱安溪縣學南豐知縣 鄭盛玉府教授 莊琦歸善訓導俱惠安縣學

四年癸酉鄉試 楊智府學 林聰 張復俱晉江縣學 林紀壽州同知

陳琳泰順知縣俱同安縣學

七年丙子鄉試 黃恭貴之子韶州通判 林秀徐聞訓導俱晉江縣學 吳琛惠安縣學吳川訓導

天順元年丁丑黎淳榜 黃觀同安人

三年己卯鄉試 李洤嘉 陳璹 崔常晉江縣學高州訓導 傅凱

謝寧惠安縣學

六年壬午鄉試 包文第三人 張賢青州教授俱晉江縣學

八年甲申彭教榜 李洤嘉衢州知府 楊智化州知州俱晉江人

成化元年乙酉鄉試　趙珏第一人　黃淵　莊瓚第四人俱晉江縣學

蔣鏞南安縣學　莊政惠安縣學

二年丙戌羅倫榜　包文户部員外郎　趙珏廣東提學僉事俱晉江人　謝寧惠安人刑部主事

四年戊子鄉試　趙欽青平教諭　莊恭俱府學　楊渤學録俱晉江縣學

五年己丑張昇榜　莊恭晉江人江西按察司副使

七年辛卯鄉試　王塤晉江縣學

八年壬辰吳寬榜　黃寬晉江人諸暨知縣

十年甲申鄉試　李聰　李信俱府學　林迪晉江縣學　周源同安縣學

吳禮永春縣學陳睿惠安縣學
十一年乙未謝遷榜　陳睿惠安人揭陽知縣遷戶部主事
十三年丁酉鄉試　蔡濤晉江縣學第一人　楊澄德化縣學膠州學正　陳暲安溪縣學武康教諭
十四年戊戌曾彥榜　傅凱南安人戶部郎中　周源同安人知縣
十六年庚子鄉試　李雍　楊振俱府學　黃正晉江縣學　胡詢南安縣學
十九年癸卯鄉試　張旺　徐珙俱府學　留芳　林琚　蔣源道　謝洞俱晉江縣學　洪敏同安縣學　莊熙永春縣學

二十年甲辰李旻榜　蔡濤晉江人　胡詢南安人

二十二年丙午鄉試　林頗第四人　王鍭　黃銘　石宗

鄭賢　鄭奎　趙瑞俱府學　田崑　莊榮　蕭存俱晉江縣學　林啓第一人同安縣學　張經　莊鵬　陳昇俱惠安縣學

八閩通志卷之五十

八閩通誌卷之五十一

選舉

科第

漳州府

唐

元和十一年丙申鄭澥榜　周匡物龍溪人高州刺史郡人登進士自匡物始

見人物志

十三年戊戌獨孤樟榜　潘存實漳浦人見人物志

宋

淳化三年壬辰孫何榜　陳夣周　楊令問長泰人職方員外郎寰宇志無陳夣周

大中祥符元年戊申姚曄榜　蘇頎龍溪人寰宇志無此名

天聖五年丁卯王堯臣榜　余曄知融州　蘇逢俱龍溪人寰宇志無蘇逢

景祐五年戊寅特奏名　蘇迪龍溪人

慶曆二年壬午楊寘榜　林旻龍溪人寰宇志無此名

六年丙戌賈黯榜　陳箴　林修俱龍溪人寰宇志無林修

皇祐元年己丑馮京榜　蕭漢臣　曾華旦寰宇志無此二人

五年癸巳特奏名　林載周龍溪人

嘉祐五年丁酉特奏名　李子孚

六年辛丑王俊民榜　蔡瑗龍溪人見人物志

治平二年乙巳彭汝礪榜　劉衍見人物志李伯亨見人物志鄭俊俱龍溪人寰宇志無鄭俊

四年丁未許安世榜　歐陽紳　黄彥臣見人物志俱龍溪人寰宇志無歐陽紳周純見人物志劉弼俱龍巖人以子贈朝奉郎

特奏名　陳昌弼

熙寧三年庚戌葉祖洽榜　龔原龍巖人先爲邵武人朝奉郎知連州累贈通議大夫王聘　葉宗古寰宇志無此二人

六年癸丑余中榜　魯畋　李絳終宣奉大夫　陳珏　謝伯宜

承議郎俱龍溪人寰宇志無魯畋陳珏　周綍龍巖人

特奏名　戴瑜長泰人

九年丙辰徐鐸榜　陳景　蕭彥

特奏名　李宋卿

元豐二年己未時彥榜　林磐見人物志　余侔牌之孫　陳玠璟之兄承

議郎俱龍溪人寰宇志無余侔

特奏名　蘇傳　何中衡

五年壬戌黃裳榜　王巽　吳與漳浦人見人物志與寰宇志作興而無王巽

特奏名　葉偉

八年乙丑焦蹈榜　吴桓朝散郎桓寰宇志作伯　王梁材見人物志俱龍溪人

特奏名　黄龜　魏茂

元祐三年戊辰李嘗①榜　施象寰宇志無此名

特奏名　林元　鄭豫

六年辛未馬涓榜　劉棠龍巖人見人物志　林訏寰宇志無此名

紹聖元年甲戌畢漸榜　留鎔龍溪人通直郎　王文中寰宇志無此名

四年丁丑何昌言榜　張仲友　蔡圭寰宇志無此二人

元符三年庚辰李釜榜　蔡絳　陳敦德璟之姪寰宇志無此二人

校注：①常

特奏名　李文伯　舒坦　陳諤

崇寧三年甲申　釋褐　吴揆

五年丙戌　蔡嶷榜　余峰朝奉大夫　黄詡彦臣之子見人物志俱龍溪人　林彦

質漳浦人見人物志

特奏名　陳揆

大觀三年己丑　賈安宅榜　黄頖彦臣之子見人物志　吴勳舉八行教授

黄碩頖之兄見人物志　蕭韡見人物志　戴天澤通判韶州俱龍溪人　魏大

原　許光亨寰宇志無此二人

政和二年壬辰　莫儔榜　何靜知福清縣　陳大謀廣東提舉學幹初與弟大

誥大訥同貢通守黄因爲詩羡之有大①平天子丙申年兄弟三人同得仙之句黄頴彦臣之子

俱龍溪人翁待舉漳州人知瓊州李砥寰宇志無此名

特奏名盧炳　戴天秩　謝錫　蔡庸　林几

五年乙未何㮚榜　陳錫知福州終朝奉郎龍溪人李功懋　顔晞孔

王亢　陳王猷　張公懋　陳彦寰宇志無此五人

重和元年戊戌王昂榜　謝程年　蔡章　蔡嶸奉議郎德慶府倅俱龍溪人寰宇志無謝程年蔡章又以蔡嶸爲龍巖人黄琮　黄靖俱龍巖人江揖　黄良臣　鄭廷芳寰宇志亦無此三人

宣和三年辛丑何渙榜　韓鉉　劉庭筠　鄭韡　陳贛

校注：①太

寰宇志無此四人 龔克龍巖人

特奏名 蔡袞侯 吕瓘 陳舜庸 留浚 黄碩

侯

六年甲辰沈晦榜 劉巡 王綬 葉和新寰宇志無此三人

特奏名 陳知 余椿年 蘇紹

靖康三年戊申特奏名 鄭若德 許宗彦 陳羨成

紹興二年壬子張九成榜 黄世昌 黄京見人物志 顏晞哲

俱龍溪人寰宇志無黄世昌 高登漳浦人見人物志

特奏名 陳臯謨 龔時可龍巖人 黄文思

五年乙卯汪應辰榜　戴覺寰宇志無此名

特奏名　蕭汝規　陳建侯

八年戊午特奏名　林驊　陳嘉績　陳叔　陳大訥

十二年壬戌陳誠之榜　蔡晟瑗之四世孫　顏師魯見人物志　王羽儀通判衢州俱龍溪人　林觀國寰宇志無此名

特奏名　李確　李則龍溪人德化令　李實　王逢中　林行中　吳南公

十五年乙丑劉章榜　李恂見人物志　鄭閎　楊汝南見人物志俱龍溪人寰宇志無鄭閎

特奏名　姚邦憲　謝恂直　顔大猷

十八年戊辰王佐榜　許登　林翰

特奏名　歐陽慤　薛徽　陳元　李顒以子恂官贈朝議大夫俱龍溪人

二十一年辛未趙逵榜　陳文彦　林麟寰宇志無此二人陳景肅漳浦人知南恩州有學行師事高登楊棫

特奏名　蔡中行　王文柔　盧廷言　楊大猷

王白

二十四年甲戌張孝祥榜　林德彦　王機寰宇志無此二人

特奏名 陳登龍巖人 林章 陳孝昌

二十七年丁丑王十朋榜 黃潢彥臣之姪孫龍溪人

特奏名 林檉 蘇良翰

三十年庚辰梁克家榜 陳兢龍溪人見人物志 林文蔚寰宇志無此名

特奏名 謝克年 林黃中 李慶孫 劉賡 鄭方慶 蔡振 劉隆 胡騰 楊凱

隆興元年癸未木待問榜 丁邦友寰宇志無此名

特奏名 陳鴻 許升 朱同寅 蕭聲顯 薛大鼎 陳敦厚 陳緣 黃琳 林夢翼 葉作新

蔡中孚　郝鈞

乾道二年蕭國梁榜　鄭公顯見人物志　余震曄之曾孫南安通判　李時中朝奉大夫　余有徽曄之曾孫知融州　陳宏規朝請大夫　林宗臣見人物志　鄭瀚俱龍溪人寰宇志無李宗臣鄭瀚

特奏名　陳上達　陳文達　鄭升　李恢　王朝俊

五年己丑鄭僑榜　顏敏德知循州除邕筦安撫終朝奉大夫　鄭公敏福清主簿　龔嶒原之孫龍巖人　陳元實　陳師孟璟之孫　趙彥爲　趙伯遜　蔡易寰宇志無此五人

特奏名 蔡如松龍溪人見人物志

八年壬辰黃定榜 王遇羽儀之子見人物志 陳衡見人物志俱龍溪人 陳尚德 周邠俱龍巖人寰宇志無陳尚德黃勉齋撰王遇行狀云遇乾道五年登甲科

淳熙二年乙未詹騤榜 孫昭先太府少鄉①見人物志 蔡盡忠璦之六世孫 趙彥驢見人物志 陳經知封州俱龍溪人 楊友諒長泰人令問三世孫 終推幕寰宇志以爲龍溪人 余端仁驊之孫 黃萬中 謝師孟 黃符 鄭元實寰宇志無此五人

特奏名 高發 陳孝寧

五年戊戌姚頴榜 林孔昭見人物志 林士豪東莞令 黃穉仲彥臣

校注：①卿

之三世孫見人物志黄棐彦臣之三世孫俱龍溪人郭延世　陳方　趙

伯穀　楊栴　蔡迪　陳東　歐陽俞寰宇志無此七人

特奏名　林雲　崔公澤　王淵

八年辛丑黄由榜　顏質敏德之叔龍溪人　趙師程　許元老

鄭灝寰宇志無此三人

特奏名　林諭　黄體中

十一年甲辰衛涇榜　余嘉龍溪人見人物志　蕭玠　林俊亨

鄭誾　盧甫　陳介之　丘轍　王材寰宇志無此七人

特奏名　陳藻　沈洪　鄭天麟　蕭琚　蔡維翰

十四年丁未王容榜 黄櫄樵仲之弟見人物志 許伯鳳 蕭琹襄宇

志無此三人

特奏名 林雷 蕭輜

紹熙元年庚戌余復榜 林士順 謝明之見人物志龍溪人 蘇

叔和漳浦人終廣東提幹

特奏名 盧興嗣 余有猷 何適道 陳宗一

涂次禹 陳宗説 林師德龍溪人承奉郎武岡軍簽判 孫開

先 劉杲 吕幽 高文漁 陳杲 黄行可

陳國禮 程文成

四年癸丑陳亮榜　趙師楷見人物志　蔡奮忠襄之六世孫俱龍溪人　鄭
名鄉①寰宇志無此名
慶元二年丙辰鄒應龍榜　趙善封見人物志　趙師業　蕭[illegible]
姚東俱龍溪人　楊士訓漳浦人上三人俱見人物志　林孟肅　楊去
銳寰宇志無此二人
特奏名余端夫　施澤　陳衎
五年己未曾從龍榜　蘇竦　趙善聊並見人物志俱龍溪人善聊寰宇志
作善昉　趙彥廋　李懿　趙希庠　楊愽友諒之子寰宇志無
已上四人

校注：①卿

特奏名 郭公贄 丁知機 陳師臯 黃顲 立

聞

嘉泰二年壬戌傅行簡榜 陳谹才朝散大夫知高州寰宇志作欲才誤 宋

聞禮見人物志 陳萬言俱龍溪人 趙希商希庠之弟 趙彥稅字書考無

稅字恐即穋字之誤 黃應辰 鄭介寰宇志無此四人

特奏名 施總 龔惟叙

開禧元年乙丑毛自知榜 趙希倿師業之姪見人物志 趙汝襲善封

之姪終朝散即俱龍溪人

特奏名 林祀 王炎 孫彰先 顏敏則

嘉定元年戊辰鄭自誠榜　楊志龍溪人柟之子通判廣州黃克寬漳浦
人知封州劉士龍　趙法夫寰宇志無此二人
特奏名　林埜
四年辛未趙建大榜　朱春　林嶸寰宇志無此二人
特奏名　黃子信長泰人見人物志
七年甲戌袁甫榜　趙汝敃善封之姪趙師介俱龍溪人梁傳　劉
旦士龍之弟程桂寰宇志無此二人
特奏名　林蒙亨　梁渭　蔡恭　顏賁
十年丁丑吳潜榜　趙希流　趙希踈　孫叔謹昭先之子見人

物志 黃桂符之孫 洪鍾 趙希虎 涂子可寰宇志無此七人
特奏名 石宗光 林能千 陳淳龍溪人見人物志 佘伯
璀
十三年庚辰 劉渭榜 蔡復忠瑗之六世孫 蘇溥俱龍溪人 楊士謹
漳浦人士訓之弟 李師言懋之子 黃擇桂之叔 吳士廉 趙時
迓寰宇志無此四人
特奏名 施興詩 梁勵臣 潘武龍溪人見人物志 謝元
修 顏信仲
十六年癸未 蔣重珍榜 趙岱夫彥馴之子古田尉 潘戴 黃學

皇見人物志俱龍溪人趙彥屋省試經魁林幼安宗臣之子裒字志無以上三人

特奏名鄭申秀龍溪人儒林郎顏幾何尚忠曾啓之

謝渙林揆陳瀅

寶慶二年丙戌王會龍榜趙彥瀰見人物志趙希佚歸善尉俱龍溪人

楊汝賢趙希由希流之兄趙汝害鄭必嘉蔣逢泰江泰夫黃敬趙時御涂邁顏耆仲龍溪人見人物志裒字志無楊汝賢以下十人

特奏名何宗德鄭申卿陳元楊

紹定二年己丑黃朴榜趙希溙師介之子教授容州趙與併師業之孫

顏戴敏德之姪俱龍溪人 連寅龍巖人 趙希尨 戴開寰宇志無此二
八

特奏名 林慶忌 何相 顏贇 李萬言 許伯
鳳 楊應友諒之子 葉惟寅

五年壬辰徐元杰榜 張靁震 顏純敏德之姪俱龍溪人寰宇志無張靁
震

特奏名 方正子

端平二年乙未吳叔告榜 吳浩 趙必修 趙孟傳
陳沆龍溪人通判寰宇志無此四人

嘉熙二年戊戌周坦榜　趙汝贖龍溪人善封之姪仙遊尉　江敏夫寰宇志無此名

特奏名　楊士優

淳祐元年辛丑徐儼夫榜　楊應求寰宇志無此名

特奏名　黃元泰　林雨若龍巖人寰宇志以雨若為是年進士

釋褐　顏復之理宗幸辟雍賜釋褐出身見人物志

四年甲辰留夢炎榜　龍頎龍巖人原之五世孫　陳夢立　吳遇聘俱長泰人　趙與傚希庠之子寰宇志無此名

七年丁未張淵微榜　連夢魁龍巖人　張漢傑　楊炎年俱長

泰人吳源浩之兄陳泰興 吳光 莊光華 趙若滉

寰宇志無此五人

咸淳七年辛未張鎮孫榜 陳淼龍溪人潮州法曹參軍寰宇志無此名

元

至正七年丁亥鄉試 林唐臣龍溪人

國朝

洪武十七年甲子鄉試 蔣復初 劉海俱龍溪縣學

十八年乙丑丁顯榜 周宗起漳浦人 黃仁義南靖人縣丞

二十年丁卯鄉試 盧奮 鄭文賢 陳應祖 陳烱俱龍

溪縣學張韶戶部郎中林璟訓導陞監察御史俱漳浦學朱佛聰翁

戊上二人應天府中俱龍巖縣學董幼頴長泰縣學

二十一年戊辰任亨泰榜劉海監察御史陳炯兵部主事俱龍溪人董

幼頴長泰人監察御史

二十三年庚午鄉試蔡廣戶部主事張賢瑞安知縣柯志德俱龍溪縣

學吳旭漳浦縣學黃文史

二十六年癸酉鄉試顧玄珽龍巖縣學

二十七年甲戌張信榜林琮龍溪人保寰宇志作琁

二十九年丙子鄉試柯祐石城教諭蘇尚德謝勝祖海豐教諭

俱府學盧伯可漳浦縣學任教諭盧遂新野教諭黃功應天府中助教俱南
靖縣學

三十二年己卯鄉試顏隆龍溪縣學王誠浙江布政司都事陳志中
龍巖縣學應天府中

永樂元年癸未鄉試鄭宗瑞安教諭王昇陳英胡春同
吉安教諭俱府學黃仲珽龍溪縣學許瑛漳浦縣學任教諭王源楊
真俱龍巖縣學戴同吉盧遂俱長泰縣學

二年甲申曾棨榜黃仲珽珉府伴讀王昇見人物志俱龍溪人王源見人
物志龍巖人戴同吉浙江布政司參議盧遂理宜知縣俱長泰人

三年乙酉鄉試　顔珪　陳坤奇俱府學　蔡廣　柯志得

陳彧應天府中俱龍溪縣學　藍通漳浦縣學應天府中　張觀龍巖縣學　林濤

南安府通判　林晶靈山訓導俱長泰縣學　許英南靖縣學

四年丙戌林環榜　顔珪龍溪人見人物志

六年戊子鄉試　盧琦郡志以琦爲辛卯科誤　郭邦寧廣東教諭俱府學　顔

旺祖　盧盛祖俱龍溪縣學　黄鳳漳浦縣學是科福建鄉試録無盧盛祖黄

鳳　蔣志道龍巖縣學郡志以志道爲甲午科誤　余朝生南靖縣學光禄寺監事

九年辛卯鄉試　蔡肅漳浦縣學留守衛經歷　蘇英龍巖縣學應天府中　楊驂

長泰縣學寧府教授是科福建鄉試録無此名　李貞　江澄　賴清瀋府教授

張驥東陽訓導盧闓新興教諭俱南靖縣學

十二年甲午鄉試方觀南海訓導陳旺見人物志俱龍溪縣學張知新

漳浦縣學是科福建鄉①錄無此名唐泰第四人蔡昇泰合浦訓導薛瑩城固

教諭俱長泰縣學張宗長泰人按察司吏許敬南靖縣學

十三年乙未陳循榜陳坤奇龍溪人蔣志道龍巖人張宗兵部

主事唐泰祈州知州俱長泰人李貞第二人授編修改高州教授江澄戶部郎中

俱南靖人

十五年丁酉鄉試王昭②處州府學訓導林懋開建知縣蔡睦謝璉

俱府學龍溪人陳璠鄧誠俱龍巖縣學劉和國子助教薛秀鄭縣教諭

校注：①缺“試”字　②處

蔡銘廣州府學訓導俱長泰縣學

十六年戊戌李騏榜　蔡穟龍溪人

十八年庚子鄉試　洪祖教諭　張紳　陳秉質俱府學　許安天長

教諭　黃璋　蘇疇俱龍溪縣學　陳翼　陳豐俱漳浦縣學　陳義

安龍巖縣學　劉銳龍巖人布政司吏　林震　陳信宗新蔡教諭　林韡

吳成　王麟　許顒　陳先暨茂名訓導俱長泰縣學　韓琰

俱南靖縣學

十九年辛丑曾鶴齡榜　王振龍溪人　劉銳龍巖人戶部員外郎

二十一年癸卯鄉試　戴驥府學監察御史　汪凱第一人　黃璧俱龍溪縣

學鄭憲漳浦縣學任教諭

二十二年甲辰邢寬榜　汪凱龍溪人浙江按察司僉事見人物志

宣德元年丙午鄉試　林僑龍溪縣學任教諭　王應龍巖縣學

二年丁未馬愉榜　謝璉龍溪人第三人戶部右侍郎見人物志

四年己酉鄉試　郭潮府學　陳寵俱龍溪縣學　蔣輔龍巖縣學

五年庚戌林震榜　林震長泰人第一人翰林修撰

七年壬子鄉試　林雍　楊衡　戴傳訓導俱府學是科福建鄉試錄無楊衡戴傳　李騰龍溪縣學任教諭封府同知　李嶠南靖縣學

十年乙卯鄉試　林兆　徐通靈山教諭俱龍溪縣學　張昶漳浦縣學任教

授
郭隆第三人長泰縣學石康教諭

正統元年丙辰周旋榜　林兆龍溪人知府　陳亶漳浦人見人物志

三年戊午鄉試　趙賢樂清教諭　林鈞長州學正俱龍溪縣學　倪庸龍巖縣學

洪聰歸州學正　朱榮俱長泰縣學

六年辛酉鄉試　盧清府學東莞訓導　鄭敞高陽教諭　陳盛教諭　李勤豐海教諭俱龍溪縣學　魏璧諸暨訓導　蔡貴建昌教授　楊盛應天府中睢寧教諭俱漳浦縣學　蘇霆龍巖縣學　林堅長泰縣學頴州府通判

七年壬戌劉儼榜　朱榮長泰人刑部主事

九年甲子鄉試　鄭和　周亶　潘榮　倪偹按察司僉事俱府學

蔡浩瓊州知府　蔡瑛平樂知府　楊紹　鄭顧教諭俱龍溪縣學　歐輝

長泰縣學　張寬　余慈　王玭　蔡麟順天府中俱南靖縣學

十年乙丑商輅榜　周宣龍溪人大僕寺少卿見人物志　蘇霆龍巖人

十二年丁卯鄉試　鄭賢壽州學正　黃嚴沂州學正俱府學　李弼龍溪縣學

廬州府同知旌異加四品俸　楊武漳浦縣學寧都教諭　賴旺龍巖縣學　楊金長泰

縣學

十三年戊辰彭時榜　鄭和雲南布政司左參議　潘榮左侍郎陞南京戶部尚書

楊紹戶部主事俱龍溪人　歐輝長泰人廣東按察司僉事　王玭南靖人戶部郎中

景泰元年庚午鄉試　盧潭禮部員外郎　林雍　陳宣御史　戴耀

鳳陽知府林泰　鎮江通判郭鏗　徐福俱府學　陳舒　陳惠

劉孜俱龍溪縣學　謝祐全州學正　侯亞程鄉訓導　陳鐘嚴州知府　吳原

詹鼐新會訓導陞鄭府教授漳浦縣學　周寅龍巖縣學　莊乾長泰縣學贛州府訓

導　楊參南靖縣學南豐知縣

二年辛未柯潛榜　張寬南靖人監察御史改知縣

四年癸酉鄉試　李冀①徐聞教諭　戴經瀧水教諭　郭舒　顏格　馬

環靜江府長史　黃泰無為州同知　丁鵬軍士俱府學　楊述　謝維

陳宏　汪範　莊同俱龍溪縣學　陳爵南靖縣學　蔡章　吳

森　葉穆應天府中河間府同知俱漳浦縣學　王超龍巖縣學

校注：①冀

五年甲戌孫賢榜　林雍車駕司郎中　郭舒戶部員外郎　劉孜知府俱龍溪人　楊釜長泰人監察御史

七年丙子鄉試　陳讓經魁　戴和都督府都事　胡堅永寧知縣　陳耀

蔡靖增城知縣俱府學　王豫新會知縣　林同　宋球饒州通判俱龍溪縣學　鄭普鎮海衛軍生

天順元年丁丑黎淳榜　呂森漳浦人浙江布政司參政　陳爵南靖人見人物志

三年己卯鄉試　蕭璿　沈源　董安　翁輝文昌知縣　顏拳大名府學教授俱龍溪縣學　趙超漳浦縣學文登教諭　謝炫長泰縣學青陽知縣

四年庚辰王一夔榜林同龍溪人江西布政司參議
六年壬午鄉試余珏第五人楊恍太常寺典簿馬龍武生無爲州訓導
涂慶處州府推官俱府學蘇鏓龍溪縣學許琮長泰縣學高州府通判李榮
南靖縣學
八年癸未彭教榜陳宏湖廣按察司副使蕭璿給事中改滁州判官沈原
監察御史改知縣俱龍溪人吳原漳浦人兵部都給事中累遷戶部侍郎
成化元年乙酉鄉試林謙魏富陳順趙州學正俱府學李
寶龍溪縣學周仁雲南巨津州知州吳懷林表俱漳浦縣學林[illegible]
南靖縣學

二年丙戌羅倫榜 陳惠廣信知府 顔格 魏富浙江按察司副使俱龍溪人

四年戊子鄉試 陳炎 黄熒俱龍溪縣學 吳超 吳褒 陳貞 許潛俱漳浦縣學

五年己丑張昇榜 陳燿行人 董晏知縣俱龍溪人 吳璵兵部郎中 林表戶部員外郎俱漳浦人

七年辛卯鄉試 陳璋義烏訓導 魏朔俱府學 顔亨龍溪縣學封川教諭 蔣陽龍巖縣學應天府中廣東布政司經歷 蔡腆長泰縣學河源訓導 陳懋 林惟聰俱南靖縣學

八年壬辰吳寬榜　黃熒龍溪人南京監察御史
十年甲午鄉試　曾瑛　鄭發教諭　杯儉漳浦人俱府學　戴韵　葉
儀俱長泰縣學
十一年乙未謝遷榜　陳奐漳浦人工部都水司主事
十三年丁酉鄉試　張松　何乾　張綽　陳鵠　高
聳東莞訓導　許鯤分水教諭俱府學　張壇　高顯　黃廷　陳
清俱龍溪縣學　丘俊　洸章俱漳浦縣學　張表　王麟俱南靖縣
學　陳玉振莆田人貴溪教諭漳平縣學
十四年戊戌曾彥榜　蘇鏓龍溪人長史　吳超漳浦人工部都水司主事

十六年庚子鄉試 顏樌 黃貞漳浦人 吳玭俱府學 黃亮

林晏俱龍溪縣學 徐弼 陳杰 吳泰 趙渾俱漳浦縣學

黃文中龍巖縣學

十七年辛丑王華榜 趙渾漳浦人戶部主事

十九年癸卯鄉試 謝傑 蔡東 曾逸俱府學 陳璜龍溪縣學

程貴 陳維俱漳浦縣學 陳佐南靖縣學

二十年甲辰李旻榜 吳泰漳浦人震之弟 陳杰鎮海衛人

二十二年丙午鄉試 鄭訥 黃圻 林琰 林富俱府學

顏是龍溪縣學 徐輔漳浦縣學 陳冕龍巖縣學 陳珠鎮海衛學軍生興化府莆

田縣人

二十三年丁未費宏榜　蔡杲　曾逸俱龍溪人

汀州府

唐

大中十年丙子崔鉶榜　伍愿寧化人改名正己見人物志

宋

太平興國三年戊寅胡旦榜　羅或長汀人見人物志

八年癸未王世則榜　鄭文寶寧化人見人物志

端拱二年己丑王堯叟榜　吳簡言長汀人見人物志

咸平三年庚子陳堯咨榜 梁頠長汀人見人物志

景德二年乙巳李迪榜 黃迪寧化人知南豐縣寰宇志及縣志俱以爲太平興國八年進士

大中祥符元年戊申姚曄榜 陳宗道教授開封府 林務滋承務郎俱長汀人 伍佑寧化人正巳曾孫見人物志

皇祐元年己丑馮京榜 雷宣寧化人終承務郎王宮教授

五年癸巳鄭獬榜 吳庚長汀人簡言重孫清海軍僉判 伍擇之祐之子見人物志

熙寧六年癸丑特奏名 伍錫寧化人汀州長史

元豐二年己未時彦榜　雷晃寧化人通判連州

元祐中明經　羅祝長汀人見人物志

紹聖元年甲戌畢漸榜　曾旦邵武法曹　伍文中正已五世孫十六魁鄉薦累七舉始中第復應宏詞科俱寧化人

四年丁丑何昌言榜　謝潛長汀人見人物志

元符三年庚辰李釜榜　伍懋寧化人祐之孫承議郎

大觀三年己丑賈安宅榜　王明哲長汀人邵武丞　伍仲休寧化人正己裔孫承直郎

政和二年壬辰莫儔榜　雷協寧化人堯之從弟興化軍教授

五年乙未何㮚榜　鄭立中長汀人見人物志　張達觀寧化人知建寧縣終承務郎

重和元年戊戌王昂榜　王宗哲長汀人明哲之兄見人物志　王彧寧化人迪五世孫建州觀察推官

建炎二年戊申李易榜　羅烈長汀人見人物志

紹興二年壬子張九成榜　王宣哲長汀人明哲之弟奉議郎樞密院計議官寰宇志無此名

五年乙卯汪應辰榜　湯莘叟見人物志　伍祀仲詢之孫見人物志　張良裔達觀之子衡山丞俱寧化人　賴綬清流人見人物志

特奏名 陳貫長汀人永州文學

八年戊午特奏名 伍利用寧化人連州參軍 劉易簡武平人龍川丞寰宇志以易簡爲是年黃公度榜進士

十二年壬戌陳成①之榜 黃烈長汀人知仙遊縣終承議郎

特奏名 謝郯韶州錄事參軍 葉彥光平南簿 羅誾 歐陽元亨 王弁俱長汀人 伍伯思寧化人朝②州司戶

十五年乙丑劉章榜 伍昇寧化人祐之曾孫南城尉

特奏名 雷靖寧化人海豐簿

十八年戊辰特奏名 伍時可 伍致達俱清流人

校注：①誠　②潮

二十四年甲戌張孝祥榜　賴遜良長汀人龍南簿

二十七年丁丑王十朋榜　李汝明連州司法參軍　歐陽旦①知蒼梧縣俱長汀人

特奏名　王仕永春令　王佐仕之弟循州司法俱長汀人

隆興元年巳卯木待問榜　楊方長汀人見人物志

特奏名　陳肅融州司理　吳與權融州司理俱長汀人　巫晦信豐丞　徐衍上饒令　雷碩嘉州文學　雷彥國恭城尉俱寧化人　張九思清流人含光令

乾道二年丙戌特奏名　黃槐高要尉　伍冕求州文學俱寧化人

校注：①梧

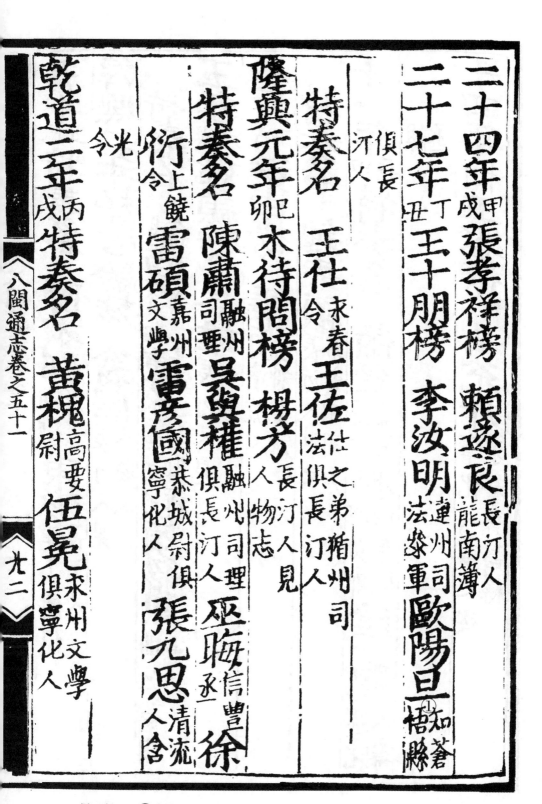

五年己丑特奏名　陳才邵湘鄉簿　黄彬連山尉俱長汀人

淳熙二年乙未詹騤榜　翁熙長汀人見人物志

特奏名　鍾迪寧都簿　鍾豫迪之弟①相鄉簿　賴紹烈曲江尉俱長汀人

五年戊戌姚頴榜　吴雄長汀人見人物志

八年辛丑黄由榜　張顥清流人將樂簿

特奏名　鍾秀頴長汀人迪之弟廣州司户

十一年甲辰特奏名　蕭雅長汀人迪功郎監潭州南嶽廟　陰一鶚寧化人潮陽丞

十四年丁未王容榜　黄允升寧化人②或之從弟知會昌縣

校注：①湘鄉　②彧

特奏名　曾通司法　伍必勝俱清流人
紹熙元年庚戌特奏名　吳銙長汀人封州司法　丘殷愛　曾義
節南康簿俱寧化人　吳得夢　蕭夢兆俱清流人
五年甲寅特奏名　伍周曲江簿　曾光宗高要尉俱寧化人
慶元二年丙辰鄭應龍榜　鄭應龍長汀人見人物志　趙與璵寧化
人承直郎廣東憲幹寰宇志作希璵
特奏名　黃拱迪功郎　伍群迪功郎俱寧化人　賴天靈清流人
五年己未特奏名　謝傳霖清流人
嘉泰二年壬戌傅行簡榜　黃頤允升之弟頤寰宇志作熙　丘唐傑澧州

法書俱寧化人

特奏名　李克巳長汀人　雷倬寧化人

開禧元年乙丑毛自知榜　趙汝求長汀人福州觀察推官

特奏名　李蹊　張燠崇海尉俱長汀人

嘉定元年戊辰鄭自誠榜　賴簡長汀人綫之子寧都尉

特奏名　張昊潮陽簿　羅宗友潮陽簿俱長汀人　巫夢文寧化人

四年辛未特奏名　鄭與端溪丞　黃鎬俱長汀人　張謙寧化人澧縣丞　陳子遇清流人梅州司法

七年甲戌袁甫榜　伍唐寧化人教授衡州

特奏名　巨光遠長汀人南康簿

十三年庚辰劉渭榜　黃三益長汀人廣州司理參軍

特奏名　巫潛寧化人懷集尉潛作讚　丘鱗連城人見人物志

十六年癸未蔣重珍榜　伍夢詣寧化人漳州錄參　丘鮮知縣舊志寰宇志俱無此名

特奏名　吳柔勝永福丞　李恕　羅子純俱長汀人　劉諤清流人揭陽簿　鍾自強龍巖尉武平人寰宇志以為是年進士

寶慶二年丙戌王會龍榜　趙與堂寧化人建寧府戶曹寰宇志無此名

特奏名　伍林寧化人龍巖簿林縣志作并　丘方連城人鱗之姪寧都丞

紹定二年己丑特奏名　吳昊文林郎　李涇　賴炳俱長汀人

五年壬辰特奏名　王夢昌長汀人會昌簿

端平二年乙未吳叔告榜　劉弁寧化人見人物志

特奏名　丘夢周寧化人清湘丞

嘉熙二年戊戌周坦榜　曾華長汀人南安軍判官　趙與岡寧化人藤州同①

法寰宇志無此名

特奏名　陳怡長汀人南康簿

淳祐元年辛丑特奏名　鄭文可循州司理　江天錫潮陽丞俱長汀人

晏景春②清流人平鄉簿

校注：①司　②萍鄉簿

四年甲辰留夢炎榜 潘全長汀人廣州觀察推官 張廷輔寧化人改縣尉

特奏名 賴應發南康簿 鄒丁崇海尉 賴記岳祠 黃大中興國

丞俱長汀人 伍叔輝清流人

十年庚戌方逢辰榜 范廷傑長汀人信豐簿 伍功甫寧化人寧府教授

寶祐元年癸丑特奏名 歐陽應星長汀人寧都主簿 黃旂寧化人石

城簿

四年丙辰文天祥榜 黃潛番禺尉 伍安然永新簿俱寧化人

開慶元年乙未特奏名 黃榮寧化人上州文學 林講邵州司法 姜

茂 吴融 吴仲衡俱長汀人 伍了正福州文學 徐行中曲江

丞伍仲詢袁州司法伍邦彥將仕郎伍民瞻福州司戶伍文炳

仁化知縣伍文資增城尉伍見獨潮州司戶伍純忠潮州司戶黃唐

臣曲江簿劉黼巫藻俱寧化人陰光光下舊志脫一字吳必勝

俱清流人已上一十八人舊志俱不載何年姑附于此

元

□□□年□□□榜詹子徵上杭人連城簿寰宇志無此名

國朝

洪武十七年甲子鄉試沈仲繼連城縣學應天府中知賓南府

十八年乙丑丁顯榜張子恭長汀人諫議大夫寰宇志無此名李子清

連城人縣丞

二十年丁卯鄉試 黄崇岱連城縣學感恩教諭

二十一年戊辰任亨泰榜 張顯宗寧化人第二人見人物志寰宇志以爲二人

十四年進士

二十三年庚午鄉試 吴禧連城縣學應天府中禮部郎中

二十六年癸酉鄉試 羅永良連城縣學連州學正

二十九年丙子鄉試 張齡廣東長樂教諭 賴應祥應天府教授俱長汀縣學

伍明南雄府訓導 李和錢塘教諭俱連城縣學

三十二年己卯鄉試 高孝山上杭縣學歸安知縣

永樂元年癸未鄉試 李誠上杭縣學開封教授 何志道武平縣學 林應
福桂林教授 江文勝黃巖訓導俱清流縣學
二年甲申曾棨榜 蕭清戶部郎中 曾子榮教諭 王中布政司左參議俱長
汀人 劉隆武平人山西按察司僉事 謝惠 張永隆魯府紀善俱清流人
三年乙酉鄉試 葉任 董彥通 陳祥俱府學 賴從善廣昌
教諭 雷迅 張源俱長汀縣學 陳子義寧化縣學任教諭 李俊分宜
教諭 盧政建平縣丞俱武平人 賴潨貴鄭府長史 湯叔良溧陽訓導 黃志
忠江陵知縣俱清流人是年福建鄉試錄無陳子義黃志忠
四年丙戌林環榜 雷迅知府 藍必寧俱長汀人寰宇志是年無藍必寧蓋誤

六年戊子鄉試　謝慶餘　吳禄俱府學　伍宗源　雷汝康道州知府俱寧化縣學　陳觀新城教諭　林顒應天府中俱上杭縣學　朱永明

餘姚主簿清流縣學　葉幹漢府教授　江濬俱連城縣學

九年辛卯鄉試　吳得全府學　陳善長汀縣學　張彥銘常州通判　陳辰教諭　羅誾　賴海教授俱寧化縣學　游瑩潮陽訓導　梁弼　李倫

郭定安香山訓導俱上杭縣學　巫昱璉建昌知縣　伍禮俱清流縣學　羅矩　余遜　徐行俱連城縣學

十二年甲午鄉試　周弘府學上杭人　吳得誠高要教諭　徐瑀曲江教諭

張彥志知縣寧化縣學　劉賁建德教諭　林慶宗清流縣學

十三年乙未陳循榜 伍宗源寧化人浙江布政司左參政 梁彌 李
綸江西按察司副使俱上杭人
十五年丁酉鄉試 王瑛 王泗茂名訓導俱府學 賴瑄 韓璿
俱長汀縣學 陳子義寧化縣學 羅經 吳澄縉雲教諭 曹寧陽江知縣
黄中 黄祐應天府中浦江縣丞俱上杭縣學 王琎任清流縣學訓導 吳
猷連城縣學
十六年戊戌李騏榜 陳善長汀人大理寺左寺副 羅經上杭人見人物志
十八年庚子鄉試 曾子盛 周冕 王振 林宗袁州府教授
俱府學 郭友賢 賴璪 朱滿俱長汀縣學 伍志亨禮部郎中

伍志厚戶科給事中俱寧化縣學 丘聰訓導 劉誠 謝佐俱上杭縣學

十九年辛丑曾鶴齡榜 吴得全長汀人 陳詳監察御史 周弘監察御史俱上杭人

二十一年癸卯鄉試 張瀾長汀縣學由訓導歷監察御史終布政司參議 范金陵水教諭 梁昊富川訓導 ①關和 龔興新城教諭俱上杭縣學 葉福清流縣學

宣德元年丙午鄉試 王英長汀縣學浙江左布政使是科福建鄉試録無此名 葉興清流縣學雄縣教諭

四年己酉鄉試 曾瀾長汀縣學廣東中解元任訓導 馮瑩武平縣學武寧訓導 雷

校注：①闕

亨清流縣學蠡縣教諭

五年庚戌林震榜　賴世隆清流人翰林院編修

七年壬子鄉試　呂績清流縣學　陳翊教諭連城縣學

十年乙卯鄉試　王鑑長汀縣學　張禎蔚州訓導　陳選萬州訓導俱上杭縣學

正統三年戊午鄉試　魏得福連城縣學

六年辛酉鄉試　丘巖上杭縣學歸善訓導　廖時中武平縣學桃源教諭　黃源

南寧教授俱清流縣學　許浩志第三人教諭　江朝宗教諭俱連城縣學

九年甲子鄉試　馬馴長汀縣學　賴康清流縣學教授　李慶

十年乙丑商輅榜　馬馴長汀人右副都御史

十二年丁卯鄉試 胡泰崇寧教諭 饒熙胙城教諭俱武平縣學 劉崇清流縣學胡州府教授

景泰元年庚午鄉試 張弘 周旋長汀縣學 郭緒上杭縣學程鄉知縣

蔣永洪 謝文寶 江譽俱連城縣學郡志以此三人為四年癸酉科誤

七年丙子鄉試 鄒以倫清流縣學

天順三年己卯鄉試 王秉昌長汀縣學涪州學正 丘弘第二人 羅懿俱上杭縣學

雷璡清流縣學廣州通判

八年甲申彭教榜 丘弘上杭人戶科給事中嘗奏時政十二條曰畏①天戒容直言精選法抑奢僭通錢法息紛爭廣儲蓄憫窮民革弊政敦風俗公賞罰飭邊備尋遷都給事中奉使琉球

校注：①天戒

未出境卒

成化元年乙酉鄉試 王淮長汀縣學

二年丙戌羅倫榜 周旋長汀人兵科給事中

四年戊子鄉試 王旻長汀人府學 李楫上杭縣學

七年辛卯鄉試 郭資上杭縣學

十年甲午鄉試 陳壽長汀人府學 馮森歸化縣學任教諭

十一年乙未謝遷榜 李楫 郭資知縣遷御史俱上杭人

十六年庚子鄉試 葉元玉 賴世傳俱清流縣學 章璽連城縣學

十七年辛丑王華榜 葉元玉清流人知縣遷御史

十九年癸卯鄉試 鍾文俊第二人長汀縣學 劉世寬清流縣學

二十年甲辰李旻榜 賴世傳清流人

二十二年丙午鄉試 賴從善清流縣學 林華連城縣學

八閩通誌卷之五十一

八閩通志卷之五十二

選舉

科第

延平府

宋

開寶八年乙亥南唐張確榜　張確第一人沙縣人

太平興國五年庚辰蘇易簡榜　康亞之劍浦人

雍熙二年乙酉梁顥榜　江嗣宗劍浦人　陳世卿沙縣人見人物志

淳化三年壬辰孫何榜　葉溫　羅鼎俱劍浦人寰宇志無此名　鄧九

齡　張若谷俱沙縣人見人物志

咸平五年壬寅王曾榜　吳濟劍浦人寰宇志無此名

大中祥符元年戊申姚曄①榜　余寔　洪詢俱劍浦人　余諤順昌人

五年壬子徐奭榜　廖淮　江虛舟俱劍浦人寰宇志無廖淮

八年乙卯蔡齊榜　鮑光劍浦人

天禧三年己未王整榜　廖淳劍浦人寰宇志無此名　羅覺沙縣人

天聖二年甲子宋郊榜　康處平　李幹俱劍浦人

五年丁卯王堯臣榜　李參劍浦人

校注：①曄

八年庚午王拱辰榜　吳輔劍浦人見人物志
景祐元年甲戌張唐卿榜　張擬　吳照俱劍浦人
寶元元年戊寅呂溱榜　宋琪　李纁纁寰宇志作練　余浣俱劍浦人
慶曆二年壬午楊寘榜　李綿　鄭先俱劍浦人
四年甲申賈黯榜　李鐸　范迪簡見人物志　龔斐恭　楊師顏寰宇志作時顏　廖山甫俱劍浦人寰宇志無此名　林積尤溪人見人物志　張僩順昌人舊志作張構寰宇志又重出張構以為劍浦人
皇祐元年己丑馮京榜　廖子孟　楊介石　胡試職俱劍浦人寰宇志無此三人　陳皓尤溪人　曹寶臣沙縣人

五年癸巳鄭獬榜　王知微尤溪人　羅仲元沙縣人

嘉祐二年丁酉章衡榜　陳皐謨　吳潛俱劍浦人

四年己亥劉輝榜　范峒劍浦人

六年辛丑王俊民榜　范峋迪簡之子峋一作岫　馮澤俱劍浦人

八年癸卯許將榜　王端劍浦人見人物志寰宇志無此名　蕭竑尤溪人

治平二年乙巳彭汝礪榜　廖平　練忐　朱甲立　廖

正古俱劍浦人寰宇志無此四人

四年丁未許安世榜　張晃　范峵迪簡之子　楊孚俱劍浦人寰宇志無

此名　蔡柏將樂人　紀輝尤溪人

特奏名 汪瑶尤溪人

熙寧三年壬辰葉祖洽榜 蕭嶼① 鄧棐初以不竄章表忤章惇紹聖中爲御史附蔡卞議詆元祐黨人官至徽猷閣待制 吳君偁 胡璞俱劍浦人寀宇志蕭嶼②作蕭璵與鄧棐俱以爲沙縣人又無胡璞 莊誼尤溪人 張靚沙縣人

六年癸丑佘中榜 葉唐懿 佘行之 葉恕 吳闢 林脩 葉唐稽俱劍浦人寀序③志無吳闢林脩 鄭安道 徐世英 周諝見人物志俱尤溪人諝寀宇志作諧 曹格 俞括 陳珏 鄧甯見人物志俱沙縣人寀宇志以曹格作曹恪

九年己未徐鐸榜 宋宜甫 曹將美 宗毅 蔡元方

校注：①②嶼 ③宇

尤詢　余卞之俱劍浦人寰宇志以曹將美為沙縣人無宗彀蔡元方　楊時將樂人見人物志　盧洙尤溪人　張駕後改名賀見人物志　羅疇見人物志俱沙縣人

元豐二年己未時彥榜　葉唐稷　吳擇　施常　羅仲彥　朱起　張齊俱劍浦人寰宇志以施常為尤溪人又無羅仲彥以下三人

廖正一將樂人見人物志　陳璀見人物志　余援俱沙縣人余援寰宇志作余授

鄧燦順昌人

特奏名　施國張　朱秉彞俱尤溪人

五年壬戌黃裳榜　黃裳第一人見人物志　魏壬　范嵎俱劍浦人寰宇

志及縣志無魏壬

八年乙丑焦蹈榜　楊烈　吳常俱劍浦人寰宇志無楊烈　曹約沙縣人

翁卲順昌人見人物志

元祐三年戊辰李常寧榜　吳佸　黃堯俞　鄧剛　范嶢　楊敦仁　李怺俱劍浦人寰宇志及縣志無楊敦仁李怺　吳天民尤溪人寰宇志以爲劍浦人　陳戩　黃習俱沙縣人　張元暉　余大老俱順昌人

特奏名　連正臣尤溪人

六年辛未馬涓榜　徐麟符　胡璪　胡元勳俱劍浦人寰宇志及

縣志無胡瑗胡元勳

特奏名　林穆尤溪人

紹聖元年甲戌畢漸榜　張孝裕　楊循道俱劍浦人寰宇志及縣志無此二人　蕭恒尤溪人恒寰宇志作塏

特奏名　戴興尤溪人

四年丁丑何昌言榜　馮躬厚　練祗剛　徐公輔俱劍浦人寰宇志無練祗剛　張汝揖　陳升　曹狥俱沙縣人　吳璋　廖天覺俱順昌人各見人物志

元符三年庚辰李釜榜　楊道成　李麟　朱齊旦俱劍浦人

寰宇志無朱齊旦 莊諶尤溪人 張公裕公裕寰宇志作元裕 曹中見人物志
陳城 曹輔見人物志 鄧圓中俱沙縣人
崇寧二年癸未霍端友榜 鄭時可沙縣人
五年丙戌蔡嶷榜 高仁彥 蘇均俱尤溪人寰宇志無高仁彥 張公
孚 趙祚 廖剛見人物志俱順昌人
大觀三年己丑賈安宅榜 張濬 梁澤民俱劍浦人寰宇志無此二
人 黃聲尤溪人 陳麟沙縣人見人物志 鄧公衍 楊武烈俱順
昌人楊武烈寰宇志無武字
特奏名 蔣安上尤溪人

政和二年壬辰莫儔榜　尤深　范洪　嚴環　廖方

吳權　尤伸俱劍浦人寰宇志以嚴環爲尤溪人無廖方以下三人縣志有尤深亦無廖方吳權

黃舉尤溪人寰宇志無此名　曹紹時　陳薦可後復姓羅見人物志

樂公衮俱沙縣人　余適　吳致堯見人物志俱順昌人

特奏名　余闢尤溪人縣志以爲五年特奏

三年癸巳釋褐　曹立沙縣人

四年甲午釋褐　張銖若谷之曾孫沙縣人

五年乙未何㮚榜　吳楷　黃舉　張憲武　張俞　羅仁遠

劉天牧　吳涛俱劍浦人寰宇志縣志以黃舉爲尤溪人又無張憲

武以下五人鍾建侯將樂人曹瑨賢沙縣人鄭公才　鄧公

衎俱順昌人

重和元年戊戌王昂榜　魏貫　陳祇象　范杞　張時

彥　楊申　朱允俱劍浦人寰宇志無此六人林之純尤溪人鄧

序　曹僊俱沙縣人余適權　余適　謝天啓　廖撰

俱順昌人舊志以四人俱爲劍浦人寰宇志又有余適拳即余適權而重出也

宣和二年庚子上舍榜　范悰劍浦人吳士逸尤溪人

釋褐　鄧文饒　甯姓俱沙縣人

三年辛丑何㷉榜　吳方慶　盧安邦　李仕美　余誼

彭澤 李邦 尤昱 劉浩 張傑俱劍浦人寰宇志以盧安

邦李仕美爲尤溪人且無余誼以下六人張翊 張致遠見人物志范引吉

俱沙縣人楊發順昌人

特奏名 莊訢

六年甲辰沈晦榜 楊諄 柯發 宗庠 謝方 林邦

彥 劉昱俱劍浦人寰宇志無此六人楊選將樂人寰宇志作湯選嚴日

休尤溪人鄧琇琇寰宇志作秀鄧騏 羅輿俱沙縣人

建炎二年戊申李易榜 廖瑜 魏郁 范津 伍淵

范彥邦 鄭桂俱劍浦人鍾世明將樂人户部侍郎寰宇志無廖瑜巳下七

人林致用　謝知常　莊光（俱尤溪人）鄧祚（見人物志）鄧祥

余敷　葉隆吉（俱沙縣人）余良弼（見人物志）廖鼎　李祐正

（俱順昌人縣志無李祐正）

紹興二年（壬子）張九成榜　張大中　廖拱　何鐸　伍

頡達　陳僊　吳淦（俱劒浦人寰宇志及縣志只有吳淦無張大中以下五人）

張秀頴（沙縣人）

特奏名　羅從彥（見人物志）

五年（乙卯）汪應辰榜　吳武陵（劒浦人）黃光弼（尤溪人）曹僖

曹襲　陳彭老（俱沙縣人）

八年戊午黃公度榜　張睢　宗裔俱劒浦人寰宇志無此二人　鄧覺

陳淵俱沙縣人　廖伯憲　連潛　廖謙俱順昌人

十二年壬戌陳誠之榜　張廷傑　蔡士龍　羅無咎俱劒

浦人寰宇志無此三人　張夔尤溪人寰宇志以爲沙縣人　鄧覲　鄧服采

俱沙縣人

十五年乙丑劉章榜　鄧⿰目常沙縣人

特奏名　陳惟則尤溪人

十八年戊辰王佐榜　宗昇　段友直俱劒浦人寰宇志無此二人非　俞

肇　陳良弼升之孫俱沙縣人寰宇志及南平縣志俱以爲重和元年進士非

特奏名 黃作德尤溪人

二十一年辛未趙逵榜 廖挺 楊純臣 吳漸俱劒浦人寰宇志及縣志無廖挺而有吳漸今增入 陳損 鄧郊俱沙縣人

武舉 湯鷽第一人將樂人

二十四年癸酉張孝祥榜 廖珪 王宋端俱劒浦人寰宇志縣志無此二人 鄭木沙縣人 余寧順昌人南平縣志以爲其邑人

二十七年丁丑王十朋榜 石應城 黃藻 李信甫 吳人瑞 李友直俱劒浦人寰宇志及縣志無李信甫以下三人 李沖將樂人 陳大年沙縣人

三十年庚辰梁克家榜　李宗　張時發　吴天常俱劍浦人寰宇志及縣志無李宗而有吴天常今增入　嚴均　陳遹俱尤溪人　楊當時順昌人

隆興元年癸丑木待問榜　林希尤溪人南平縣志以爲其邑人　蕭君躬沙縣人　任孝友順昌人

特奏名　林邦幹　嚴日華①俱劍浦人尤溪縣志以二人俱爲其邑人　陳堯佐　詹時發俱尤溪人

乾道二年丙戌蕭國梁榜　陳滂　高人傑俱劍浦人寰宇志及縣志無高人傑　朱紘尤溪人　連茹順昌人

校注：①華

五年己丑鄭僑榜 林振 王葵俱尤溪人南平縣志以林振王葵爲其邑人 廖俣

鄧遠舉沙縣人 廖德明見人物志 楊晦之 黃纖

俱順昌人寰宇志及縣志無黃纖南平縣志以廖德明爲其邑人

特奏名 林希文尤溪人

八年壬辰黃定榜 田澹 黃衍 陳東俱劍浦人寰宇志及縣志無田澹

特奏名 陳瑀第一人劍浦人 吳通尤溪人

淳熙二年乙未詹騤榜 黃谿劍浦人沙縣志以谿爲其邑人 鄧駉見人物志

張存之俱沙縣人縣志以存之爲五年進士

特奏名　卓雲　紀大圭　黃文綱（俱尤溪人縣志又有林帛）

五年（戊戌）姚頴榜　劉文富（尤溪人）　陳大應（沙縣人）

八年（辛丑）黃由榜　高三美　李三有　羅大聘　陳民望（俱劍浦人寰宇志及縣志無高三美羅大聘）　湯渙（將樂人）　陳此（沙縣人）

十一年（甲辰）衛涇榜　鄭光　李衍　鄭康成　黃公信（俱劍浦人寰宇志及縣志無鄭康成黃公信）　紀大章　王訓之（俱尤溪人）　鄧鵬舉（縣志作舉明）　鄧渙　范祥（俱沙縣人寰宇志無范祥縣志以爲十四年進士）

十四年（丁未）王容榜　張顯父　鄧文舉　陳畬遠（考之韻書

(無备字疑即邃字誤分爲二)

張如圭　石中立(俱劍浦人宸□①志縣志無陳备)

(逯)紀徽(尤溪人徽縣志作徽)羅時用(沙縣人)

特奏名　林常(尤溪人)

紹熙元年(庚戌)余復榜　范震(尤溪人)陳光遠(沙縣人)

四年(癸丑)陳亮榜　鄧文龍(沙縣人)

特奏名　吳兕(尤溪人)

慶元二年(丙辰)鄒應龍榜　林舍需(尤溪人)

五年(己未)曾從龍榜　黄友直　余談　吳浼　范倓

廖起宗　崇炳　楊晏　楊子文(俱劍浦人寰宇志及縣志無范)

校注：①宇

俟以下五人　陳子文　盧人瑞寰宇志作盧人世俱尤溪人　張鈴虎

沙縣人

特奏名　林樞　楊王廷俱劍浦人尤溪縣志以此二人皆爲其邑人　陳

駟四尤溪人

嘉泰二年壬戌傅行簡榜　王容尤溪人　曹道沙縣人

特奏名　陳雲卿　卓之才　嚴環俱尤溪人縣志無嚴環

開禧元年乙丑毛自知榜　廖渭劍浦人寰宇志無此名　鄭淵　吳

中　紀淵俱尤溪人　鄧炎沙縣人

三年丁卯上舍釋褐　鄧子克尤溪人寰宇志縣志俱以爲劍浦人元年進士

嘉定元年戊辰鄭自誠榜　陳鶚縣志爲諤言　趙崇彪　趙崇潘　趙崇釐　蕭榮祖　趙汝撫　趙希詠俱劍浦人寰宇志及縣志無蕭榮祖以下三人

四年辛丑趙建大榜　趙崇隆　趙崇璘　趙崇曾　趙峙夫　趙時淳俱劍浦人寰宇志及縣志無趙峙夫以下二人　王申尤溪人　鄧騤　鄧龔之　胡清獻御史　陳玕俱沙縣人　姚琎順昌人

特奏名　鄭勳尤溪人

七年甲戌袁甫榜　葉儀鳳　趙崇鋭　劉次恭　黄萱卿　張庚俱劍浦人寰宇志無次恭以下三人　趙睢尤溪人寰宇志睢作維　鄧

宗仁沙縣人

特奏名 張安劍浦人 黃石尤溪人

十年己丑吳潛榜 彭申 魏夢桂 趙宗濂 陳燁①

黃由行 江楫俱劍浦人寰宇志無陳燁②以下三人 鄭子實 黎大

有 施穎俱尤溪人

十三年庚辰劉渭榜 尤拱之 楊武 馮源俱劍浦人寰宇志無

揚武

特奏名 施政尤溪人

十六年癸未蔣重珍榜 楊浩然 楊淳子 黃眞卿俱劍

校注：①②燁

浦人寰宇志無此三人楊淳將樂人

寶慶二年丙戌王會龍榜趙必延趙必洪趙崇顯

趙崇祺趙崇兖黃復見人物志趙必逢紀濟

湯冲魏嵒呂橋馮子威李多葉參

葉濬趙崇兊趙必躬趙必曼趙崇霘

趙崇照趙崇需趙崇寶俱劍浦人寰宇志以黃復趙必逢為沙縣

人紀濟為尤溪人又無湯冲以下一十四人

特奏名陳光輔沙縣人

紹定三年己丑黃朴榜楊武子蔡應龍趙必衍

鄧煥章俱劍浦人褱宇志無楊武子蔡應龍又以煥章爲沙縣人　陳子大　吳安國　黃子春　吳虎　紀玠俱尤溪人

特奏名　鄭矩沙縣人

五年壬辰徐元杰榜　吳一鳴　宗良　趙孟核俱劍浦人褱宇志無宗良　許合　上官昌新俱尤溪人褱宇志以許合爲劍浦人

特奏名　倪閔劍浦人第一人褱宇志以爲是年進士　羅銧沙縣人

端平二年乙未吳叔告榜　吳瑞　趙孟堈　蔡簡夫　尤厔之　蕭處詔俱劍浦人褱宇志無蔡簡夫蕭處詔　趙阜尤溪人

特奏名　蕭石　黃澄　蕭馬　陳章　蕭燃俱沙縣人

寰宇志以此五人爲是年進士

嘉熙二年戊戌周坦榜　吴應酉劍浦人

特奏名　鄧攀龍　黄汪　樂師叔俱沙縣人寰宇志以鄧攀龍黄汪爲是年進士

淳祐元年辛丑特奏名　鄭垚沙縣人寰宇志以爲是年進士

四年甲辰特奏名　鄧文勉劍浦人　陳卓沙縣人寰宇志以此二人爲是年進士

七年丁未張淵微榜　趙必曮　鄧偘俱沙縣人舊志以爲劍浦人非

十年庚戌方逢辰榜　胡駉淸獻之姪沙縣人

特奏名　翁次益沙縣人寰宇志以爲是年進士

景定二年壬戌方山京榜　吳震劍浦人

甲科　蕭⿰王咢

八行　鄧密　鄧崇　曹端

特奏名　張淵　曹融　陳蒭　曹澡　曹繪　曹

利用　黃嘗時　徐大光　陳羽　翁木俱沙縣人已上

甲科八行特奏名舊志俱不載何年姑附于此

元

元統元年癸酉李齊榜　張本將樂人會試第三十三名見人物志

至正七年丁亥鄉試　周祐南平人

十年庚寅鄉試　周祐第一人再舉　孫伯顔俱南平人

十三年癸巳鄉試　尤英南平人

國朝

洪武三年庚戌鄉試　徐光順昌縣學

四年辛亥鄉試　張文衡　尤旻俱南平縣學

十七年甲子鄉試　季鏞南平縣學　徐子潛順昌縣學

十八年乙丑丁顯榜　鄧文鏗左僉都御史出知德安府轉苑馬寺少卿原沙縣人後屬永安　丁永保沙縣人

二十三年庚午鄉試　石壽　周盛俱南平縣學　陳保訓導順昌縣學

二十六年癸酉鄉試　祝壽　徐貴俱南平縣學　陳山戶部尚書見人物志　張康訓導俱沙縣學

二十七年甲戌張信榜　王苟南平人江西龍泉知縣

二十九年丙子鄉試　蕭訥南平縣學　王暹將樂縣學翰林檢討　翁德順昌縣學

三十二年己卯鄉試　胡昭善學正　王壽俱南平縣學

永樂元年癸未鄉試　方達　朱員訓導　章綸俱南平縣學　紀子康尤溪縣學

二年甲申曾棨榜 李鏞南平人 吳復將樂人復寰宇志作福廣西按察司副使見人物志

三年乙酉鄉試 吳恭府學 王禮第二人南平縣學 陳[illegible]尤溪縣學 黃鎬推官沙縣學 趙曦 盧聚俱順昌縣學

六年戊子鄉試 葉宣 施顯 朱隆 梁觀南平縣學 劉道祥通判 陳蕙同知俱沙縣學

九年辛卯鄉試 朱經 謝瑗 張清俱府學 李勝無為州判官 王勝俱南平縣學 潘宗惠 陳琮 林祖俱尤溪縣學 盧聚順昌縣學

十年壬辰馬鐸榜 葉宜南平人見人物志

十二年甲午鄉試 上官儀 丘良俱府學 范順南平縣學 張聚 蕭驥俱將樂縣學 詹源尤溪縣學 朱庸訓導 鄧祖推官 賴福推官俱沙縣學

十五年丁酉鄉試 包耘 吳壽俱府學 陳淵尤溪縣學 楊賜將樂縣學 廖文昌監察御史 蕭讓學正俱沙縣學 鄧恭 張誠俱順昌縣學

十六年戊戌李騏榜 吳恭南平縣人 張聚將樂人

十八年庚子鄉試 洪宗慶 朱廣 高祐 陳宗俱府學 彭壽 吳寧 朱盟俱南平縣學 林同南平儒士 伍訥將樂縣學

鄭存性沙縣學任訓導　張彬順昌縣學

十九年辛丑曾鶴齡榜　上官儀沙縣人任知縣儀一作檥

二十一年癸卯鄉試　羅勝富　陳得宗俱府學　鄧富南平縣學

蕭順將樂縣學

宣德元年丙午鄉試　王瑀南平縣學上津教諭

四年己酉鄉試　黄資①將樂縣學　葉儔尤溪縣學　劉嗣沙縣學

七年壬子鄉試　吕惠　劉祐俱府學　梁嵩尤溪縣學　周效先

張儔俱沙縣學

十年乙卯鄉試　林慶沙縣人府學　鄧福知縣沙縣學　黄琛將樂縣學　黄

校注：①資

佐順昌縣學

正統元年丙辰周施榜 張儔沙縣人戶部主事

三年戊午鄉試 溫儀第四人將樂縣學

四年己未施槃榜 黃琛將樂人戶部侍郎見人物志

六年辛酉鄉試 符節南平縣學荆州推官 黃英將樂縣學 賴成沙縣學任教諭

十二年丁卯鄉試 梁髙尤溪縣學是年福建鄉試録無此名

景泰元年庚午鄉試 施觀 陳綸俱南平縣學 謝昱順昌縣學光禄寺署正

四年癸酉鄉試 劉璋 羅明俱南平縣學 傅軫將樂縣學

七年丙子鄉試　徐敏將樂縣學，光祿等①丞　朱旭尤溪縣學

天順元年丁丑黎淳榜　劉璋南平人，左布政使，陞都御史，遷工部侍郎

二年己卯鄉試　朱顯　胡啓俱南平縣學

天順八年甲申彭教榜　官榮沙縣人

成化元年乙酉鄉試　吳珙南平縣學

二年丙戌羅倫榜　羅明南平人，陝西按察司副使

四年戊子鄉試　曾拱辰府學

七年辛卯鄉試　余廉第一人，將樂縣學

八年壬辰吳寬榜　曾拱辰新喻知縣　吳珙龍泉知縣，陞戶部主事，俱南平人

校注：①寺

十年甲午鄉試　袁寶府學王福　李鳳翔應天府甲①倶南平縣學

十一年乙未謝遷榜　廖中順昌人山東按察司僉事

十六年庚子鄉試　鄭賢府學余泰將樂縣學陳隆永安縣學

十九年癸卯鄉試　曾侗沙縣學

二十二年丙午鄉試　林文璧尤溪縣學

邵武府

宋

太平興國八年癸未土②世則榜　李巽光澤人見人物志

端拱元年戊子程宿榜　龔識愼儀之子邵武人見人物志寰宇志無此名

校注：①中　②王

淳化三年壬辰孫何榜　龔綿衞尉少①卿定言之子邵武人知桂陽縣寰宇志無此名

咸平三年庚子陳堯咨榜　黄頔邵武人太常博士　龔紀綿之弟邵武人職方郎中寰宇志無此名

大中祥符二年己酉梁固榜舊志作元年姚曄榜　上官昇寰宇志無此名

五年壬子徐奭榜　上官師旦寰宇志無此名

天聖五年丁卯王堯臣榜　龔宗元識之子邵武人都官員外郎寰宇志無此名

八年庚午王拱辰榜　龔會元太常少卿詢之子邵武人禮部郎官　黄埍頔之

校注：①卿

子邵武人屯田員外郎褒宇志無龔會元

寶元元年戊寅呂溱榜 危序邵武人 蕭汝翼泰寧人褒宇志無此二人

慶曆二年壬午楊寘榜 上官凝見人物志 黄汝奇都官員外郎 虞肇見人物志俱邵武人 李誥光澤人見人物志

六年丙戌賈黯榜 高昭邵武人舊志無此名而褒宇志有之今增入 上官拯光澤人見人物志

皇祐元年己丑馮京榜 游烈職方員外郎 吳公達俱邵武人褒宇志無吳公達

五年癸巳鄭獬榜 吳處厚見人物志 上官汲 黄僅弟伸侑俱有俊

贊人目爲三鳳危雍俱邵武人寰宇志無上官汲以下三人龔祖誼泰寧人寰宇志無祖一字

嘉祐元年丙申釋褐黃履第一人見人物志黃伸見人物志俱邵武人

二年丁酉章衡榜黃通見人物志上官塏廣東路轉運判官孫迪父文準以孝義聞俱邵武人寰宇志無上官塏孫迪上官基光澤人見人物志

六年辛丑王俊臣榜吳默公達之弟秘書省校書郎黃侑伸之弟俱邵武人寰宇志無此二人而以黃履黃伸爲是年進士恐非

八年癸卯許將榜龔程識之曾孫李祥諤之弟光澤人見人物志寰宇志以爲邵武人又無龔程

治平四年丁未許安世榜　吳顯邵武人默之弟太僕卿　蕭汝器泰寧人　謝詷建寧人見人物志　上官裕光澤人基之子寰宇志只有謝詷而無吳顯蕭汝器上官裕

熙寧三年庚戌葉祖洽榜按本郡有瑞軒記是年郡人登榜者九十有四人今逸其七

上官均邵武人凝之子考官蘇軾等取置第一策中用易句華而當其悔乃亡語忤時相王安石乃居第二詳見人物志　葉祖洽第一人泰寧人見人物志　李紳建寧人　上官濟　何與京　何與猶　蕭維寰宇志無上官濟以下四人

六年癸丑余中榜　孫諤迪之子邵武人見人物志　鄒斐泰寧人見人物志

九年丙辰徐鐸榜　上官彝　李深詰之子光澤人見人物志寰宇志無上官

彝

元豐二年己未時彥榜 謝濬師稷之父 吳表深師孫泰山又師胡安定知饒州 李夔中大夫以子綱恩贈太師衞國公見人物志 黃德裕裕寰宇志作祐 吳思爲政敏達長於議論俱邵武人寰宇志無謝濬 上官敦復未詳何縣 上官行椽之孫知解州 上官公頴俱光澤人寰宇志無上官敦復公頴

五年壬辰黃裳榜 上官合 吳點黯之弟邵武人見人物志 謝皓詷之從子建寧人見人物志寰宇志無上官合

八年乙丑焦蹈榜 上官愜均之再從子 上官憕塏之子 朱蒙正俱邵武人並見人物志

元祐三年戊辰李常寧榜　朱朝倚侍御史知舒州　黃邦彥　危詠　龔貺會元之子通判真州俱邵武人寰宇志無黃邦彥以下三人

六年辛未馬涓榜　上官怡邵武人見人物志寰宇志無此名

紹聖元年甲戌畢漸榜　上官恂塏之子教授興化軍　黃中美俱邵武人見人物志寰宇志無上官恂　鄒括泰寧人斐之第見人物志　謝黼洵之子中博學宏詞第一見人物志　李勉知順昌縣俱光澤人寰宇志以李勉爲邵武人謝黼爲泰寧人

四年丁丑何昌言榜　李師聃建寧人　吳璋光澤人知韶州寰宇志無此二人

元符三年庚辰李釜榜　黃潛善偃之從弟終尚書左僕射妬賢嫉能主和誤國

遂李綱①沮宗澤深爲士論所鄙兄潛厚爲户部尚書 黄伯思履之孫見人物志 蕭韶泰寧人宷宇志無此名 王防建寧人

崇寧二年癸未霍端友榜 葉兊泰寧人見人物志

五年丙辰蔡嶷榜 吴儔明見人物志 謝錫朋 謝祖仁南安教授俱邵武人宷宇志無錫朋祖仁二人

大觀三年己丑賈安宅榜 朱生邵武人知郴州

四年庚寅釋褐 上官公陟

政和二年壬辰莫儔榜 上官愔均之子延平守 李綱夔之子見人物志 季陵見人物志 盧奎江西運判 謝如意見人物志 上官公綽 上

校注：①顯

官惕曹州户曹俱邵武人寰宇志無謝如意以下三人

五年乙未何㮚榜　鄧邦寧知漳州　上官維祺俱邵武人　謝尋知潮州　上官致孝　謝喆長樂令　朱震詳見人物志寰宇志無上官維祺以下五人

六年丙申釋褐　上官閎

重和元年戊戌王昂榜　何兌見人物志　鄧根邦寧從弟廣西經畧　上官祝恢之子為敕令所刪定官　上官公舉　上官閎　上官閈　謝詩教授澧州俱邵武人寰宇志無上官祝以下五人

特奏名　上官愉武安軍節度推官本郡特奏名舊志但記上官氏餘無可考

宣和六年甲辰沈晦榜 上官全節 謝祖信官至潭州安撫俱邵

武人寰宇志

無此二人

七年乙巳釋褐 黄應南泰寧人見人物志

建炎二年戊申李易榜 上官汝明邵武人會昌尉寰宇志無此名

紹興二年壬子張九成榜 黄章履之從曾孫見人物志 朱岊章之弟太

守 上官燁①新淦尉俱邵武人寰宇志無朱岊上官燁

五年乙卯汪應辰榜 黄中章之兄第二人見人物志 謝如圭師稷之子太常

少卿孫鎮諤之子官至知州嘗作義莊俱邵武人寰宇志無孫鎮又以謝如圭爲三十年進士

黄庚泰寧人有器識判辰州

校注：①曄

十二年壬戌陳誠之榜　馮諤邵武人　江廷賓泰寧人

十五年乙丑劉章榜　黃徹邵武人寰宇志無此名

十八年戊辰王佐榜　王人鑑建寧人博學能文人目為策虎終贛州判　黃克仁見人物志泰寧人　謝鴻僉判　謝份靜江經幹寰宇志無此二人

二十一年辛未趙逵榜　朱政恭蒙正之孫邵武人寰宇志無此名　劉孝恭建寧人

二十四年甲戌張孝祥榜　黃永存中美之子邵武人見人物志寰宇志無此名　張敦義建寧人見人物志

二十七年丁丑王十朋榜　趙善俊邵武人見人物志　丘哲苦學清脩

終通直郎趙汝舟俱建寧人黃敦義光澤人以六經詩賦教七子皆有成立曰演者最顯

二十年庚辰梁克家榜謝源明如圭之子終尚書成都安撫吳英見人物志俱邵武人寰宇志無謝源明趙善佐見人物志丘翔俱邵武人寰宇志無丘翔

隆興元年癸未木待問榜趙善榜善俊之弟黃遹忤韓侂胄黜爲江西提刑俱邵武人謝酬酢推官寰宇志無此名

特奏名上官粹中見人物志

乾道二年丙戌蕭國梁榜俞豐建寧人見人物志上官駿寰宇志無此名

特奏名 上官瑩中 賀州文學博通傳記學者紛集

五年己丑特奏名 上官太亨 寧德尉

八年壬辰黄定榜 趙善儀 湖北安撫 趙善儌 趙善恭 見人物志

趙善雘 俱善俊之弟

淳熙二年乙未詹騤榜 任希夷 見人物志 饒幹 由吉水尉轉知長沙縣適朱文公爲守幹夙興治事暇即聽講後知淮安軍卒俱邵武人

五年戊戌姚頴榜 黄渙 敦義之子光澤人南省第一見人物志寰宇志無此名

特奏名 上官賁 見人物志 上官伯忠 中州文學

八年辛丑黄由榜 俞聞中 邵武人知黎州

紹熙元年庚戌余復榜 吳炎見人物志 黃靜夫 李東綱之族孫

知衡州俱邵武人寰宇志無黃靜夫

四年癸丑陳亮榜 黃大全邵武人寰宇志無此名 張壽建寧人 李文

子方子之弟光澤人知潼川府

慶元二年丙辰鄒應龍榜 鄒應龍泰寧人第一人見人物志龍一作隆 黃

樵 上官簡寰宇志無此二人

五年己未曾從龍榜 蕭舜咨泰寧人魁南省終江西提刑

特奏名 上官損 上官必克俱見人物志

嘉泰二年壬戌傅行簡榜 黃桀邵武人見人物志 鄒應麟應龍之弟

任亨之（俱泰寧人寰宇志無任亨之）張汝明（建寧人見人物志）

開禧元年（乙丑）毛自知榜　鄒應博（泰寧人應龍之從弟江西提刑見人物志）

黃順之　龔宗顯（寰宇志無此二人）

嘉定元年（戊辰）鄭自誠榜　上官渙酉（邵武人愿之曾孫見人物志）黃

範（寰宇志無此二人）

四年（辛未）趙建大榜　劉綱中（建寧人）李閎祖　李壯祖（閎祖

之弟俱光澤人上三人俱見人物志寰宇志無李閎祖壯祖）

特奏名　上官發（官助教誠實孝謹）

七年（甲戌）袁甫榜　葉武子（邵武人見人物志）杜東（杲之兄）杜耒（東之

翁飿詩俱邵武人 李方子光澤人兼三人見人物志寰宇志無杜耒李方子

十年己丑特奏名 上官琦官廉州文學以文藝傑出流輩 上官昂迪功郎

上官知方曲江簿

十六年癸未蔣重珍榜 廖復之建寧人倅宜州結約羅蠻諭以大義諸蠻翕然

聽命

特奏名 上官啓宗寧德丞

寶慶二年丙戌王會龍榜 趙崇游建寧人

紹定三年己丑黃朴榜 丘登建寧人 丁朝佐寰宇志無此名

淳祐元年辛丑徐儼夫榜 上官渙然邵武人渙酉之弟見人物志 連

翼之建寧人　任尚寰宇志無上官澥然及任尚

四年甲辰留夢炎榜　上官子進邵武人萍鄉尉寰宇志無此名

特奏名　上官應祺通直郎　上官庸滁州司戶參軍

七年丁未張淵微榜　上官天錫寰宇志無此名

十年庚戌方逢辰榜　吳酉建寧人

特奏名　上官彥華①宜黃丞

寶祐元年癸丑姚勉榜　危昭德邵武人見人物志

四年丙辰文天祥榜　吳季子邵武人國子監丞寰宇志無此名

景定三年壬戌方山京榜　余侁　趙良硂　謝煩　謝

校注：①華

廷薦寰宇志作張廷薦俱建寧人

咸淳元年乙丑阮登炳榜　黃公紹邵武人舊志無此名而寰宇志有之今增入

危徹孫昭德之子

四年戊辰陳文龍榜　張朝英建寧人

七年辛未張鎮孫榜　林順豫邵武人通判本軍元大德間為台州教授

元

泰定四年丁卯李黻榜　黃清老邵武人見人物志

國朝

洪武十七年甲子鄉試　周文通府學　黃伯圭光澤縣學

十八年乙丑丁顯榜　周文通邵武人給事中　黃裕圭光澤人監察御史

二十三年庚午鄉試　吳言信府學

二十四年辛未許觀榜　吳言信邵武人第三人翰林院編脩

二十九年丙子鄉試　程晃建寧縣學曲江訓導

三十二年己卯鄉試　陳顒府學終縣丞　黃寧亭班光澤縣學　吳琬建寧縣學是年福建鄉試録無此名

三十三年庚辰胡廣榜　吳琬建寧人户部員外郎

三十五年壬午鄉試　李晉安建寧縣學陽春教諭

永樂元年癸未鄉試　花聞生　劉求賢　黃埜　王定

吴禔　高誠知府　陳子良教諭　黃成宗訓導俱府學
二年甲申曾棨榜　花閏生見人物志　劉永賢貴州布政司左參政　王定
行人司行人　吴禔江西按察司僉事　黃埜寧遠縣知縣俱邵武人
三年乙酉鄉試　張安廣昌教諭　鄧希寧宜興教諭俱府學　黃惠邵武縣學
鹽運司判官　蕭吾義泰寧縣學應天府中金華①知縣　黃迪　官冕贛州教授
黃勉東流教諭俱光澤縣學
六年戊子鄉試　吴璽戶部侍郎見人物志　詹和副理問　許銘生　周
賢生衛經歷俱邵武縣學　李兆崇化教諭　楊善榮清遠訓導俱泰寧縣學　張
誠　余隆員外郎俱建寧縣學　周士能光澤縣學是科福建鄉試録無許銘生周

校注：①華

賢生張誠

七年己丑蕭時中榜　張誠泰寧人見人物志

九年辛卯鄉試　魏達臨高知縣　朱滿清遠訓導　曾直廷俱府學　朱維

禎邵武縣學任知縣　王賢臨川教諭　鄒安初從王姓名勝安安翰林檢討　梁福

慶東陽訓導　黃清賓州學正俱泰寧縣學　官望建寧縣學

十二年甲午鄉試　黃克昕德慶府同知　官本歙縣縣丞　楊孟知縣俱府

學　李得全　官駒俱邵武縣學是科福建鄉試錄無楊孟　王紹宗

李義教諭　伍寧淳安教諭　王禴　黃端俱泰寧縣學　黃亰昌建寧學

縣學　黃正崇德教諭　高用　江禮初瑞安訓導俱光澤縣學

十三年乙未陳循榜　官琚戶部郎中琚登科錄作駒　李得金監察御史俱邵武人　李紹宗泰寧人浙江按察司僉事　黃原昌建寧人戶部員外郎

十五年丁酉鄉試　官佑舊志作上官佑弋陽知縣　李居正萍鄉教諭　王靖石城教諭　張先程鄉知縣　朱甫沅州判官　吳環鬱林州同知　范繼藍山訓導俱府學　丘繼邵武縣學工部主事　黃回祖　范永昭灌陽訓導　蕭贇新城訓導俱泰寧縣學　張義建寧縣學　侯端　官銘醴陵教諭俱光澤縣學

十八年庚子鄉試　黃子祿桂林教授　諶敬奉化教諭　曾泉海寧教諭俱府學　黃瑛邵武縣學慶都教諭　蕭僙泰寧縣學　謝信建寧縣學台州教授

十九年辛丑曾鶴齡榜　曾貞保邵武人浮梁知縣　侯端光澤人溧陽知縣

二十一年癸卯鄉試　曹泰後復姓陳見人物志　王勉　李文禎惠州知府　王贇教諭俱邵武縣學　謝灝　李秉組俱建寧縣學　傅璿茂名教授　朱光顯龍游知縣俱光澤縣學

宣德元年丙午鄉試　李惟穀邵武縣學廣化訓導

四年己酉鄉試　丘九思府學嘉興教授

七年壬子鄉試　余智泰寧縣學揭陽教諭

八年癸丑曹鼐榜　黃回祖泰寧人翰林庶吉士

十年乙卯鄉試　龔斆邵武縣學　高敬光澤縣學永新縣丞

正統元年丙辰周旋榜　龔斆邵武人鹽運使

六年辛酉鄉試　徐溥邵武縣學　陳秉中泰寧縣學山陽訓導　李舟光澤縣學富陽教諭

七年壬戌劉儼榜　鄒允隆泰寧人見人物志鄉試失記何科

九年甲子鄉試　鄧敬諸城教諭　危俊許州訓導俱光澤縣學

十二年丁卯鄉試　謝灝邵武縣學　黃端建寧縣學

十三年戊辰彭時榜　徐溥邵武人監察御史

景泰元年庚午鄉試　朱濬光祿錄事　官肇和　聞永海豐訓導俱府

學楊靖蓬溪訓導盧孟宜黃教諭俱邵武縣學阮肇泰寧縣學董英建寧縣學興寧知縣

二年辛未柯潛榜　謝濂台州人隨父官占籍邵武廣東布政司參政

四年癸酉鄉試　周灝海鹽知縣謝頎錢唐知縣俱府學葉茂泰寧縣學河南按察司僉事胡昇建寧縣學松江府學訓導

七年丙子鄉試　李富邵武縣學歸善知縣

天順七年癸未彭教榜　余志建寧人石阡知府

成化四年戊子鄉試　朱欽府學

七年辛卯鄉試　甯堅邵武縣學李夔建寧縣學

八年壬辰吳寬榜 朱欽邵武人監察御史

十年甲午鄉試 崔中邵武人府學任教諭 江福泰寧縣學

十三年丁酉鄉試 孔經邵武縣學

十六年庚子鄉試 梁嵩泰寧縣學任教諭 蘇信永安縣學應天府中

十七年辛丑王華①榜 孔經邵武人

十九年癸卯鄉試 羅紳府學 吳剛建寧縣學

八閩通誌卷之五十二

校注：①華

選舉

科第

興化府

唐

貞元七年辛未尹樞榜　林藻莆田人見人物志

十八年壬午徐晦榜　許稷莆田人見人物志

光啓四年戊申薛貽矩榜　陳嶠莆田人大理司直兼殿中府御史有文集數卷

乾寧元年甲寅蘇檢榜　徐寅莆田人見人物志　陳乘興化縣人天復間退

居汝里與王延彬鄭良士徐寅以詩相唱和

二年乙卯趙觀文榜　黃滔莆田人見人物志

三年丙辰崔詡榜　翁承贊莆田人見人物志

天祐二年乙丑歸係榜　楊在堯仙遊人

三年丙寅裴說榜　翁襲明莆田人承贊之弟終秘書郎　陳光義仙遊人

四年丁卯崔詹榜　陳淑莆田人嶠之從子福建觀察推官

五代

梁開平二年戊辰崔邈榜　陳沆魏①博節度辟爲判官　鄭希閔俱莆田人

宋

校注：①博

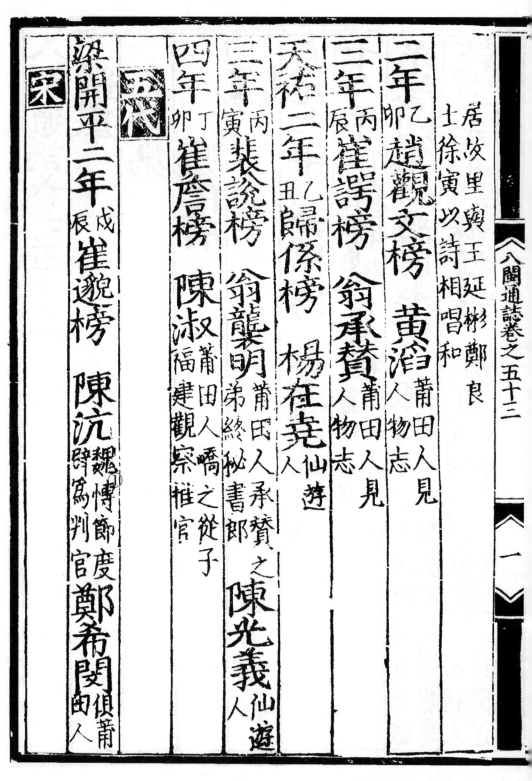

太平興國五年蘇易簡榜 薛巒興化縣人莆陽舊志無此名而寰宇志有之今增入

八年癸未王世則榜 李欣莆田人見人物志

咸平元年戊戌孫謹榜 鄭褒莆田人希閔之孫有文集三十卷清源志載褒惠安人

二年己亥孫暨榜 陳絳莆田人見人物志

三年庚子陳堯佐榜 方慎言見人物志 方儀太平興國中伏闕上書乞建軍學歷大理寺丞遷著作佐郎 陳甲允之曾孫終大理寺丞俱莆田人

景德二年乙巳李迪榜 翁緯承贇之孫新會知縣 方慎從慎言之弟終都

官郎中俱莆田人三山志以翁綿爲福清人　葉賓仙遊人見人物志

大中祥符元年戊申　姚曄榜　李昂欣之從子莆田人　蔣俞仙遊人

陳拱興化縣人

四年辛亥　張師德榜　陳正辭莆田人

五年壬子　徐奭榜　陳端沆之孫終太常博士知潯州　李堯昂之弟俱莆田人

方偕興化縣人見人物志

八年乙卯　蔡齊榜　林徽藻之族孫秘書丞　陳深嶠之孫①濮州司理參軍　黃

肇秘書省校書郎信州推官俱莆田人

天聖二年甲子　宋郊榜　鄭充　林瑀藻之裔孫太常博士康定初仁宗親

校注：①濮

擢天章閣侍講正言梁適劾其干內降不聽尋命與徐復同修周易天人會元紀賜五品服有太玄經註十卷太玄釋文一卷唐書純粹一百卷 **翁損** 朝奉郎殿中丞俱莆田人 **廖鈞** 仙遊人著作郎守開封府戶曹

五年丁卯**王堯臣榜** **宋堂** 宣德郎楊①州觀察推官 **劉師古** 宣德郎真州僉判 **陳用之** **王獻可** 太子中舍致仕 **林偳** 承奉郎楚州錄事參軍俱莆田人 **蔡襄** **張式** 犬②常博士歷知濠州壽州俱仙遊人 **陳鑄** 興化縣人見人物志

八年庚午**王拱辰榜** **陳說之** 絳之子本第一人夏竦與絳有宿憾奏濫臣之子不可居人上降第六人終秘書丞 **陳動之** 說之之弟秘書丞贈銀青光祿大夫 **鄭方** 褒之子 **方任** 偕之弟 **陳溥** **方峻** 職方員外郎贈金紫光祿大夫 **林藹**

校注：①揚　②太

林茂先[太常卿] 游振[俱莆田人] 蔡襄[仙遊人見人物志] 鄭子莊[興化
縣人朝奉郎
太常博士
景祐元年[甲戌]張唐卿榜 鄭隣 鄭伯玉[見人物志] 陳可
翁操[損之弟奉議郎] 翁鑑[承贊之孫建昌軍判官] 蔡昌齡 徐洽
李昭物[秘書省校書郎] 陳良[龍溪簿] 王洞[著作佐郎] 方倪[生之從弟平海
軍節度推官] 方嶠[峻之弟見人物志] 陳利和 方龜年[儀之從孫屯田
郎中有群書新語經史辯題俱莆田人] 劉拯 張平叔 楊暈 蔡
準[贈太師] 陳誥 葉傳[寳之子晉江尉贈少師] 蔡高[襄之弟見人物志俱
仙遊人] 陳昭素[三司判官興化縣人]

諸科 黄價滔之曾孫容州司理叅軍 徐奕 方正中儀之子泉州長史

龔芳

寶元元年戊寅呂溱榜 陳安國嶠之孫大理寺丞 林讓洪州察推 丁

彥先校書郎 吳世延朝奉郎屯田員外郎知梧州有詩集二十卷多與周濂溪唱和

李昭用 黄琦 楊伯華 翁彥升職方郎中知歸州歷端州

梓州俱莆田人三山舊志以翁彥升為福清人今依莆陽雜志增入 許積仙遊人見人物志

諸科 留萬

慶曆二年壬午楊寘榜 鄭伯英充之從子知縣 宋瑜堂之從子平江軍節

度掌書記①莆田人 吳乘 吳秉乘之弟 郭琪朝奉郎屯田郎中 阮遵

校注：①俱

山南東道節度推官轉通直郎鄭之尤充之從孫國子博士丘子雲　許章

屯田郎中知建州許程積之兄潯州司户參軍俱仙遊人

諸科　鄭僑充之從姪三禮出身知南劍州改知漳州陳衍　陳鑑臣

林策

六年丁未賈黯榜　林英太常卿丘舜元　陳照　洪牧

林諮　林汝平太常博士劉孝基　陳藻　方士寧

峻之子都官員外郎贈通奉大夫鄭伯喈伯玉從弟屯田員外郎知滄州咸平縣贈朝議

大夫陳琪著作郎黄從正朝奉郎職方員外郎終福州通判許頡著作郎

方萊慎言之姪右司郎中朝奉大夫知潮州俱莆田人許懋見人物志余象見人

物志俱仙遊人

諸科陳韡通直郎

皇祐元年己丑馮京榜 杜諮 黄長裕大理評事知海豐縣 黄允

滔之從孫秘書省校書郎 林俛奉議郎知惠州 李昭文福州連江尉有詩集 方簡

寔 歐陽愿 徐諤 方遵度福州司法參軍 王公輔

陳啓期沆之來孫福建路常平提舉贈通議大夫 林卞俱莆田人 丘子諒

吳演 鄭昇校書郎 陳公言宣義郎知長樂縣贈通直郎 陳淳

蔡立 陳方寰宇志作陳闢歷知漳州建州萊州終朝請大夫俱仙遊人 方次

彭興化縣人見人物志

五年癸巳鄭獬榜 方子容 峻之子朝請郎知惠州贈通奉大夫 鄭季膺 濟之群從司法參軍 鄭叔明 伯玉之子承奉郎知順昌縣 吳評 泉州司戶贈正議大夫 黃諭 肇之從子秘書省校書郎 方齋卿 儀之從曾孫朝奉郎知邵陽縣贈中散大夫 方孝錫 給事郎守殿中丞 鄭希韓 靖之從弟朝奉郎知道州 陳奎 淑之族孫朝散郎知汀州致仕赦恩遷朝散大夫贈太中大夫 鄭介卿 希韓之從子校書郎知濠州俱莆田人 蔡瑱 李昴 昴襃字志作昴俱仙遊人 黃中庸 璞之後興化縣人太常博士溫公薦其才除浙西提刑未拜命而卒

諸科 蔡禹謨 游愷 鄭尹 仙遊人 丘從 方愼交 愼言之從弟州文學

嘉祐二年丁酉章衡榜　林輔德　陳若實　林仲備之弟見
人物志　顧寀　陳侗動之之子見人物志　林晃　林子春俱莆田人
諸科　宋弁堂之族　方洞次彭之子三禮出身諸王宮大小學教授　俞則之
黃維翰滔之玄孫歷龍溪仙遊華亭主簿　王世鄉①　鄭必迪尹之群從
許州判官贈大理寺丞
六年辛丑王俊明榜　陳睦第二人動之之子見人物志　徐向　方場
俱莆田人　許畺仙遊人樹之弟
諸科　呂志寧許之族大理寺丞
八年癸卯許將榜　黃祖陶宣德郎知濟州禹城縣　陳彼望淑之曾孫通直

校注：①卿

郎惠州僉判 鄭令卿介卿之弟通直郎 李昭遠御試貴畏以饗福賦本中第三

人及第以誤寫御題降第三甲第一人改承奉郎大理寺丞知江州有力江集 鄭前尹之從子

陳伎 王鎮知河南永寧縣俱莆田人 章啓宗仙遊人

諸科 劉景陽第一人 李昭逢

治平二年乙巳 彭汝礪榜 周譚 柯濟 方希皐蓁之子貢

州司法參軍俱莆田人郡志無柯濟寰宇志有之今增入 黃宁仙遊人

四年丁未 許安世榜 黃降更名隱見人物志 林端 黃理隱之從父

校書郎終臨安府教授 方孝述孝錫之兄廣州推官 陳孺 鄭剛朝奉大夫

福州通判 方仲宇嶠之子著作佐郎南安令 黃君俞見人物志寰宇志作陳均俞非

俱莆田人朱紱見人物志陳瑄諤之子陳大卞見人物志傅楫見人物志

葉牧實之從孫俱仙遊人方騁道興化縣人次彭之子從政郎知晉江縣

熙寧三年庚戌葉祖洽榜　陳適　林辟非　陳之邵奉議郎壽州僉判有壺山集三十卷俱莆田人蔡京準之子歷翰林學士承旨遷尚書左右僕射改太宰加司空冊拜太師進封魯國公為相二十年擅權植黨迷國誤朝馴致宗社播遷靖康初連貶竄後①儋州行至湖南而死人猶以不以正典刑謝天下為恨蔡卞京之弟王安石妻以女紹聖中除尚書左丞締交章惇安惇與兄京同惡相濟起史禍興同文館獄斥元祐諸臣禁其子孫時號二蔡徽宗立罷知江寧府崇寧初知樞密院事加太子太師已而與京不協出知河南府加觀文殿太②學士入為侍讀檢校少保卒贈太傅謚文正紹興中追貶單州團練副使葉阜賓之從孫

校注：①移　②大

鄭汝質前之從子俱仙遊人方次夔興化縣人次彭之弟叅議郎

諸科　方演慎言之從子宣德郎鄭棐希韓之從弟徐布　林伯材泉州司戶

六年癸丑余中榜　劉覺師古之孫朝奉郎河南府少尹方儼慎從之孫改名价知壽州安豐縣用薦召赴堂審蔡京以其不私詣報罷尋復以朝奉郎知候官縣未幾掛冠而歸焉

方輔宋嶠之子更名宙見人物志陳孝純端之孫朝散大夫知循州方毅齊卿①之子歷四州通判三州太守終朝請大夫黃憲章　鄭仔　鄭毅希韓之從姪林嗣先秀州錄事叅軍監秀州海盐盐場贈朝散郎鄭盤司法叅軍方通慎言之孫諸王府翊善坐子軫上書責監温州酒稅靖康初復官以朝請大夫致仕贈朝議大夫有

校注：①卿

文集二十卷詠史十卷雜志十卷詩書義解三十卷陳中復端之孫見人物志王劭

齊州司理參軍陳璪俱莆田人陳次升見人物志鄭習許巽積之子

王田見人物志陳開太常博士通判滄州雄州朝奉大夫宗正寺丞贈金紫光祿大夫

余授象之從子校書郎朝請大夫京西路提舉俱仙遊人

諸科歐陽伸詹之後古田令翁抃損之弟福州長史林嗣宗嗣先之兄

福州閩清尉劉希文陳礪吳世南翁載承贄之孫徐

清臣周長卿林說李昭素方灌演之弟文學

九年丙辰徐鐸榜徐鐸第一人寅之孫紹聖末以給事中直學士院與蹇序辰同編類

元祐諸臣章疏徽宗時為豐稷所論出知湖州崇寧中拜禮部尚書進吏部贈開府儀同三司有易

談二十卷群書總要一百卷方會見人物志徐銳鐸之兄朝奉郎贈宣奉大夫林

植茂先之子葉曹①朝散郎僉書威武軍節度判官林田甫更名深之朝奉郎管勾開

封府都廂公事卓厚除監察御史遷殿中侍御史轉承議郎尚書吏部員外郎陳志

陳瑗俱莆田人陳覺民見人物志林豫見人物志許異巽之弟俱仙遊人

諸科陳箴鄭君陳前之從弟承奉郎宋琮堂之從子福州司理方

湊演之弟蔡士衡宣德郎林識林國輔將作監簿黃周輔

維翰之弟將作監簿鄭伯奇伯玉之從弟將作監簿王繹

元豐二年己未時彥榜宋觀堂之孫開封府少尹以朝請大夫出知漳州黃

中奉議郎鄭至道叔明之子知韶州樂昌縣有諭俗編方師顏倪之子劉

校注：①胄

祕宣德郎湖州烏程縣丞 謝斯立 陳嘉劭淑之孫惠州海豐令贈朝議大
夫 莊宗正福州福清縣令 李敦錫俱莆田人 朱實綬之從子祕書丞入元祐
黨起知南雄州不赴 蔡觀俱仙遊人 方公袞洞之從子諸王宮大小學教授 方安
道次彭之子儒林郎鎮潼軍節度掌書記 方原道次彭之子從政郎循州龍川縣令俱
興化縣人
諸科 徐楷 方伯通孝錫之從子 鄭甫 劉景山 林
楷 方次皐次彭之弟知羅源縣 方濬湊之弟將作監簿 洪倣 林
矩藻之族孫將作監簿 方廷年龜年之從弟主簿 蔡昇 張國
五年壬戌 黃裳榜 徐確見人物志 吳公輔評之從子平海軍節度推官 吳

公懋評之子朝請大夫知泗州有文集林萱嗣先之子朝散郎知餘姚縣林貺
林定英之子太常卿鄭濟見人物志許安雅王焯建州司理參軍方
伯鎮孝錫之從子朝奉郎宗學博士黃恭恭寰宇志作泰鄭僉奉議郎盱眙令俱莆
田人許克夫巽之子仙遊人林髦自之姪朝請郎通判衢州興化縣人
特奏名　翁景文損之子鄭若谷　宋琥堂之從子承議郎朝①州判
官蔡翟　郭宏
八年乙亥焦蹈榜　方希樸蓁之從子朝散郎通判撫州楊英　鄭叔
僑叔明之弟見人物志黃叔延　方瓌俱莆田人許敦仁仙遊人秘書省
校書郎擢監察御史以附蔡京亟遷右正言除起居郎守殿中監拜御史中丞因請五日一朝左遷

校注：①潮

兵部侍郎葉確賁之從子河北路提舉見人物志

特奏名鄭伯奭伯玉之群從推官顧孚王覯阮之才

遵之子奉議郎知南雄州宋理堂之猶子宣教郎知瓊州瓊山縣葉銳芳之子徐

膺確之從弟見人物志陳南朱綖綖之兄漳州司戶贈正議大夫黃恕滔之

來孫終南劍州司戶

國學上舍兩優釋褐林自髦之叔黨附蔡卞與薛昂競推尊王安石而擠

排元祐終太常博士有周易解莊子解詩文集

元祐三年戊辰李常寧榜陳彥恭①侗之子戶部郎中許國知潮陽縣

丁景常彥先之猶子閩縣簿俱莆田人

校注：①侗

特奏名　蔡元龜　方禴慎言之從子真州真陽簿　洪延宣教郎　方
叅知南安縣　陳君弼　鄭子卿令卿之弟浦城縣尉　蔡叔庠
六年辛未　馬涓榜　方臨禴之從弟朝奉郎提舉廣南東路學事有詩集　宋琢堂之
從子通直郎知台州天台縣　鄭亨道至道之弟泉州惠安簿　陳安仁大卞之子
宣德郎江寧府司法叅軍　余萬　鄭事道伯玉之孫朝奉郎知邵武軍有小莆川文
集　吳卞　翁景述景文之弟筠州筠陽尉俱莆田人　洪中國子監司業提
舉福建路學事　傅權太學錄　許實興之兄　陳與　傅希龍楫之從子
承議郎知漳州以不附蔡京蔡卞入邪等　傅求楫之從子通直郎俱仙游人　方叔震
次夔之子省試第二人紹聖四年中宏詞科從政郎曹州教授　林成材遷子司業愽朝奉郎

終知汝州俱興化縣人

特奏名 方師旦 劉晞 陳因 陳諮 林晙

方元宷士寧之弟見人物志

紹聖元年甲戌畢漸榜 方佩慎從之孫平海軍節度推官 鄭元輿濬之

群從國子博士承奉郎秦鳳路提舉學事 王壽大理寺丞朝散郎通判夔州 陳惟仲

甲之孫朝奉郎通判岳州 阮駿見人物志 陳顯仁大卞之子朝請大夫見人物志 陳

彥和動之之孫中奉大夫 許堯輔俱莆田人 傅諒友楫之子膳部員外郎改祠

部知和州有氷廳文集 黃顯提舉廣東學事知儋州 傅巖楫之從子俱仙遊人 林

迪興化人見人物志

特奏名　葉伯元確之父　吳詔①評之從弟建州司戶贈朝議大夫　鄭貽

慶　張弼紹聖二年五月賜號葆光處士三年九月特授福州司戶充泉州學教授有葆光易鮮黃裳為亭

四年丁巳何昌言榜　方天若正中之子②弟二人善章惇蔡京初除漳州推官未行召對除秘書正字累遷右文殿修撰方京得志時收置門下頼其傾險以為腹心大起犴獄多斥善士天下寃之官終知泉州有文集　黃致　方監龜年之從孫承議郎廣南東路提舉學事贈太中大夫　陳國瑞朝請大夫直顯謨閣福建路轉運使　鄭嚴　王楫信州上饒令　陳道本　林積仁見人物志　陳難　陳興京國瑞之父德化縣令贈正議大夫　方旬見人物志俱莆田人　林頏　陳覺詹俱仙

游人 陳旻興化縣人

特奏名 翁希愈承贊之孫 方伯宗 陳覬 歐陽翼

元符三年庚辰李釜榜 葉居中①冑之子見人物志 宋執中堂之從孫

承奉郎肇慶府教授 陳彥直動之之孫潁州司户 蘇煒徽猷閣待制禮部侍郎 陳

武佑 方綖濬之從弟安州應山令 黃國鎮提舉禮建路常平事 鄭升

之奉議郎平海軍僉判 蘇棫煒之弟國子司業贈朝散郎 顧天均一名端禮朝奉

大夫知新州有黃庭經註 余祖禹更名祖奭見人物志 方禧慎從之孫殿中侍御史

姚安仁文林郎 黃琮見人物志 鄭敏之升之之弟 方振龜年之曾孫朝

奉大夫知越州贈正奉大夫 王諮福州古田尉 林宋翰 林冲之見人

校注：①冑

物志陳彥方彥和之兄大理評事宋邦光堂①之從孫朝奉郎知漣水軍俱莆田人

陳皐開之子鄭與權汝賢之姪傅義夫楫之子朝奉大夫兵部侍郎贈中奉

大夫郭安行陳驥②見人物志黄沔顯之姪秘閣修撰江浙福建廣南等路提

點抗冶使陳髙見人物志王履泉州教授以名同元祐黨籍改名庠充國子博士轉承事

③涌判施州終朝奉郎余賔俱仙遊人

特奏名李國④良方伯逢孝錫之從子林載華方适

見人物志宋琮理之弟大觀初以八行舉從政郎鳳州文學葉寶臣傳⑤之子保州文

學例贈少傅以避父諱降贈少保丘向

崇寧元年癸未霍端友榜林震見人物志林汴阮天輔朝奉

校注：①漣　②驥　③缺“郎”字　④國　⑤傅

郎常州司錄贈中奉大夫方符①皆之從子泉州同安丞林思明定之子陳筅

古田縣尉方叡 顧天倪天均之兄朝請郎同史館編修出為泉州通判俱莆田人

蔡佃仙遊人見人物志陳維剛興化縣人朝散大夫提舉鼎澧路弓弩手有燕山集

特奏名 林安義 翁師回朴之子阮輅

三年甲申特賜進士出身是歲建辟雍以待天下每歲貢士試中者釋褐三試不中者歸本貫外三歲鄉貢謂之大比蔡攸京之子領樞密院事加太子太師封英國公進太保京死竄萬安軍尋遣使即所在誅之

四年乙酉賜進士出身 方昭會之子以銓試魁賜進士出身駕部員外郎陳

彥文見人物志方車汝彭之後興化縣人太學内舍生賜同進士出身秘書省正字

校注：①偕

五年丙辰蔡薿榜 林之平見人物志 林伯顯三年車駕幸太學免省赴庭試
國子司業知泉州 方畀慎言之從子承議郎尚書省勾 陳孝覺同安縣尉 王適
壽之第無為軍教授 李德昭見人物志 朱明叔宗學博士 林孝淵伸之從子
朝奉郎通判泉州 方略子容之孫朝請大夫知潮州夔州四任監司有詩集 林儔藻之
後湖南路提舉學事 劉烜奉議郎 姚合洪州教授俱莆田人福清志以為其邑人 林
煥 林宋卿見人物志俱仙遊人 陳師立朝散郎權知行在官告院贈太中大
夫有宣仙文集 方翼次彭之孫終朝散郎提舉福建路茶事俱興化縣人
特奏名 林辰 黃興降之弟 林尚友
大觀元年丁亥賜上舍及第 陳磷覺民之子朝奉郎吏部郎中

二年戊子特賜五經及第黃淶卷之子應童子科見人物志

三年己丑賈安宅榜徐師仁確之子見人物志陳性仁大卞之子奉議郎知南城縣郭彥成朝請大夫筠州通判黃詹林宗孟朝散郎宋旅邦光之弟見人物志方敦夫泉州教授方劭天若之子左司郎中直龍圖閣陳隆奎之從子茶盐司幹官李敦廡之子吳公誠公輔之弟陳武平至之子俱莆田人蔡橚襄之孫元名桓避諱改今名直秘閣知泉州蔡儵京之子顯謨閣待制以復辟之謗伏誅蔡伸佃之弟歷徐楚饒真四州通判除知滁州改德州移安州和州以忤秦檜還浙東帥司參謀官終左中大夫陳大和輯之孫朝散大夫知瓊州洪範俱仙遊人寰宇志無蔡伸郡志又無洪範而寰宇志有之今增入方亞夫舉八行平

江府教授鄭庭芳終直秘閣城①都府路計度轉運副使方彥回朝奉郎董公

偃陳易俱興化縣人郡志無董公偃陳易陳易而寰宇志有之今增入

特奏名林權　徐昭　詹道中　柯新之知惠州海豐縣

鄭範延從子知安溪縣以朝散郎致仕陳處約　王震　方希呂

希樸之兄知博羅縣陳明術　傅耘　王劭

四年庚戌上舍釋褐陳伯貺彼望之子第三人滄州掌書記後除太學正未拜命

而卒郭千之　林正藻之七世孫終左司郎中兩浙轉運使

政和二年壬辰莫儔榜李宗師第二人湖州掌書記陳範　歐陽

聃仲之子朝散郎詳定司勑令所删定官許升安雅之子吉州司户阮校　方

校注：①成

天任天若之弟朝奉大夫比部郎中　黃宣見人物志　黃靜滔之六世孫見人物志
陳繹之知①朝陽縣　方俁慎從之孫奉議郎知連江縣俱莆田人　張[illegible]　陳
宋輔覺民之子以上書言權臣京卞貶越州餘姚縣尉　陳可大見人物志俱仙遊人
林閱髦之孫宣教郎太常博士　林子立見人物志　盧煕載俱興化縣人
特奏名　阮晞　阮巾朝奉郎知南恩州　阮時發　陳寵
方慎進　卓立　吳宗　郭康時　陳次顏　陳
次宗　陳彥達　方維朝奉郎知封州　陳希孟　方師常
林軒
四年甲午　按樂補官　洪子暘舉八行朝散郎致仕

校注：①潮

五年乙未何㮚榜 吳賁朝奉郎知容州 吳庭書公輔之子太常博士 翁子
禮朝請大夫知潮州 陳顯八行 陳瑞 李持正宗師之從子朝請大夫知
潮州 陳則承議郎致仕賜緋魚袋 王詰知惠州歸善縣 蔡元璋士衡之子 詹
汝升八行知虔州信豐縣 林君卿 李和衷 宋棐堂之曾孫見人
物志 陳膏叔之孫見人物志 陳夢待 林霆見人物志 戴綸朝散郎靜
江府通判 李宗雍宗師之弟 黃仲南 方庭實監之子見人物志 林
伯興伯顒之弟荊湖南路提學司幹官俱莆田人 蔡樞櫄之弟見人物志 蔡仍
卞之子 陳時彥 蔡衍攸之子 蔡伷伸之兄徽猷閣待制俱仙遊人 陳
起宗興化縣人郡志無此名而寰宇志有之今增入

特奏名 吴綰 盧點熙載之子 王可 宋執古執守之兄從事

郎贊林州刑曹參軍 蔡覺 陳志 陳安中 許宗成 陳

南卿 陳木 翁滌師同之子

重和元年戊戌王昂榜 吴璪平海軍僉判 林亨時通直郎知海豐縣

方漸伯通之從子朝請郎知南恩州 陳南仲 方時希呂之子惠州僉判移知

海陽縣 郭景純朝奉郎 游輔朝散郎知象州 李德輝德昭之弟知南恩州

陽江縣 李邦傑 林天禧 顧汝美朝散大夫徽州通判 方楫

知肇慶府四會縣 陳武任武佑之弟俱莆田人 陳駢①驥之弟福州節度推官 傅

佇見人物志俱仙遊人 方宋賓興化縣人

校注：①驥

特奏名　鄭浚　林璟　陳子翼　方復禮漸之弟　鄭

文　林兗　方柄蓁之孫廣州刑曹　黃天顯

宣和三年辛丑何漁榜　蘇良荊湖北路安撫司主管機宜文字　林郁沖之

之子見人物志　李汝舟　郭之純朝散郎常州通判　方韝知永福縣　阮

符臨之從弟官教郎知永福縣　方敦兗監之弟泉州教授　許彥正　丁

廣景常之弟臨安府仁和縣丞　黃亮怨之從孫昭信軍節度推官通直郎致仕　陳祭

德慶府通判俱莆田人　傅知柔見人物志　許振興之子俱仙遊人

特奏名　鄭則第一人特賜同進士出身贛州瑞金縣令　薛蕃　龔久中

縣丞　阮特駿之弟　林汝明

六年沈洪榜 王晞韓奉承議郎大理寺丞 劉渙從政郎循州龍川縣令

方異承議郎知將樂縣 徐多遜□之族孫蘇州推官 方岡慎言之孫晋守司撿

點八①推官 黃高亮之弟修職②巡道州營道縣尉有漁樵詩論十卷 楊世榮 陳

南復知候官縣 林孝澤孝淵之弟見人物志 葉棠 陳鶴嘉部之子見人

物志 黃公坦通直郎 蕭綸水部員外郎 阮鵬御史臺主簿朝散郎知連州俱

莆田人 蔡榕仙遊人 董忝 陳自仁見人物志 方深道次彭之子

知晉江縣 黃徹中庸之孫岳州平縣令有碧溪詩話十卷俱興化縣人

特奏名 鄭紀 許惲 顧時亨 陳仁遠奎之子 林

正 吕巨源 方秩里之從兄潮州海陽簿 傅行己 許堯

校注：①斥 ②郎

臣　陳子碩　陳子翼

建炎二年戊申李易榜　黄埴卷之子從事郎吉州推官　陳貫　劉孔

脩　方可适之從子漢陽軍僉判　李整持正之弟湖州僉判　吳時脩

俱莆田人　陳幸　吳自得俱仙遊人　薛悰悰褎字志作諒誤初為太學生高宗

辛維揚①賜同進士出身任大理寺丞獄空下制褒諭蓋自宣和距茲十七年始奏獄空故獲是賜出

知興國軍轉朝奉郎　方牧慎言之從孫俱興化縣人

特奏名　丘山第三人特旨賜同進士出身以左朝奉郎致仕　林問閱之兄德慶府

司理　林壽千　歐陽曄②　方僎慎從之孫信宜簿　陳昂

③淮敎文推恩附特奏名　歐陽方仲之子　鄭安世伯玉之孫

校注：①揚　②曄　③准赦

司戶參軍葉繼穎 陳南夫 陳範 劉漸 林軹

陳昂

三年乙酉賜進士出身 許摶①太學上舍生釋褐見人物志

紹興元年辛亥賜同進士出身 王晞亮晞韓之弟太學上舍生釋褐見人物志

二年壬子張九成榜 方升之昭之子知臨安府仁和縣 陳騰承議郎贛州通判 林庭信 林庭彥福州路類試第一人朝散大夫知撫州 王谷承議郎通判夔州 方擴慎言之從子朝請大夫知岳州有岳陽唱和集又有小蜡堂文集十卷

歐陽清卿昉之子建寧府教授 劉燊恒之弟宣教郎 鄭俊民廣州增城縣令

校注：①摶

俱莆田人葉顒實之孫見人物志林宋臣宋卿之弟林宋弼宋臣之弟俱仙

遊人

特奏名鄒天麟景純之兄陳振傅共①權之子有東坡詩解朱正

叔李瑰陳當陳師文仁遠之弟鄭擢李發

林佢林孝宗仲之孫陳中方翊徐石方安

正伯通之子黃卷周輔之子

淮赦文推恩附特奏名郭延年李汝礪汝舟之兄陳

檄陳宋寶方敦許持②摶之兄

五年乙卯汪應辰榜林大鼐初為舉子嘗答策言秦檜靖康忠義之節檜時閑居

校注：①權　②摶

黜識之既得政稍薦用焉歷監察御史遷殿中侍御史秦檜方嫉僉樞巫伋大鼎因論其贓貨營私除右諫議大夫兼侍講累有建議皆從之轉朝散郎試吏部尚書當路者頗忌之出知泉州有鐵硯文集

黃顏榮長樂尉太祝　黃鄗惠州歸善簿　宋椿棐之弟別試所第①一人衢州教授俱莆田人

鄭厚南省第②一人賦魁見人物志　陳昭度師立之子見人物志　俱興化縣人

特奏名　黃琿　歐陽寶　陳遡　王庭俊　陳武佐　游駿　葉專　黃元吉　阮詵　徐礎

八年戊午黃公度榜

黃公度靜之子見人物志　陳俊卿見人物志　黃童價之玄孫宣教郎知福清縣主管台州崇道觀有類國春秋松窗紀錄　龔茂良見人

校注：①②第

物志林瀛矩之從子惠州推官林闓承議郎知潮陽縣李慶宜寰宇志作林慶

宜①誤姚廷琨主管台州崇道觀林鄧廣州東莞縣尉方翥亢寀之孫見人物志

歐陽迪監潭州南嶽廟謝史顏汝義從政郎知劍甫縣宋藻見人

物志俱莆田人

特奏名黃卓周輔之孫迪功郎惠州河源尉林靖陳維楫余

瓅黃宋臣張裕之孫李宗旦黃邠黃敦節洪

則鄭汝義李彬

十二年壬戌陳誠之榜王悅見人物志李次辰奉議郎南外宗學教授

林偉汀州教授黃端恕之孫宣教郎安溪縣令吳璲陳仕宏宣教郎惠

校注：①直

安丞俱莆田人郭峣廣州南海尉死於國事補一子官陳騶驄之弟永春丞俱仙遊人

薛珩見人物志林玠新州教授俱興化縣人

特奏名方暈次彭之孫潮州推官壽峰顯鶴鄭庭上庭芬之弟劉貫烜之

弟方夔演之從孫海豐縣尉陳季仲黃湏傅君林國

材廖鵬飛徐部徐武京宋軋堂之孫迪功郎廣州

增城尉郭邦文陳君翼陳大安陳明卓陳

維時維剛之弟林彥常

十五年乙丑劉章榜鄭耕老見人物志陳宣朝奉郎廣南東路經略司主管

機宜文字方典巽之弟晉江縣尉林懋龍巖縣令俱莆田人

特奏名 林洵美①第一人特賜同進士出身知潮州海陽縣 周希孟 吳
大任 林邦達 李文華、繼盂 方庠自之猶子廣州
推官 方復明孝述之孫 王倜 徐捷 方立②庠之從子每豐簿 陳
大年推官
十六年丙寅應詔獻書補官 方于寶伯通之孫免解進士因進風騷大全
集一百卷補迪功郎漳浦縣有三餘齋聚書數萬卷
十八年戊辰王佐搒 林公望國華之子 盧彥文信州錄事參軍 陳伯
山 李清閩清縣主簿 李淵郴之弟南恩州陽春縣令 龔夢良茂良之從
弟筠州司戶參軍 方簡輿子容之孫蘇州教授 顧澣□筠之孫福建路轉運司主管

校注：①第 ②海

文字黃岱衡陽簿俱莆田人　陳豐驥之子見人物志　蔡埕俱仙遊人　方紹
深道之子海豐縣令　薛瑑利和之從曾孫永福簿有邊防十論考古集十卷俱興化縣人
特奏名　陳景　陳邦光　魏繹　陳安仁睎孟之子　李
依仁持正之弟　鄭安邦腈之從孫　陳斌　傅知新知柔之弟　鄭文
方泌監之從弟知寧德縣
二十一年辛未　趙逵榜　劉鳳南省第二人賦魁見人物志　陳居仁膏之
子見人物志　林宋可侹之子朝散郎知鄂州　黃芻懷安主簿林光朝高第　吳
頲循州教授　余鳳朝奉郎吉州通判　林枅孝澤之子見人物志　劉洵直承議
郎平江通判　盧奕　林羔汀州通判　蔡驥瓊州通判俱莆田人　蔣雝泉州

教授有朴齋遺稿　林一鶚正之姪朝奉郎通判江州　葉叔僑傳之玄孫俱仙遊人

方煥醇道之子宣教郎封州教授興化縣人

特奏名　陳維嘉　方琥　陳邦光　徐多文　許可久　蘇廷彥　郭義重見人物志　郭宏　戴廷珪

黃允升愬之從孫迪功郎封川尉　陳久

二十四年甲戌張孝祥榜　王洪焯之孫循州教授　林桴矩之孫連江縣尉　魏吉甫宣教郎大理評事　林觀嗣宗之孫承議郎漳州通判　吳珽璘之弟朝奉郎知汀州俱莆田人　傅牧巖之孫福州長溪縣尉　許知新耒夫之孫俱仙遊人　方雄次彭之孫興化縣人

特奏名 丘佀 林伸 方庭秀 葉宏中 黄稟

亮之弟修職郎監行在①膽軍酒庫 陳締 林廷俊 積仁從弟梅州司理 劉珪

方昌朝 蓁之孫梅州僉判 王楊庭

二十七年 丁丑王十朋榜 彭澤宗 衡州教授 黄庚 公度之弟從事郎惠州推官 林文瑞 長樂尉 方台符 參之孫番禺丞終儒林郎廣州市舶司幹官

林頡 承議郎臨安府僉判 張羔 宣教郎知信豐縣 柯岳 奉議郎知南安縣 王日章 洪之從子彡新州教授 彭縿休 永福簿俱莆田人 陳施明 蔡頔 樞之子知寧德縣俱仙遊人 方士舉 晞道之孫承議郎隆興府通判 姚宗之 見入物志俱興化人

校注：①贍

特奏名 方濟錄事參軍 方唐卿适之從曾孫 鄭箕老耕老之兄 顧
瞻 方興 徐斌 朱庭異 黃渭老 彭與進易
解補泰州文學
三十年庚辰梁克家榜 劉朔夙之弟南省第一人見人物志 龔遂良茂良
之兄 林嶽瀛之弟海陽丞以朝奉郎致仕 林準嶽之弟從政郎漳浦縣丞 謝瑩德慶
府教授 阮竑駿之孫文林郎南外宗學教授 鄭守浩承議郎知新州 王燁奉議
郎知沙縣 王進之知常德府 李綸漳州教授以奉議郎致仕 方萬慎從之來孫監
行在太平惠民局俱莆田人 傅淇付之子見人物志 陳大亨禧之子泉州通判
留洪提舉有文集俱仙遊人 薛元鼎番之孫見人物志 謝洪永豐丞俱興化

縣人

特奏名陳震 方昕翥之從弟 歐陽渭卿聘之姪 陳宗伯

劉璀 陳夢卿通直郎 傅從 戴元喜 方元老巽之

從子 顧汝隆 徐克仁師仁之弟 林綍 王宓晞亮之從弟 郭

祖仲景純之從子 傅靖 楊提 陳大知 韓任 吳

自牧 吳高 鄭齊頍 陳利賓 陳車

隆興元年癸未木待問榜是歲免御試 林虙孝宗之子別試所第一人奉議郎主

管官告院有詩解補闕禮經括西漢發微釋奠解 林光朝見人物志 林寀孝澤之子

台州教授有詩集 方竑濟卿之孫廣州通判 劉焯泌之孫惠州博羅簿 陳雅鶚之

子通直郎知福州長樂縣謝之任承議郎知長汀縣方崧卿見人物志鄭搏
清之孫廉州推官戴規元喜之子潯州教授鄭揆搏之兄知惠安縣俱莆田人陳
讜豐之子見人物志蔡珏珵之兄許亞璟振之子鄭文炳宣議郎增
城尉留澄宣教郎知龍巖縣俱仙遊人崔世舉長溪尉黃府徹之子通直郎
平海軍僉判陳必大泉州司戶俱興化縣人
特奏名　吳衡　林績　吳文端　徐敦智確之孫鄭
宜民　阮應約侁之子黃郛　陳邴　李逸持正之從子
游允之　林褒縣丞李僴持正之從子方詠立之子泉州司法劉
嘉謀　朱賡推官許惟高　柯廷賓　徐可用　鄭

邈 李才美 方起莘 黃文璨 陳士龍瑞之子

崇建居中之子 朱玠 朱玫 黃戚 傅槱 黃豐府子

兄陳柳 郭邦光

乾道二年 蕭國梁榜 彭奎澤宗之弟德慶府教授 翁點江東提刑

范董朝散郎知容州 盧篆彥文之子封州教授 吳源文林郎福清丞 陳煥朝奉

郎荊湖南路安撫司主管機宜文字 林叢朝請郎知横州 鄭臬濟之孫軍器監 方烈

俱之從子臨安教授 方米仲宇之孫見人物志 戴桂先規之族知縣 郭惟仁

黃韡宣教郎知安溪縣 方渭价之孫兩浙路轉運司屬官 陳匪白俱莆田人

蔡戡伸之孫見人物志 丘商隱饒州司戶 丘徽之山之從子累遷循州通判

□①朝奉大夫奉祠俱仙遊人

特奏名　徐利用確之孫　方翼亮邵之從子安遠縣丞　林天復

陳錡　薛璆珩之弟見人物志

四年戊子特賜同進士出身　林彖顏之子見人物志

五年己丑鄭僑榜　黃黼降之曾孫見人物志　方烝烈之弟　王由焯之曾孫

紹興府教授　蘇十能太常博士遷太常丞　方元功佩之孫廣州增城尉俱莆田人

許巽仙遊人　鄭僑第一人見人物志　黃鐘漳州録事叅軍見人物志俱興化縣

□②

特奏名　黃濤第二人　方綿寰宇志以緯爲八年進士未詳　林充寰之兄

校注：①以　②人

游伯絢兊之弟 鄭端忠耕老從弟 鄭畋 吳端甫 歐陽

寅卿

八年壬辰黃定榜 黃艾第二人文粲之從子見人物志 陳士楚見人物志寰宇

志作士熊非 鄭東倩之曾孫宗正寺丞知貴州 李夏卿 張熊羔之弟俱

莆田人寰宇志無此名 朱泳 林璘俱仙遊人

特奏名 鄭莘夫 林白孝澤之從孫 黃鳳 方拱辰翼亮

之兄東筦主簿 方庇士舉之兄 黃補端之子見人物志 馬驥 廖裕

黃濬靜之孫修職郎高要丞

淳熙二年乙未詹騤榜 方寔禧之從孫從政郎安溪縣丞 林井孝澤之從

子上書言邊事石①對補迪功郎楚州司戶尋　龔夬

擢第除肝②胎軍推官有捐軀錄平燕十畧

良茂良之從弟歷知惠州歸善縣終通判　方秉文伯逢之曾孫明州象山令　方士

高昭之孫俱莆田人　葉立功確之曾孫鄱陽縣尉　林肅臨安府教授俱仙遊人

方銓深道之孫宗正丞歷吏部郎中大理少卿終朝請大夫直寶謨閣有桂詩辭興化縣人

特奏名　曾會　林阜　方謨　黃眞　鄭周叟庭芬

之子　林洪　洪居寔範之子　陳由仁　立綱徵之之從兄　林

渭洪之兄　高誓明　林汝阜

五年戊戌　姚頴榜　劉起晦朔之子秘書省正字兼益王府教授　黃汝嘉言之

孫廣州通判轉朝請郎主管台州崇道觀　陳宲士楚之從子　黃度黼之從子　王元

校注：①召　②盱眙

鼎浩之從子閩清縣尉　方叟賀之弟潭州攸縣尉　張品羔之從子儒林郎梅州僉判
方同萬之從子文林郎隆興府錄事參軍　龔夊良茂良之從弟龍巖縣尉俱莆田人
余崇龜賀之從子見人物志　余元一崇龜之兄見人物志俱仙遊人　伊樅興化縣人德化縣尉

特奏名　蔡棠　陳士嚚士宏之弟　黃德基邠之子　楊珍

八年辛丑黃由榜　劉镺洵直之子給事中工部尚書終宣奉大夫　方仲能
劉彌正夙之子見人物志　顧杞孚之孫國子博士　顧橘杞之從兄　林浩卿偦之從子監紹興府北較酒務　王棣晞韓之子俱莆田人　傅誠牧之子見人物志
傅丙楫之曾孫俱仙遊人

特奏名 傅滐

十一年甲辰衛涇榜 林庚矩之孫 鄭崑起倩之孫承議郎知都昌縣 蔡師言頔之子知汀州 方可達同之弟終修職郎廣州司理參軍 黄裳 方祈穀之子 徐初平師仁之孫 林立義洪之子 傅誠誠之弟見人物志 傅公稜丙之弟長溪縣尉 蘇權欽之子 葉立志立功之弟終惠州通判有晁山集十卷 蔡諒樞之孫俱莆田人 黄勳徹之孫杭州教授 鄭其御教授 薛夢龍俱與化縣人郡志無夢龍而寰宇志有之今增入

特奏名 蔡諶樞之孫 方賚演之孫 鄭農叔明之曾孫修職郎端溪尉 陳元熾 方應庚湊之孫南安簿 留俊求 徐文 薛元

龜 元鼎之弟

十三年丙午 上舍釋褐賜進士出身 李菇 知湖口縣 陳憕 監丞

十四年丁未 王容榜 方芹之 元寀之曾孫 林旂 叢之從子南省賦魁 方

壬 芹之之從弟見人物志 李志甫 綸之從子 林十全 伯顯之從孫 陳舜

耕 繹之之孫羅源縣尉 林立節 渭之子 鄭浦 知慶元縣俱莆田人 傅益

鄭千之 傅大聲 見人物志俱仙遊人 董壽 勳之兄承直郎武岡軍教授

崔志 世舉之從子俱興化縣人

特奏名 方鎬 輔宋之孫第一人賜同進士出身 吳溶 源之弟推官 吳珏

見人物志 許韙 可久之弟 陳度 舜之孫 黃彥聳 輿之孫 林懋和 平之

之子陳師正箴之從子余嘉會　陳愈奎之孫李芾淵之子李

才英

八閩通誌卷之五十三

八閩通誌卷之五十四

選舉

科第

興化府

宋

紹熈元年庚戌余復榜 阮砥鵬之從子 吴昺 方叔冶祁之從子

劉棠棐之弟諸王宮教授終秘書監 李宗之德暉之孫通判邵武軍贈中大夫入目爲書廚

程汝發 黄治汝嘉之從弟欝林州教授 方阜周彥寶之孫 陳卓名仁之子見人物志

蔡黙磜之從子 吴稱季琁之從子 葉孝錫秘書郎 王

龜從　余子復祖禹之從孫俱莆田人　陳夢烈　許興裔知新
之子　黃南一沔之孫寰宇志無一字　王鑑古田主簿俱仙遊人
特奏名　康鼎成　蔡顛熙之兄　方士璜昕之子　唐岳
陳畛中復之曾孫　方綱　方稷烝之從弟龍川丞　林喬木耕之從弟
葉樞繼益之子　吳璡　何湯選　徐清卿師仁之從弟　林文
寶綿之從子　鄭衍文洒之子萍鄉縣丞　龔元夢良之弟　曾瀗會之弟　方將
适之曾孫龍川丞　林賁　阮初符之子　陳樂天　林孝友
阮秀朋之從子　郭鼎卿天麟之子　陳廣度之弟　鄭丙　林士隆
方安世韛之子循州司户　鄭士表耕老之姪　方膺原道之孫　葉登建之

子徐湘師仁之姪龔驤

武舉陳從龍第一人

四年癸丑陳亮榜宋鈞藻之孫見人物志傅熺王彥廣晞亮之曾孫康夢庚鼎成之姪監察御史宗正少卿吳錫疇南省賦魁林百嘉鄭爚稟之子方霖峻之子龔日巖茂良之姪懷安尉戴孺虎晛之子黃安石府之子陳棨士楚之姪陳庚張埜熊之子

特奏名林冊余騶祖禹之姪孫卓先厚之從弟推官葉孝友顒之姪

慶元二年丙辰鄒應龍榜龔日章茂良之姪惠州教授趙寵夫保義

郎黃雲翼公坦之曾孫林光中庚之姪黃誥艾之姪顧棧孚之
孫黃汝猷汝嘉之從弟從事郎知高要縣林誠圻之從姪趙希瀕忠翊郎
黃鉞童之孫承事郎通判潮州方孺良适之從玄孫朝奉郎知雷州鄭達可
齊之曾孫鄭起沃伯玉之来孫廣東提舉劉起世朔之子吳頴方
秉成秉文之弟俱莆田人蔡詵襄之五世孫陳千齡蔡敷言頔之
子俱仙遊人

特奏名李夢庚昂之姪孫李肅茹之弟吳煥題之子連江氶①徐霏
陳起莘廖復鈞之来孫洪叔度中之姪孫陳如晦利賓之姪黃
民望陳公翔柯庚林仲輿孝淵之子黃棨静之曾孫

校注：①丞

迪功郎和州文學李若蒞之兄慶元元年慶恩奏名阮頎明之子王申壽之子迪功郎監獄

釋褐出身

王宗烈晞亮之姪慶元元年慶恩上舍釋褐

五年己未曾從龍榜

黃景淵宋臣之孫提舉司幹官黃宿恕之玄孫潮州教授文林郎廣南東路提舉市舶司幹官方灼玆之從姪朝奉大夫太府寺丞蔡闢開之弟綜國子監丞黃伯劑誥之姪國子學正陳道元夢符之姪孫李貴錄事參軍方武子秉文之姪孫梧州判官龔日孜日章之弟瀏陽縣令劉世鈞綷之子連江縣令黃賁元吉之孫判官方符可之從弟奉議郎通判徽州鄭渙起沃之從兄歷知肇慶府終朝奉大夫提點廣南東路刑獄公事鄭叔潛臯之從姪俱莆

田人寰宇志無劉世鈞以下五人

特奏名　宋褒邦光之孫從政郎廣州節度推官　黃孛補之子迪功郎福清縣主簿　方申壬之弟　鄭周　林壽白之子　郭淵曉之從子　吳琳

李戊　陳閱撖之子　方士玠昕之子　李頔茹之姪　方賁演之孫惠州歸善尉　葉宇建之子　方來耒之弟　周士貴　林如璧豫之孫　曾羚　伊鼎　吳簀　留文瑞洪澄之從弟　黃寧公度之子迪功郎漳州推官　陳晉之

嘉泰二年壬戌傅行簡榜　林益巖洵美之從曾孫別院第一人以不臨軒徑升甲科第五人之上　王濯睎韓之從子　方秉哲秉文之弟　劉南叔渠之姪

丁伯桂彥先之孫見人物志黃非熊靜之玄孫朝奉大夫知德慶府轉朝散大夫提舉廣南市舶與致仕例補一子官李宗邁　柯進德岳之姪黃康黼之子吳銓源之子陳宗起中復之從曾孫黃亦靜之曾孫終朝散郎知梧州俱莆田人鄭勳文炳之姪孫見人物志余日華崇龜之子俱仙遊人陳褎師立之孫方淙銓之子終朝奉大夫直煥章閣知泉州贈太中大夫俱興化縣人

特奏名　陳聞詩居仁之姪薛元錫玠之姪戴東桂先之姪方公顯可達之弟潮州揭陽丞阮端叔巾之曾孫吳叔同卞之元孫李昇才美之從子林成季光朝之從子趙汝愚辟為門客終興國軍判官

開禧元年乙丑毛自知榜　林起辰　姚直夫台之從孫福清志以

爲其邑人方大琮萬之孫見人物志蔡衡　林起初褒之族教授陳諠卿林彌大庚之弟陳拱之寵之曾孫俱莆田人郭子力延年之曾孫潭州通判林復之綸之姪孫蔡寯戡之從弟郭連子力之叔林宜可復之之從弟陳鷹筠之姪俱仙遊人陳國髙必大之婿興化縣人

特奏名　黃琮顥業之從姪傅汝霖知新之子吳鍔溶之子黃棨長裕之曾孫方蔡嶠之曾孫陳林明卓之孫蘇子牧十能之姪黃起白

陳暹

宗子取應　趙不倓汝愚之裔

嘉定元年戊辰鄭自誠榜　歐陽僀①盻之元孫林汝丙瀛之孫同安縣

校注：①盼

令王太冲 孫亮之曾孫見人物志 鄭沖之 農之子監廣州都務 黃棨 庚之
孫終通直郎知涇縣 劉用行 太常簿 紀用 俱莆田人泉州志以劉用行爲晉江人
許彥爲 巽之子 陳珙 林之姪兩浙運幹俱仙遊人
特奏名 林洙 一鶚之姪 戴員 東之兄 傅大任 大聲之弟 鄭牧之
冲之之弟瓊州推官 林仲梁 復之之兄 方阜鳴 見人物志 黃汝震 陳
宜公 朱洸 鮑龜齡
武舉 柯夢弼 上舍正將
宗子取應 趙愁夫 著夫之弟
四年 辛未 趙建大榜 張茂發 平叔之雲孫 吳彬 煥之子 許宣

顔孺復楴之姪朝散大夫瓊管安撫知瓊州留三益澄之孫林益亮益巖
之弟陳思誠居仁之姪林與之觀之孫迪功郎方皐高皐鳴之弟劉希
仁起世之子中大夫直秘閣淮南東路轉運判官顔孺俊孺復之兄朝散大夫通判漳州
張林秀羔之子林子貴林壽公知象州游一龍吳
震龍昺之子黃君亮俱莆田人寰宇志無吳震龍陳起褒之子知梧州林
嶸復之之弟俱仙遊人陳⿱鼎玉國高之弟興化縣人
特奏名林子①華褒之從姪方雍烈之從姪林鳴洙之弟陳中居仁
之姪余孝伯崇龜之從弟陳東棨之弟謝懿洪之姪章京鄭
可學濟之從孫見人物志陳準居仁之姪留均洪之孫陳伯受

校注：①華

七年甲戌袁甫榜　吳文志鍔之子　鄭直公　謝澤可洪之姪

方雷震沇彭之六世孫知封州　林益之積仁之姪孫　李籌宗師之曾孫

鄭涇甫伯玉之六世孫南省賦魁國子監丞承議郎通判漳州　趙時帥　方

發鷹之子俱莆田人　葉槃顯之姪孫　李夢龍戊之子　鄭可復昇之姪孫

林日選如璧之姪俱仙遊人　陳觀國起之兄興化縣人

特奏名　陳立中　陳必先　劉棨洵直之子建安簿　方汲

①渭之從弟　黃由道庚之子迪功郎潮州司法參軍　吳必聞昭忠之姪孫　方其

義漸之孫梧州錄事參軍　王斯觀　李顏頤之弟　林立誠渭之子

柯夢得見人物志

校注：①渭

宗子取應　趙時黨堯夫之姪

十年丁丑吳潛榜　陳作謀大卞之孫上舍調迪功郎袁州教授　趙希澹師礼之姪　林龜從通判四州　阮敷駿之元孫一本作孚　徐伯鯉上舍　陳秉直檜之姪　李俊甫志甫之從弟　陳秉規檜之子俱莆田人　王邁鑑之子見人物志　蔣有秋雖之孫　林育之宋卿之孫　蔡廣襄之孫俱仙遊人

特奏名　林萬石起初之族孫　鄭國　林必先誠之弟　林琮庚之弟崇德簿　方起學雷震之叔　宋楷綬之孫　林季學臨軒試射中上等即入階官　黃由義由道之弟迪功郎廣州南海簿　黃叔甸　黃一之　林大有

十三年庚辰劉渭榜 蔡淳甫子謙之 留益亮時亨之曾孫 陳熺
雍之孫見人物志 林汝忠嗣宗之孫司門員外郎 趙時棣寵夫之子泉州法曹
移知大庾縣 黄俊求 趙希淑希澹之弟 方監起孝之弟 蘇應衡
十能之姪孫 方正子武子之弟 林廷濟 劉希道起世之子 姚亭
震合之姪孫 吳令發穎之從弟俱莆田人 林磻① 趙慭夫懋夫之弟成忠
郎 傅燁公稜之子俱仙遊人
特奏名 丘惟清 方萱天若之孫梅州推官 戴僩 林周
方節知如皋縣簿 林復亨 葉煥 傅矩大聲之弟
宗子取應 趙時禑寵夫之子

校注：①磻

十六年癸未蔣重珍榜　方逢吉慎從六世孫承議郎知梅州　趙時朴寵夫之子　趙麒夫　朱檜　趙必英崇玠之子　趙時楚寵夫之子時棣時朴時楀之兄　許夢庚　趙崇校　趙甯夫寵夫之弟歷朝請郎福建安撫司參議官　顧夢丙楴之弟　顧孺采孺俊之弟　黃汝宜端之孫通直郎知晉江縣　蔡榮　洪中立聚之孫莆田人　鄭鼎新俱見人物志　陳獬俱仙遊人　鄭申之子莊之曾孫興化縣人

特奏名　薛[illegible]利和之曾孫　阮杰天輔之曾孫　卓績冠之姪孫　陳雲從端之曾孫　陳伯賢伯受之弟　鄭璟仙遊人　鄭江農之從子主簿　朱省諒泳之姪　陳棠渙之曾孫太學偲以壽　鄭康時勳之弟興化縣人知惠州歸善縣

寶賞　鄭丙畋之子　陳天敘公言之玄孫修職郎泉州惠安丞　方聞一

朴之子　黃昺惠長裕之孫　許日嚴日選之兄　柯淵岳之子　徐叔雲

師仁之姪孫　黃師文琮之弟　鄭隆起巖起之兄修職郎　陳蒙徵

林鼐

寶慶二年丙戌　王會龍榜　鄭奇　黃績①滔之十世孫京學教授　陳

秉善譖之姪　趙必迥汝皓之孫　方洞叔昕之姪　方雷作雷震之弟

知龍巖縣　顧孺傑　劉崴鳳之孫知古田縣　趙汝儒　趙希龐

張麓熊之子　黃㷆周鞆之玄孫真陽簿　林岦深之曾孫儒林郎廣州司户　楊

大震俱莆田人　丘巘大理司直　李夢龍戊之姪　鄭列　洪天賦

校注：①績

中之孫 蘇國闡 欽之曾孫 林從周 磻之從子 陳立伯 寵之曾孫俱仙遊人

特奏名 王褒 陳作乂 顒仁之曾孫迪功郎監廣州吉和監場 張必

彊 平叔之姪孫 王彥大 彥廣之弟 吳良弼 自得之姪孫 陳伯範

登極陞等 鄭安之 僑之姪孫 柯立義 進德之兄 徐千能 初平之弟

朱義方 檜之兄 余正平 方林秀 符之叔知龍川縣

紹定二年 己丑 黃朴榜 黃愚孫 覺之姪 茅貢 陳夢凱 大①下②

之玄孫儒林郎邵武軍判官 游霆 輔之從姪 林洪 庭彥之孫 余鷹鶚 復之子

方雷渙 雷作之兄俱莆田人 洪嶪 範之曾孫 林志之 俱仙遊人

特奏名 蔡崇傳 仁輔之子 朱雍 檜之從姪 劉光叔 南叔之弟 鄭垠

校注：①大　②下

可學之叔陳鳳翔　陳冲飛可大之曾姪孫黃堯雲　謝立道

朱韻之洓之姪宋鑑鈞之弟從政郎台州天台縣尉戴夢白員之弟鄭

谷列之兄陳夢書渙之曾孫蔡吉甫言之子林立軫磻之從兄石

龍友　林起犀　陳恭甫卓之弟方瑩曾旬之孫陳干

能㷆之兄傅一枝　李篔籌之弟陳雷　陳伯與伯受之兄

傅羕楫之諸孫林百揆百嘉之弟

四年辛卯釋褐鄭渙庭芬五世姪孫上舍已免省人合赴是年殿試該遇二慈明慶壽特與先

次釋褐

五年壬辰徐元杰榜　趙時碩庚夫之子甲科第五人中奉大夫尚書工部侍郎

卓得慶亨之元孫大理少①卿 黃桂 朱珪雍之第 趙必適必迵之弟

陳夢斌國高之從弟 陳有功榮之姪 李叔宏貢之姪 王公瑾

方之泰壬之子見人物志 楊一夔珍之孫 李日新姤之姪孫 佘君

舉鷟鷄之姪 趙與偰希商之子 趙時楀龍夫之子 趙必仜必適之兄 陳

直上有功之兄 李一鳳昇之子俱莆田人 葉大有顯之曾姪孫省元見人物

志 蔡儀甫襄之五世孫 林灝從周之弟俱仙遊人

特奏名 朱復常檜之弟 陳啓惟仲之孫 陳潔俊卿之姪孫 朱起

發禎之之弟 方元鈞申之子 葉良遇 李夢疆戊之子 鄭鈞

涵之弟 陳夢英鶴之孫 喻峙字景山仙遊人末老掛官隱居大飛山中以詩與陳

校注：①卿

密唱州詹萬石汝升之曾孫陳中實顯仁之曾孫陳得遇匪白之姪

陳介可宗起之叔詹全鄭域八魏夢極吉甫之姪劉燿叔

南叔之弟蘇千巖陳秉

端平元年甲午舍選方大鈞萬之孫迪功郎

二年乙未吳叔告榜吳叔告第一人見人物志方大東符之從弟宣義

郎泉州永春簿林彬之見人物志李丑父宗之之子見人物志方景楫皋鳴

之子鄭侃叔僑之來孫累官國子博士知瑞州以承議郎主管成都府玉局觀林拱辰

朝奉郎通判辟安撫司參議官方碩子皋鳴之從子廣州南海尉鄭珽嵩起之子明州

教授除國子學錄通判泉州俱莆田人謝汝翊陳堯道冲飛之子初以忤權

相去國①元年由太府丞擢秘書郎除監察御史累遷侍御史拜右諫議大夫奉祠有大學中庸說及平湖文集

陳湯循州興寧令　黃君任　謝升賢英德府浛光縣尉知循州興寧縣俱仙遊人

特奏名

王聲叔壽之族孫第一人特賜同進士出身承奉郎溫州教授　鄭南起蕎之玄孫　尤彬眞州貢陽簿　王㓜會聲叔之子泉州南安尉　傅亮之　方孺元士禺族孫松溪尉

嘉熙二年戊戌周坦榜

鄭玠斑之兄第八人福州教授召爲武學教諭終漳州判官　方堯昌同之子泉州永春縣丞　方堯嗣愼從八世孫廣州東莞縣主簿　黃星卿滔之十世孫迪功郎監廣州吉利場　宋之望邦光之玄孫承事郎知海豐縣通判

校注：①景定

肇慶府轉宣教郎差光①提領安邊所主管文字

鄭龍甫叔僑来孫端溪縣尉廣東市舶提舉司幹官　方濯光澤尉從政郎廣州觀察推官除福州教授　鄭有得福州連江尉俱莆田人衆字志無鄭玠以下八人　鄭珪　林龜符俱仙遊人

特奏名　方元達　宋鑄邦光曾孫迪功郎廣州新會簿　黃炳公度曾孫廣州增城尉　方壽甫福清縣尉俱莆田人

淳祐元年辛丑徐儼夫榜　許一鶚第七人　趙時鏑宣教郎知福州閩縣　林希孔矩之来孫雷州僉判　黃辰恕之来孫奉議郎通判惠州俱莆田人　林汝沆仙遊人

特奏名　黃師錫　林汝礪矩之玄孫建州建陽縣主簿

校注：①充

舍選　方文炳庭實五世從孫福州福清簿　方藻慎言之後

四年甲辰留夢炎榜　余君節崇龜之從子仙遊人

六年特賜同進士出身　劉克莊彌正之子以詞賦冠胄監用蔭補官端平初名入坐言濟郎奉祠後累遷太府少卿理宗稱其文名久著史學尤精特賜出身詳見人物志

七年丁未張淵微榜　方澄孫更名蒙仲大東之子見人物志　方吉甫

吳起沃叔告之子宣教郎　鄭子廣俱莆田人　蔡儀國　章夢旂俱仙遊人

特奏名　彭彛甫第一人溫州教授　陳之亮惠州歸善簿

舍選　方虎臣丞之孫莆田人漳州龍巖尉

九年己酉舍選 宋國器軏之來孫

十年庚戌方逢辰榜 方應發漸之玄孫歷太學博士力攻内侍董宋臣出通判建寧府除國子監簿改秘書郎忤賈似道去起知潮州除著作郎累遷禮部尚書除端明殿學士充福建招捕使元兵至應發度不可爲勸陳文龍降文龍手劄逐之宋亡後十餘年卒有春秋集傳續國語通鑑論述

鄭潸甫伯玉之族孫迪功郎惠州歸善簿 林演起初之子終湖南提舉司幹官 鄭天驥揆之玄孫俱莆田人 陳塤伯次升五世孫仙遊人

特奏名 林士元 蔡德言 鄭鎔巖起之孫 傅奕之

寶祐元年癸丑姚勉榜 丁南一伯桂之姪潮州教授兼文公元公兩書院山長

林丑父嶽之孫

特奏名 黃龍翔

四年丙辰文天祥榜 方義夫琥之曾孫一名大雅迪功郎兩浙運幹 林夢協彬之之從子太學博士通判建寧府 黃中鉞之孫泉州德化令改德慶府端溪令 方霖孫大琮之從子南豐令 林季昌庭信曾孫惠州推官 傅一新 王里俱仙遊人

特奏名 方尚萬之從子南安丞 陳泰之 方德元 留夢森

舍選 鄭與言伯玉八世孫建昌軍教授婺州書院山長 方大猷義夫之兄五年釋褐除臨安府教授改國子監書庫官丁大全嫉太學生陳宜中等上書乃以大猷等為學官察士

子讖巳者景定間坐大全黨與編管遠州後遷太府寺丞充宣撫司參議官

方大亨慎從之八世孫

黃大林棨之孫迪功郎廣州新會尉

方時戊大宗從弟州文學迪功郎監嶽

射中推恩

林邁

陳鼎新

開慶元年己未周震炎榜

陳登鳳①太下之來孫潮州教授累遷通直郎大理司直景炎初轉奉議郎

方辰孫霖孫之兄建州崇安縣尉俱莆田人

特奏名

鄭薦玉剛之子從仕郎泉州惠安丞

舍選

方仲立慎從八世孫

方應箕慎從之後泉州惠安丞

方鈞之丞之孫惠州海豐簿

校注：①大

景定二年辛酉特賜同進士出身 林光世霆之曾孫初淮東漕臣黃漢章上其所著易鏡由布衣召爲史館檢閱遷校勘改京秩由將作丞知潮州開慶元年召爲都官郎官衘命趣宣撫叅相賈似道進師似道還朝進將作監糴提舉浙東常平茶鹽進嘉言二十篇詔賜出身入爲司農少卿兼史館明年被論與祠起家以朝請大夫直秘閣知隆興府未上言者劾寢新命

三年壬戌方山京榜 黃鏞隱之七世孫寶祐間爲太學生與陳宜中等攻丁大全坐廢放時稱六士大全敗丞相吳潛奏還之賈似道當軸復爲之請有旨令赴廷試擢第除監察御史累遷給事中德祐初同簽書樞密院事俄兼權參知政事明年正月元兵至除參知政事不拜即日乞歸養母不許遂棄位而去

李濟系丑父之子迪功郎六安縣主簿制置司準備差遣

林寅公汝礪之子，福州教授。初黄鏞被逐，寅公與林鑄以全舍生餞至徐村，信宿而後返，俱莆田人。

特奏名　林德遇拱辰之弟，龍江書院山長，攝漳浦縣令。　鄭子間叔僑裔孫，龍溪縣主簿。　林有道庭信曾孫，福清縣丞。

咸淳元年乙丑阮登炳榜　鄭獻翁渙之孫，見人物志。　陳文翁本黄仲元之兄，為陳氏後。　余謙一祖藴玄孫，見人物志。　鄭希點東之孫，朝奉郎、太學傳①士。　呂鳳舉貴州司法，改封州教授，累遷廣東市舶司幹辦公事。元初除興化縣令，數月辭歸。有文集二十卷。

舍選　林鑄乙卯中公試第二人，補内舍；癸亥升上舍，至是類試中選，辟石井書院山長。

校注：①博

四年戊辰陳文龍榜

陳文龍第一人見人物志　方公權登孫之子見人物志　徐王嘉福建運司屬官　蕭桂發泉州教授　方巖得元宗七世孫德化縣主簿俱莆田人

特奏名

徐端衡寅十一世孫第二人福建提刑司幹官帶行國子學録　陳薦奐作乂之子宣教郎古田丞三省架閣文學元初除興化路儒學教授

七年辛未張鎮孫榜

鄭用吉濬甫之子迪功郎汀州司户丙子除國子書監省倉　林汝大積仁之族孫宗正主簿充閩廣宣撫司機宜文字　黃仲元績之姪見人物志　林棟汝大之子俱莆田人

十年甲戌王龍澤榜

林桂芳琮之曾姪孫　郭廷煒義重來孫見人物志

俱莆田人

特奏名 鄭鉞一名少偉字夷白與黃仲元郭陛皆閩中之望有雲我文集 鄭時中事道来孫將仕郎監吉州鹽場

舍選 方斗南從事郎三省架閣 陳麟之文龍之弟太學博士

元

延祐二年乙卯張起巖榜 鄭南吉莆田人用吉之兄漳州路龍溪主簿按永樂閩所修郡志纂以南吉為至大四年進士考之於史元之設科取士始於延祐之初是年蓋未有進士也寰宇志以為延祐二年進士今姑從之

延祐五年戊午霍希賢榜 林岡孫莆田人徵事郎福清州判官終奉訓大夫

溫州路瑞安州知州

至治元年辛酉宋本榜　林以順汝太之孫莆田人見人物志

泰定元年甲子張益榜　朱文霆莆田人見人物志

元統三年乙亥鄉試　鄭稑

至正十年庚寅鄉試　方德至錄事司人公權之子

十一年辛卯文允中榜　方德至見人物志

十九年己亥鄉試　林善同見人物志　薛彌充　林琚俱莆田人

二十三年癸卯楊輗榜　薛彌充莆田人將仕郎上都路興州判官兼翰林國史院編修官

二十六年丙午張棟榜　方景章莆田人大東曾姪孫從事郎興化路興化縣尹

國朝

洪武三年庚戌鄉試　龔興時　鄭潛　林衡俱莆田人

四年辛亥吳伯宗榜　龔興時廣東行省檢校　鄭潛禹城縣丞　林衡刑部主事終應天府尹俱莆田人

五年壬子鄉試　方徵　王寅　黃至滔十四代孫陽春縣丞　朱潚兵馬司大使　方毅俱莆田縣人

六年癸丑□□□榜　方毅樂會主簿　王寅給事中　方徵字可久大琮六世孫授給事中兼齊王府録事出使廣西遷監察御史月餘陞懷慶知府曾　詔求言疏奏六事

一風憲不可責以事蹟二倉庫須設官專掌三官吏公罪收贖非當四在外官員乞依在 京省親五府州縣祭祀用俗樂不可①亨神明六刑賞之法未盡善疏入遣使令詳具所言實蹟以報徵所陳忤 旨謫為沁陽驛丞尋坐累召詣 京師卒年三十一

十七年甲子鄉試 周弼 黃性初 黃裳廣東增城教諭俱府學

黃雋滔之十五世孫第二人 鄭永五軍都督府正斷事 高成 陳著

吳懋上三人應天府中俱莆田縣學

十八年乙丑丁顯榜 周弼刑科給事中遷御史 黃雋廣東樂會縣丞終興化府學訓導 黃性初廣東惠州府推官 高成廣西馬平知縣俱莆田人 吳懋游仙人廣東合浦縣丞

校注：①享

二十年丁卯鄉試 鄭雲 程士 吳士崇廣東瓊山教諭林泳
直隸沭陽教諭李仁廣東翁源教諭張則銘大理寺評事俱府學阮顯 顧
聚熈寧教諭俱莆田縣學郭寅仙遊縣學湖廣靈溪教諭
二十一年戊辰任亨泰榜 程士吏科給事中鄭雲授湖廣按察司僉事
遷廣東布政司參議俱莆田人
二十三年庚午鄉試 陳莊廣東崖州學正終潮州訓導余騰直隸泰州學正
俱府學林義 王瑛廣東香山知縣張善廣東茂名教諭林隆俱莆田縣
學白至善仙遊縣學
二十四年辛未許觀榜 林義工部郎中莆田人

二十六年癸酉鄉試 林曾 許遇生 林要 林士敏見人物志俱府學 蕭保浙江遂昌訓導 張振户部員外郎俱莆田縣學

二十七年甲戌張信榜 林曾行人司行人遷廣東按察司僉事 許讓初名遇生賜名讓行人司行人左遷吉水教諭改汾水俱莆田人

二十九年丙子鄉試 方安吳縣教諭遷湖州府學教授 吳陽保源之姪會試乙榜拜韶州府訓導遷仙居縣教諭再遷開封府教授所至善於教導與諸生處情意如家人而脩脯之薄孚不問也所造就者多達官顯人去之既久猶思念不置官終國子博士 鄭恰生肇慶府學訓導遷黃巖教諭 吳端應天府中長樂教諭 黃耕公度之七世孫都給事中左遷清潭縣丞 林洪 林文正應天府中武平衛經歷改神策衛 吳宗端

應天府中甯海訓導俱府學陳立莆田縣學應天府中訓導王宣莆田縣儒士陳
倘廣東雷州訓導蔡陽廣東河源訓導林榮俱仙遊縣學

三十年丁丑陳鄭榜　林榮行人司行人仙遊人

三十二年己卯鄉試陳道潛黃重滔之十五世孫林和博羅知縣
為政寬恕不尚鞭朴增修蘇村堤以防水患民受其利遷戶部郎中朱津廣東電白教諭鄭貫
觀潮陽教諭遷臨洮教授葉保高安教諭遷順天教授林邑初為蘇州府訓導遷
程鄉縣教諭致仕卒以子祥鳳恩贈監察御史邑為人瀟洒自得胸襟磊如遇風日佳時輒攜朋
選勝遊賞以為樂綽有晉人風致家無儋石之儲不計也詩文敏速信手而書書法卓詭奇絕識者
重之黃壽生滔之十五世孫方定雄武衛經歷改南昌左護衛俱府學林泰①第二

校注：①第

人博羅知縣改浯縣李良程鄉教諭俱莆田縣學陳繼之莆田縣儒士魏仙興化縣學

三十三年庚辰胡廣榜陳繼之事革除為户科給事中以江南僧道多占腴田蚕食百姓乃奏僧道人給五畝餘以賑民從之洪武三十五年六月　文廟平京師先是繼之每有違白轉肆指斥至是因與黃子澄齊泰郭任方孝孺巨敬韓永等俱以奸臣族誅陳道潛見人物志林洪辰溪知縣遷滄州同知改儋州黃重陽江知縣擢刑部郎中遷瓊州知府俱莆田人

永樂元年癸未鄉試陳用第一人顏本得陳安泰戴員保王信功陳砮全椒教諭俱府學周慈武義訓導黃譙

俱莆田縣學莊觀生興化縣學

二年甲申曾棨榜 黃謙授①會府伴讀雅好文翰所至多題咏書法亦見稱於時 陳安泰趙府奉祠正 林要行人司行人 顧本德俱莆田人 莊觀生興化縣人鎮江通判

三年乙酉鄉試 林恒肅第三人廣州訓導歷崇明安仁教諭 黃暘 陳吉生 朱隆灤州同知 黃建雋之從弟 陳永儀 俞智孫冠帶國子生 孫光開建教諭遷同府教授 陳熊 林乾如皋教諭遷南康教授上三人俱應天府中已上俱府學 林環 鄭鏞封川教諭 陳居灤州判官 林長懋見人物志 方陽 方濬源歷宣城荔浦教諭遷襄陽教授 陳實 李全

校注：①魯

黃正 趙仲行應天府中俱莆田縣學 朱侃莆田縣儒士 黃顯仙遊

縣學 陳恭 黃隆生仲元之玄孫應天府中任進賢訓導俱興化縣學 吳公

榮寧縣教諭 黃坦曲江訓導遷教諭俱莆田人是年福建鄉試錄無吳公榮黃坦

四年丙戌林環榜 林環第一人見人物志 王信功戶部主事 陳實翰林

庶吉士 黃建監察御史 趙仲行刑部主事俱莆田人

六年戊子鄉試 楊慈第一人 陳中第三人鹽城教諭 林賢洪之弟仁和教

諭 吳誠 林熊 黃棨晦河源教諭 王凱 黃壽生應天

府再第一人 林經吉水知縣俱府學 鄭濟儋州學正有書經講說行世 趙紹

獻高要教諭 洪鎮開建教諭俱莆田縣學 張[illegible]仙遊縣學

七年己丑蕭時中榜 黄賜第三人翰林編脩 楊慈會試第二人 陳用

黄壽生上三人見人物志 戴員保大理寺評事 林能山東道監察御史俱莆田人

九年辛卯鄉試 吳潛 方鼎 黄常祖 鄭興宗松江教授

盧賓中上三人應天府中已上五人俱府學 余文 洪成宗桃源訓導俱莆田縣學

林迺節長樾之弟江西中莆田人

十年壬辰馬鐸榜 盧賓中淳安知縣終韶州府學訓導以子伺恩贈楚府左長史

黄常祖刑部主事陞山西布政司參議 吳潛吏部主事 余文常州知府 吳誠

王凱大理寺評事終户部員外郎俱莆田人

十二年甲午鄉試 宋顯宗第二人 林時 林勤士敏之子嘉善訓導

遷奉新教諭考鄉試者二同考會試者一年七十致仕卒所著有樸菴稿 林坦 陳滇

宋勝 佘耀 郭爵濟寧州學正改德州 黃寀璞之後應天府中俱府學

林澮陝西行都司斷事 黃普楚府教授 黃宦終南安教授以子謹恩贈監察御史

俱莆田縣學

十三年乙未陳循榜 林遒節刑部主事歷知瀘州廉介公勤尤著意於學校賢能

著聞遷鶴慶軍民府知府 黃寀刑部主事遷江西按察司僉事 林坦貴州按察使 林

時見人物志 方鼎御史調陽朔知縣 佘耀見人物志 宋勝浙江道監察御史俱

莆田人

十五年丁酉鄉試 吳公榮第二人湖廣鄮縣教諭 鄭述 方鯉

鄭孟良國子助教 吳任 黃垣 林季 翁瑛歷仁化桐鄉教諭遷國子助教終翰林檢討以子世資恩累贈户部尚書 林祿 吳宿鄮都知縣 趙滋開封教授 魏矩蓬州學正俱府學 林講昰之弟天台訓導 林壽英

王偉 顧童李得之弟 鄭道考城知縣 林孫歙縣訓導 林庭芳應天府中俱莆田縣學 徐資用 翁長贛州府學訓導俱莆田儒士 吳義

李安俱仙遊縣學 翁文杲訓導 鄭球俱興化縣學

十六年戊戌李騏榜 方鯉見人物志 陳滇金谿知縣 林庭芳新會知縣罷歸敦朴而有文殿元柯潛嘗從之學後以子敷恩贈工部員外郎 王偉雲南府知府以文詞

為一時鄉邦所推　徐資用揭陽知縣俱莆田人

十八年庚子鄉試　吴觀第一人　陳中第二人　黄暹禹之姪祁陽訓導　鄭砮程鄉訓導　吴祀宜黄教諭　葉琪保之姪蜜①縣教諭　朱忠寧縣教諭　方懋韶州府學訓導　黄壽訓導俱府學　徐存書　林惇　鄭慈　郭逞　王時若王府教授　唐智　黄奎　洪琰　陳禄順天府中高州府通判俱莆田縣學　朱暅潮陽教諭莆田縣儒士　陳闞仙遊縣學　林佑興化衛軍生

十九年辛丑曾鶴齡榜　鄭述揔刑部主事坐累調惠州府通判為政端平治績出太守之右藩憲交章論薦曜②知南雄府郡當孔道地狹民貧且苦役繁述興利剔弊有惠愛於民致

校注：①密　②擢

仕卒吳觀禮部主事陳中會試第一人見人物志顧童俱莆田人

二十一年癸卯鄉試黃清寧耕之從姪新會訓導改候官遷龍游教諭鄭祥

陳恭河源教諭宋燦卓望俱府學林崇陳均董復

俱莆田縣學黃興第二人合浦教諭李銅陳可晦寧陽教諭俱莆田儒

士林輝英之子河南中式

二十二年甲辰邢寬榜林輝莆田人以子誠恩贈廣東道監察御史

宣德元年丙午鄉試劉武林文方熙鄭溶慶元訓導

吳鎮連山訓導俱府學林時望第一人教諭陳珪終文昌教諭以子俊恩累

贈兵部尚書陳師輿金山衛學訓導遷乳源教諭徐安祖安福教諭遷撫州府

教授俱莆田縣學朱環莆田縣儒士宜黃訓導鄭師陳慶元教諭陞長樂翁
福臨州教諭遷登州教授蕭為保之子樂昌教諭以子光甫恩贈寧縣知縣俱興化縣學
二年丁未馬愉榜郭逞戶部主事陞郎中吳任餘干知縣俱莆田人
四年己酉鄉試陳嘉會山訓導府學李蒲第一人冠帶舉人黃謙約仲之子
俱莆田縣學吳福觀之弟順天府中①郎墨教諭莆田儒士王毅桃源訓導仙遊縣學
五年庚戌林震榜林文第三人見人物志劉武行人司左司副遷廣東提學僉
事善於教人遠近學者從之遊多所成就方熙少有文名選入翰林為庶吉事方會試時熙當
為書經次卷主司以其語音置第五示與諸經魁齊也熙才高而志大然性狹少容直言無顧忌人
頗憚之出為潮州府通判連遭內外艱家居得目疾遂不復仕益以文章為事誦數酬應無虛日號

校注：①即

年尤加意古賦近歲莆言傳學者歸之卒年八十二俱莆田人

七年壬子鄉試 林同 第一人宿州學正左遷順天府訓導陞安福教諭 鄭觀 巢縣教諭 吴儼 海州學正左遷安福訓導以子璣恩封户部員外郎俱府學 李庭脩 璣之姪 林祥鳳 嵒之子鄆城教諭輕財重義雅善教人正統十年擢監察御史十四年扈從北狩死於土木之難詔與一子入胄監 方迪 陳喜 綏德州學正 林同 信豐教諭遷南雄教授國子助教 林繼 璣之子考城教諭俱莆田縣學 宋雍 順天府中第一人

八年癸丑曹鼐榜 方迪 户部郎中 宋雍 給事中 李庭脩 歷中書舍人太僕寺丞遷少卿卒庭脩性穎敏力學強記詩文典則清麗書法亦遒勁絕俗推重一時所著有士直

集梅花百詠

十年乙卯鄉試　蔡亮鄠都教諭改項城　周哲常熟訓導擢南京監察御史遷長沙知府府學俱　翁淼連州學正遷懷慶教授左遷吳橋教諭　鄭炤廉州學正　林道昭環之從姪霍丘教諭　林渚環之從姪　黃龍應天府中俱莆田縣學

正統元年丙辰周旋榜　黃龍莆田人户部主事

三年戊午鄉試　張勉第三人沅州學正　周坦安定訓導遷勸縣教諭　楊瑛句容訓導遷蕪湖教諭終廣信教授　方澥　鄭夏師陳之從弟均州學正遷襄府伴讀上二人俱應天府中已上俱府學　許賜　方述潮州府同知　謝遜安陸州學正左遷句容訓導俱莆田縣學　顧孟喬文之族子莆田縣儒士　陳升仙遊

縣學

四年己未施槃榜 方澥見人物志 楊瑛禮部主事陞員外郎俱莆田人 陳升仙遊人行人司正

六年辛酉鄉試 黃深壽生之孫第二人 吳膺儼之從弟臨安教諭改宜黃遷唐府長史 林時深渚之弟 丘瑀清江教諭 陳瑩俱府學 方玭第一人泰和教諭遷韶州教授 許濟 林長清洪之從姪俱莆田縣學 翁世資順天府中 鄭熊師陳之子浙江中石城訓導俱莆田人 李梁 周瑩莆田人俱仙遊縣學

七年壬戌劉儼榜 翁世資瑛之子見人物志 顧孟喬正統己未禮部會試中式遂引疾歸壬戌方赴廷試授刑部主事歷戶部遷郎中改南京刑部致仕卒孟喬性豁達無

矯僞善治經學家居遠近學者多造門受業及出仕雖處刑名錢穀之煩亦不廢講解經其指教者多擢高科登顯仕云

九年甲子鄉試

黃暉舒城教諭遷撫州教授　盧同質中之子泰和教諭遷楚府長史　鄭還興宗之子分水訓導終松江教授　鄭立己之從弟易州學正遷饒州府教授　林麒山東塩運司副使　鄭賢餘姚訓導　黃朝章處州府訓導改南昌府俱府學　林智熊之姪宜興訓導遷銅梁教諭改宜興陞蘇州府教授　陳瓚濟南府通判　柯潛　李煥雷州府學訓導　林宗乾之姪海寧州學正陞揚州教授　陳暄　方璿徵之嗣子諸暨訓導　黃滋清寧之從弟順天府中青田訓導改淳安俱莆田縣學　黃原謹興之弟松陽教諭　林時讓肆之子莆田縣儒士　陳鼎升之弟仙遊縣

學

黃夔宦之姪第一人 朱復勝之子上虞訓導遷澄邁教諭俱興化縣學

十年乙丑商輅榜 陳暄刑部主事遷郎中終韶州知府致仕歸恬淡無營士論高之

林長清肆之從弟行人司行人遷戶部員外郎樸素廉靜與物無兢①未六十致仕 林時

深行人司行人 周瑩工部主事遷撫州知府俱莆田人 李梁監察御史仙遊人

十二年丁卯鄉試 陳俊珪之子第一人 翁世用世資之兄 陳善 葉

巒珙之姪 嚴詮興化衛軍生俱府學 鄭循初訓導遷附②馬府學録國子博士擢秦

府長史進從四品秩致仕 林渠新泰教諭 林英歷永豐教諭瑞州教授遷國子助教 蔡

琯浦江訓導俱莆田縣學 陳禮仙遊縣學新繁教諭 吳智 周琰 林

暄經之姪汝寧府教授 鄭重光餘干教諭 陳廷國子助教俱興化縣學 徐宗

校注：①競　②駙

海資用之姪湖廣中海陽訓導

十三年戊辰彭時榜

翁世用戶部主事遷郎中終貴州布政司參議

周琰戶部主事終饒州知府

黃譽字廷永少有志操剛果自立初拜南京監察御史遷浙江按察司僉事轉布政司左參政所至摧奸戢暴侃侃不必避天順初英廟方銳意太平以威明御下時有中貴人按事浙省人心危懼莫知所為譽獨從容詢其所以來之故且周旋其間委曲規諷俾不得縱欲以逞一時上下咸倚賴之丁內艱起復改仕湖廣卒

陳俊見人物志俱莆田人

八閩通誌卷之五十四

八閩通誌卷之五十五

選舉

科第

興化府

國朝

景泰元年庚午鄉試

吳琛儼之子 林棨廷芳之姪 陳敬 李榮銅之從弟西華教諭 李純贛榆訓導改吳縣遷永豐教諭 朱寬 許文燁靈山教諭 陳載瑩之從姪 陳聰莒州學正俱府學 黃謹宦之子第二人 洪楷監察御史遷紹興知府 宋澄 朱貴陽劒川州學正改鄧州 林思承環之姪

陳諧　鄭庸安遠訓導　林憲毅之子秀水訓導俱莆田縣學　鄭華　陳思綱俱莆田縣儒士　陳燮監察御史遷廣東按察司僉事　楊瓚　茅昌河源教諭俱仙遊縣學　宋泰興化縣學順天府中任潮州府通判

二年辛未柯潛榜　柯潛第一人見人物志　吳智戶部主事終四川提學副使

陳敬河南道監察御史遷江西按察司僉事　黃深雲南道監察御史　陳善戶部主事遷山東按察司僉事尋遷副使致仕　吳琛戶部主事歷員外郎郎中遷瓊州府知府　葉鑾監察御史俱莆田人

四年癸酉鄉試　許評第一人昌化訓導改潮州　卓天錫　周轍瑩之姪

陳經德儋州訓導　盧亨澄邁訓導遷邢臺教諭　林泉　方守

林敷庭芳之子方達述之第高橙霖之姪陳傅文會同訓導改德清遷
鉅鹿教諭張紹振之孫博羅訓導遷吳江教諭方和叔灘之子石城教諭高霖
歙民之子鄭傑萬安教諭改河源徐文濡資用之姪陳貴俱府學吳繹
思第二人蔡瓚建德教諭李玨汾水訓導遷蕪湖教諭林耔賢之子鈞州學
正吳徹武康教諭改平原呂澄雷州府學訓導改繁昌李體廣純之從弟
石康訓導林謇憲之第黃縣教諭左遷松江訓導陳亨林烱耔之子惠州府
同知陳崇書崇仁教諭遷潮州教授蕭光甫為之子潼川州學正歷安縣寧縣知
縣遷光祿寺署正林偃繼之子道州訓導遷黟縣教諭林伋偃之弟壽陽訓導遷泰和
教諭祭國子助教黃士學陳朝卿永儀之孫寧縣教諭吳承宗福之

子羅田訓導遷彭澤教諭林彌贇壽之從姪上饒教諭遷真定府教授鄭啓善遷善
之從叔內江訓導遷江都教諭林誠輝之子吳輔阿迷州學正俱莆田縣學方杰
熙之弟莆田縣儒士昌化教諭林越乾之子廣東長樂訓導鄭紀陳遷俱仙
遊縣學王福嚴州訓導改韶州轉惠州史慶仁化訓導俱興化衛軍生周瑛瑩之
從弟鎮海衛軍生莊賢平海衛軍生義寧教諭

五年甲戌孫賢榜黃謹監察御史終湖廣按察司僉事林思承冀州知州遷淮
安府同知卓天錫會試第四人歷刑部主事員外郎擢常州知府遷廣東布政司參政尋遷
貴州按察使嚴詮監察御史陞湖廣按察司副使俱提督學校尋遷廣東按察使終湖廣右
布政使林時讓戶部主事遷郎中終廣東布政司參議陳貫監察御史遷廣東按

察司僉事方逵大理評事遷寧波知府終廣西布政司參政鄭華東莞知縣左遷廬陵

教諭陞國子助教宋澄戶部主事俱莆田人

七年丙子鄉試陳紀合浦訓導陞汶縣教諭陳岳道潛之孫方朝宗鼎之

從姪彭韶黃綸龍之子汜水教諭遷順德府教授黃洙隆生之孫麗水訓導

林渶時望之子饒州通判丘諒黟縣知縣方繹秀水教諭林載文之子中書舍

人陳克仁蘄州訓導黃緒浙江訓導俱府學林橙武安訓導許純雅

靖安教諭方寬涿州學正遷嚴州府教授張同襄陽教諭陞知縣鄭欽龍川教諭

陳頎教諭中之孫張洽周敦仁宋叔昭沂水訓導俱莆田縣

學許文著太平教授吳琦任之孫瑞昌訓導劉學滋崑山教諭俱莆田縣

儒士黃肅平海衛軍生化州訓導

天順元年黎淳榜

林榮拜南京監察御史成化改元榮與同官疏言七事皆中時弊遷廣東按察司僉事提督學政尋改江西卒

朱寬南京禮科給事中與同宮王徽等同上疏言事忤旨調潼川州判官

徐文渧南京刑部主事遷郎中終廣信知府

陳載戶部主事累遷郎中終廣西布政司參議

周轍戶部主事

方朝宗戶部主事遷郎中

彭韶刑部主事歷員外郎郎中四川按察副使按察使廣東貴州左布政使遷右副都御史尋遷刑部右侍郎兼右僉都御史

高橙南京戶部主事遷郎中終廣州府知府

吳繹思德興知縣歷瑞州同知惠州潮州知府浙江布政司參政尋陞右布政使

陳亨行人司行人歷戶部員外郎郎中陞順慶知府

張洽大理評事遷寺副終韶州府知府

楊瓚吏部考功

主事遷郎中湖廣布政司左參政改河南俱莆田人

三年己卯鄉試 楊琅人第一 黄仲昭深之弟 林大猷勤之孫新建教諭累遷國子監丞 周軫瑩之姪 黄師貢壽之姪歷杭州饒州訓導國子學録遷鄭府長史 鄭焯華容訓導遷固城教諭改華容 姚綿臨清訓導遷教諭 吳希賢

方臨熙之姪直隷與化教諭改章丘 宋旨瞻雍之子青陽教諭 鄭淮 林時厚時讓之從兄弋陽教諭俱府學 李仁傑煥之子第三人 陳華玉會稽教諭

遷魚臺知縣 蔡滚美 鄭大江分水教諭 陳謙瑞安教諭 林正

鄭續 吳清觀之從姪麗水教諭改奉新 黄璉 丘山諒之從兄 陳傳 林鏕俱莆田縣學 吳弘窋 吳孜繹思之兄萍鄉訓導陞增城鄞

縣教諭俱莆田儒士鄭珵　鄭純（衢州府學訓導俱仙遊縣學）

四年庚辰王一夔榜　鄭紀（仙遊人翰林院庶吉士授檢討出為浙江提學副使）

六年壬午鄉試　許伯清（仕之從弟望江教諭）林澗（懋之子雲和教諭）宋汝勤（勸之子安州學正改濮州陞國子助教）吳禮（保定教諭）彭鏦（中書舍人陞工部員外郎郎中左遷永寧州知州）張文淵（勉之子桐廬教諭）陳音　余康

方榮（武進教諭陞湯溪知縣改廣東按察司經歷）林仲璧（台州府同知改惠州）黃銅（文安教諭）陳按　林桄（獻之姪惠州府同知）洪忠（江都教諭俱府學）林鈁（坦之從姪第二人高州府同知）余祈繁　陳叔勉（掖縣教諭）王克謙（南昌教諭遷兗州教授）黃鐸（宦之孫）林廷榮（王府紀善）周巻（弘之姪嶧縣教

諭改金華林堂撫州教授林孟和瑄之子鄭師烈欽天監挈壺正顧宗
美愽羅訓導李元顉黃綱秀水教諭洪溥楷之叔應天府中德清知縣俱
莆田縣學黃初第一人黃巖教諭遷教授朱文環陳綱紀之弟俱莆田儒士
鄭寬紀之從弟仙遊縣學吳烈平海衛學蒙城教諭
八年甲申彭教榜陳音翰林院編修歷侍講遷南京太常少卿楊琅見人物志
鄭淮吳希賢翰林院檢討歷修撰遷左春坊左諭德轉南京翰林院侍讀學士
林誠廣東道監察御史提督北直隸學校陳按南京刑科給事中吳密自陳
頭就教職除處州府教授遷襄府長史俱莆田人陳遷仙遊人戶部主事歷員外郎郎中遷
江西布政司參議

成化元年乙酉鄉試　吳仲珠第三人　林和　楊義瑛之子興國州
知州曾珤博野教諭歷南昌教授遷國子助教　陳元綱岳之姪淳安教諭遷處州教授
劉正隆原之曾孫永嘉教諭改樂平　蔡信渠縣教諭　黃喬孟黃巖教諭　劉
景輝學滋之姪萬安教諭改海陽　翁槐世資之從姪山陽教諭　鄭憲　林
祥博羅教諭遷饒州教授　陳懋源　常福通政司經歷俱府學　鄭思亨
彥成曾孫第五人淳安訓導　朱弘紹唐山教諭　陳鑑阜城教諭　許廷齊魏縣
教諭改太平黃巖　葉璉巒之從姪膠州學正改莒州遷興國知縣　陳良海鹽教諭　柯
焞潛之族弟　李元蘆江知縣　林講連州知州　陳叔疇上饒教諭　吳世騰
孜之從姪　陳裕　方廷章墀之姪孫泰安州學正　許珀壽州學正　鄭廉

孟良之姪孫揚州府同知陳純定海訓導俱莆田縣學方岳解之孫陳麟祥

訓導林體英　方珪　黃銓　林光甫教諭俱莆田儒士

二年丙戌羅倫榜　陳岳戶部主事黃仲昭翰林院編修調浙潭知縣尋改南京

大理寺右評事遷署左寺副事林敷四川眉州知州擢南京戶部員外郎陞韶州知府林

孟和禮部主事調慶陽府通判朱文環戶部主事歷郎中遷江西布政司參議余

祈繁　柯燉大理寺評事歷寺副遷廣東僉事改浙江林正監察御史嘗巡按蘇

松常鎮四郡擊貪戢暴凜凜有風裁後復巡按廣東官吏歛肅慴然有蛟龍在淵虎豹在山之勢時

稱良御史未幾以疾卒於廣士大夫惜之黃璉戶科給事中遷浙江布政司參議丘山

瑞安知縣遷監察御史陞貴州按察司副使俱莆田人余康慶元知縣遷南京都督府都事

陳龍戶部主事遷員外郎尋遷四川布政司參議

四年戊子鄉試

謝宜善第二人　朱愷　趙文仲紹獻之孫夏津教諭

陳祭珪之子慈溪教諭　林釗文之孫　黃日矩朝章之子莒州學正　史欽慶之從子濟南教授

廖德徵　鄭繼崇德教諭　顧纘嵊縣教諭　周公安濟寧州學正改安陸州

楊元慈之孫休寧教諭　陳鯉應天府中　林源俱府學

黃際　李長源嘉定教諭　方彬守之從弟　林譙富陽訓導　方文⿰火帝廷章從弟徐州訓導

宋嶽巨贍之從弟　吳誄教授　吳⿰月興南昌通判俱莆田縣學

黃文琳銓之從叔第一人　林瑱鈞州學正　高昂　朱悌愷之弟　陳則孔揚州府訓導陞教諭

黃萬碩泰之孫新建訓導俱莆田儒士　曾琛仙遊縣學

吳玉榮　林本從俱平海衛學

五年己丑張昇榜　周瑛廣德州知州轉禮部郎中遷撫州府知府改鎮遠　李元鎮戶部主事遷廣東按察司僉事　方守戶部主事歷員外郎郎中遷雲南布政司參政　廖德徵大理評事累遷廣東按察司僉事　林和刑部主事歷郎中遷潮州知府　方岳行人司行人遷南京監察御史　蔡元美舊名添美行人司行人遷工部員外郎　陳鯉戶科給事中　方珪翰林庶吉士授貴州道監察御史巡歷所至清介有風力不幸早卒俱莆田人

七年辛卯鄉試　黃穆譽之子第二人　鄭琳溶之姪冊徒訓導　方朝清朝宗之從弟滄州學正陞蒲臺知縣　方秉元珪之從叔　黃以禮　林文仁英之

弟李伯通體廣之姪陳熊敬之姪楊清琅之姪無爲州訓導許仁評之
姪淳安教諭陳聲遠郭紹金谿教諭改黟縣俱府學黄節甫榮之從叔
弟三人方以順熙之姪戴墀柳照進賢訓導林賞許邦
瓚豐城訓導戴日昇潘偉東疆教諭選教授鄭璋俱莆田縣學陳
侖道潛之章孫教諭黄盞啓晦之孫黄體勤興之子常熟教諭陞開封教授鄭欽
劉樂陽黄瑛奉新訓導俱莆田儒士周剛軍生衢州訓導陞增城教諭
余琦徐孟溥沽化教諭俱平海衛學徐聰安祖之孫順天府中鉛山教諭
陞順天府教授

八年壬辰吴寬榜李仁傑第三人翰林院編修高昂六安知州方彬工部

主事黃榮刑部主事遷員外郎尋遷浙江按察僉事周軫會試第三人戶部主事遷員外
郎郎中陳裕廣信府永豐知縣蒞任九載邑人悅其廉平裕性愿慤不事表襮故一時當道
未有知而薦之者官未及遷而卒宋儆吳玉榮南京太常博士遷監察御史俱
莆田人

十年甲午鄉試黃乾亨深之子第一人林淮宋端儀汝勤之子方
永鄭漸恰生之曾孫長興教諭陳璟翁端福之孫教諭翁嚴
世資之從姪王朝器陳瑞岳之從弟宣城教諭程禮黃芳體勤
之從弟徵州府訓導吳鑑卓榕南海教諭顧叔龍孟喬之子林華
朱世增忠之孫象山教諭改揭陽陳邦瑞林元甫俱府學吳昭

陽保之孫第二人吳柔徹之姪烏程教諭改丘縣俞釗泰和教諭吳希達希賢
之縱弟順德教諭改番禺林選黃紀德慶州學正彭甫鎔之從姪吳講
泳之第王原雍常之姪休寧教諭鄭徽立之子李敬甫新興教諭俱莆
田縣學林沂棨之子朱璠貴陽之從姪桐鄉教諭李德美俱莆田儒士
陳衍惠州長樂教諭楊敷贇之子俱仙遊縣學吳毅仲珠之從姪吳球俱平
海備學

十一年乙未謝遷榜黃鐸刑部主事朱愷戶部主事累遷刑部郎中余琦
大理評事累遷江西按察司僉事吳仲珠義烏知縣吳毅潮陽知縣林淮刑部
主事轉員外郎遷雲南按察司僉事乞近地教職以便養母得旨除常州教授親終仍舊職鄭

欽景寧知縣陳能順德知縣黃乾亨行人司行人奉使滿剌加國賜一品服充副
使渴海禍贈本司副錄一子入冑監陳懋源武義知縣刑部主事署郎中林元甫
工科給事中俱莆田人
十三年丁酉鄉試　方憲守之弟第二人鄭瑗儀和之子第三人黃秀穆之
弟陳璲員外郎中之姪孫北直隸威縣教諭林典憲之子西安教諭　方珊珪之
弟張宜珎文淵從姪方璋珪之弟林俊宗之孫梁璋天台教諭余
一正康之從弟鄭朝馨纘之從叔西安教諭程樂禮之弟吳溱巖之孫玉
山教諭方惟翰東莞教諭陳員音之弟黃縉太平教諭方景淵樂平
訓導李仁桐柏教諭俱府學游儒教諭黃文璋文琳從弟徐良珠餘杭

教諭陳鍾瓚之姪建德教諭鄭育師陳之孫林邦輝教諭擢知縣彭景

俱莆田縣學朱瓘愷之從弟鄞縣教諭丁襄邑學教諭陳文教諭黃熒紀之

叔鄭敏重光之姪仙居教諭李文獻伯通從弟定海教諭蕭玉教諭陳暹

俱莆田儒士阮韶仙遊縣學

十四年戊戌曾彥榜林俊刑部主事以言事左遷州判尋復南京刑部主事署員外

郎事歷雲南按察司副使吳昭南京工部主事遷員外郎尋陞郎中李德美夔州知州

陞廣西按察司僉事黃文琳陳邦瑞翰林庶吉士朱條行人司行人遷

南京監察御史吳球博羅知縣遷南京監察御史黃節甫行人司行人吳世

騰順德知縣遷太僕寺丞王朝器遂安知縣俱莆田人

十六年庚子鄉試　蔡大宣信之從弟第二人　高倰曲阜教諭　李文利

元之弟　鄭中孚循初從弟新城教諭　陳世顯恩之子　周傑瑩之姪　張

瑞洽之姪　黃士英　鄭光與　張璉青縣教諭　陳珀堂邑教諭

程琮禮之從弟教諭　林堪洪之曾孫　陳倫教諭　翁溎世用之子　林哲甫

元甫之弟俱府學　吳稜觀之從姪第一人　黃華榮之弟　方山澥之孫　黃

憲縉之從叔教諭　鄭師漸之弟　柳熙照之從弟　黃瀾　周進隆坦之

子　林文昌孟和從姪　李璜教諭　吳鵬容城教諭俱莆田縣學　丘天祐

瑀之從姪　林英甫光甫之兄　洪幼愚弋陽教諭俱莆田儒士　張澤漁基教諭

陳元觀城教諭　余徵文之孫俱平海衛學

十七年辛丑王華榜　宋端儀禮部主事　鄭瑗南京禮部主事陞郎中　彭
甫南京戶部主事　翁嚴　林沂金華推官陞工部主事　林堪長興知縣　張
宜珎東莞知縣　丘天祐瑞安知縣改饒平
十九年癸卯鄉試　陳仁邦瑞之從弟第一人　丘汝亨　姚鳴和
歐泰　曾發雲和教諭　丘泰舒城教諭　周瓚　黃大中朝章之孫
吳琯　李有嘉　鄭寶　佘雲龍康之子　宋時著教諭
黃秩穆之弟　林長繁　彭濬韶之子　廖絅婺源教諭　周榤瑩之
姪俱府學　陳晦純之子　林道充智之姪　柯德賛懷之從弟山陽教諭　方
璘寬之子　陳愈俱莆田縣學　陳士元嵋州訓導　林宗重恩縣教諭　朱

泰王山訓導朱文魁世增之姪虹縣教諭俱莆田縣儒士鄭廓用太江之子教諭

平海衛學

二十年甲辰李旻榜方璋周進隆紹興推官姚鳴和戶部主事

黃竜榮之弟戶部主事

二十二年丙午方良節朝清之姪第三人林夔大猷之子藍璧陳嘉

謨汝上教諭陳彰俊鄉族孫翁茂南李濬旌德教諭藍應璧之弟

陳日漸讃之子陳允諧曾琰瑤之弟俱府學洪創方讓

繹之從弟鄭嘉祐循初之子均州學正黃乾仁仲昭之從姪楊鐸琅之從弟

鄭庠廉之弟湯陰教諭俱莆田縣學崔儀第二人王鑾泰順教諭林汝明

楊文命瑛之孫德興訓導　林光重　吳天與仲珠之從姪　吳敎繹思之姪孫俱莆田儒士　陳茂烈興化衛軍餘　林貫建昌訓導　鄭義淮安訓導

林華俱平海衛學

二十三年丁未費宏榜　黃穆翰林庶吉士　陳仁　余徵　彭景　藍應　林長繁韶州推官　歐泰番禺知縣　陳晦　張瑞

福寧州

唐

神龍元年丙午姚仲豫榜　薛令之長溪人見人物志

乾符二年乙未鄭合敬榜　林嵩長溪人見人物志

景祐二年癸丑曹憲長溪人

宋

端拱元年戊子馬國祥榜　周希古長溪人職方員外郎

治平四年丁未許安世榜　謝黨長溪人

熙寧九年丁未徐鐸榜　姚世舉長溪人知奉寧縣泉州舶務

元豐二年己未時彥榜　林積仁長溪人歷鄧城知縣

諸科　卓鈞長溪人四門助教

八年乙亥焦蹈榜　高崇長溪人

元祐六年辛未馬涓榜　林豈長溪人朝散郎通判安肅軍

紹聖四年丁丑何昌言榜　鄭宗寧德人四川提舉學事

元符三年庚辰李釜榜　丘允長溪人見人物志　鄭楫宗之姪孫朝奉郎兩浙西路提舉學事

崇寧二年癸未特奏名　繆昌道長溪人

三年甲申幸太學上舍釋褐　鄭南寧德人宗之從姪釋褐第一人朝散大夫秘閣修撰

五年丙戌蔡薿榜　楊惇禮歷大學博士通判秀州乞致仕除司勳員外郎再乞致仕除監察御史力辭時年未六十終朝請郎　黃薦可朝議大夫俱長溪人

大觀三年己丑賈安宅榜　林介鄉承奉郎大學博士　陳雄朝奉大夫

知象州俱長溪人

陳彦卿寧德人

特奏名

繆剛長溪人

政和二年壬辰莫儔榜

王俊通直郎知莆田縣

朱庭佐敏修之子太學博士俱長溪人

劉溫伯寧德人朝散大夫

特奏名

姚能舉長溪人儒林郎

五年乙未何㮚榜

陳遇復之子宣教郎湖南提舉司幹官

陳昂直顯謨閣俱長溪人

陳邦彦寧德人三山志無此名而寰宇志及縣志有之今增入

重和元年戊戌王昻榜

丘達長溪人

鄭禹南之弟寧德人朝請大夫

宣和三年辛丑何渙榜

陳最長溪人見人物志

鄭昌齡揖之子寧德人

見人物志

六年甲辰沈晦榜　劉昝通判漳州　朱倬　陳遷遇之第朝肅丞俱長溪人

按縣志又有朱倬庭佐之子也三山舊志以爲閩縣人已見福州府科名志

建炎二年戊申李易榜　謝邦彥浙西提刑　洪清臣見人物志　陳

遠遷之第宣教郎知武寧縣俱長溪人

紹興二年壬子特奏名　劉發　姚祖虞俱長溪人　程嘉德

周亨明三山志無此名俱寧德人

十二年壬戌特奏名　陳賓長溪人

十五年乙丑劉章榜　林仰豈之子朝奉郎長溪人　王石寧德人

特奏名　夏寅長溪人廣州觀察

十八年戊辰王佐榜　王亮功文林郎漳州教授　王萬脩　劉公

特溫伯之姪知龍溪縣寧德人　劉季裴發之子見人物志長溪人

二十一年辛未趙逵榜　王覆初亮功之弟寧德簿　馬千里　林

桷褎字志作補迪功郎俱長溪人　陳莊梅州教授　周鼎　張翺俱寧德人縣志

以上二人爲是年特奏名

特奏名　陳煜寧德人

二十四年甲戌張孝祥榜　王萬章　陳驥雄之姪　王少愷

亮功之叔寧國府僉判　林同仰之子　莊行成處州司戶　王汝弼俱長溪人

特奏名　謝成章寧德人

武舉　夏汾叟長溪舊志無此名

二十七年丁酉王十朋榜　陳元禮肇慶教授　陳駿椎之姪見人物志

王宗巳亮功之族見人物志　周直亮卲武軍知錄　卓慶集七年解首迪功

郎俱長溪人

武舉　吳茹長溪人

三十年庚辰梁克家榜　繆從龍　林湜周之姪見人物志　楊興

宗惇禮之孫見人物志　高曇見人物志　林艮　王成　王定方

繆夢弼　林虎俱長溪人　阮先　陳謚　陳元應俱寧德人

特奏名 羅煇長溪人

武舉 楊璵 陳煜俱長溪人

三十二年壬午登極恩上舍釋褐 陳義元禮之兄長溪人宣教郎

隆興元年癸未木待問榜 薛鏞 姚瀛見人物志 陳文卿迪功郎

王仁迪功郎 黃子張 林師莘同之弟 林淳湜之兄終潮陽尉

李煥迪功郎平陽尉 林光祖 王瀛饒州教授 丁尚友 韓必大

劉更生 陳洷迪功郎俱長溪人長樂縣志以王瀛為其邑人 余直方

鄭嗣誠 陳德明 陳言應俱寧德人

特奏名 詹羽寧德人

武舉 阮瑀 陳賛俱長溪人 連驤寧德人

乾道元年乙酉童子科 高應 何邁俱寧德人三山志無此二人

乾道二年丙戌蕭國梁榜 陳所得福安人南雄教授 陳朝老富陽

簿 劉去病 劉確崇安令俱福安人 王推宗已之從弟 朱大寳

張叔振見人物志 呂景長拱辰之從兄 周文擢直亮之姪 楊謙之

興宗之姪迪功郎俱長溪人寰宇志無楊謙之 鄭頴俱寧德人

特奏名 陳庇長溪人主簿

武舉 薛僖令之十二世孫武翼大夫知融州 施夢樞江西將領俱長溪人

五年己丑鄭僑榜 林隶 張觀見人物志 高融曇之從姪 繆仲虎

夢弼之姪鄭鈞 黃楫 林汝能同之從弟東嘉簿俱長溪人三山志無林
來而褒字志有之今增入
特奏名 劉慶祖池州監酒劉季山平江監酒俱長溪人三山志無此二人
武舉 黃夢攸長溪人黃鐵邵陽縣尉寧德人
八年辰士黃定榜 楊繼祖 劉邵南康教授陳縡臨安監倉陳晃
國 謝時舉俱長溪人秦膺閩寧德人
特奏名 羅寅曲江尉吳符聘仙居丞劉季雲季山之弟武平尉俱
長溪人三山志無此三人
武舉 黃章權知萬安軍楊文志俱長溪人

淳熙二年乙未詹騤榜　許成　謝逵　程翼迪功郎潮州教授
林滏楫　王子陽　高邁　王萬全萬修之從弟　葛騤
俱長溪人劉烈夔祖之子陳接知邵武軍
武舉　王節　繆靖俱長溪人三山志無繆靖黄裳寧德人見人物志
五年戊戌姚頴榜　姚祖譽瀛之弟西外宗教　劉嶽季裴之子南外宗教林
劉舉同之姪　王宗浩宗巳之從弟　楊楫興宗之從弟見人物志張古
心　薛七顏俱長溪人陳宋輔見人物志彭夢錫俱寧德人
特奏名　繆守愚黄陂主簿周亨升南恩州法曹寧德人繆輩南海丞俱
長溪人

武舉 陳英准安撫司准備將領長溪人 陳應縣志俱黃應龍 黃勳 陳

勳俱寧德人

八年辛丑 黃由榜 王知章 楊武 謝牧 楊是甫俱長

溪人 林焞 王宗傳見人物志俱寧德人

特奏名 繆椿長溪人三山志無此名 何升之寧德人

武舉 姚況知黃陂縣 周肇 姚廓知邕州俱長溪人 李興時寧德

人見人物志

童子科 黃樞寧德人三山志無此名

十一年甲辰 衛涇榜 陳旌 黃奕俱長溪人 周峻峻縣志作牧 黃

穆忠俱寧德人

特奏名　薛召　林可大俱長溪人三山志無薛召

武舉　陳商霖　夏介長溪人　鄭傳寧德人

十四年丁未王容榜　鄭之悌朝奉知饒州　林煒楠之弟　張德明

繆偉　黃致一　楊祖堯　鄭肇　高齡俱長溪人福清

縣志林煒作林偉以為其邑人而寧德縣志以鄭肇為其邑人

特奏名　繆興宗潁州推官　蘇晉三山志無蘇晉俱長溪人

武舉　彭安上　王石孫見人物志　陳紀俱寧德人

紹興元年庚戌余復榜　邢必學炳然之子　錢易直居溫州著作佐郎知

池州黃相知麗水縣高松融之子見人物志俱長溪人余復第一人見人物志
薛將俱寧德人湖昌尉縣志以薛將爲是年特奏名
特奏名　王東老　王子俊　王仲應　王萬侯
蔣具瞻衡之父王叔介　黃文仲　姚正國蓮城簿阮
大用用安簿何旣濟湘鄉丞張時敏惠州判官俱長溪人三山志無姚正
國林⿰火帝確之姪寧德人
武舉陳昕金州都巡陳時昕之兄新化尉鄭縉黃崗縣尉劉澀樴知廣
濟縣俱長溪人三山志無劉澀樴　林定泰居平江知象州周用亨縣志作周鳳知
循州黃晉俱寧德人

紹熙四年癸丑陳亮榜　陳從寄居慶元府　陳奕驥之子寄居臨安衢州司法俱長溪人

特奏名　劉季雲　繆翥豐州判官俱長溪人　徐師臣　余昊復之兄俱寧德人

武舉　王三錫　姚灼俱長溪人

慶元二年丙辰鄒應龍榜　黃沐之楫之子知飛水縣　王輿卓之孫知南劍州俱長溪人　李應辰寧德人與時之姪

特奏名　王沂　林沖池州運幹俱長溪人

武舉　林仲虎第二人見人物志　黃囦　黃昌辰俱寧德人　繆德

綏鄜州副將趙萬年武德大夫俱長溪人三山志無此二人

五年己未曾從龍榜　陳經見人物志　王士奇知章之兄　林申居台州虎之子兩浙運判　薛君用寄居溫州　陳千能寄居羅源　林賛寄居溫州俱長溪人

俞汝益　林時英[illegible]之姪　高順靈仁之姪見人物志俱寧德人

宗子　汝似居長溪

特奏名　繆傳梅長溪人三山志無此名　鄭可久宻之孫　劉頎

龔梅卿　吳秀山俱寧德人

武舉　楊商佐長溪人　黃慶寧德人旹之叔

嘉泰二年壬戌傅行簡榜　阮文子通判　王之制　吳楠俱長

溪人　余宗　陳溥　張翔俱寧德人長樂縣志以陳溥爲其邑人

特奏名　王大任　章正國　郭師顯　陳儔俱長溪人

寰宇志以章正國爲是年進士　鄭懷　謝夢誠俱寧德人

武舉　繆震第三人　陳斌子俱長溪人

開禧元年乙丑毛自知榜　陳旹寄居福清潭州通判　鄭璜頎之子　蔣

蘅知淳安縣　鄭邦俊南卿之孫寄居連江俱長溪人　黃旹寧德人紹熙初武舉見人

物志

特奏名　劉燦明長溪人道州文學三山志無此名

武舉　徐森木省試第二人官李路鈐　孫應龍勉滋之兄廷試第三人見人物

志俱長溪人寧德縣志以孫應龍爲其邑人

嘉定元年戊辰鄭自誠榜　姚洽祖賡之姪上杭丞　薛曾召之子復州推官

陳登　任一震文薦之孫湖南提舉　楊公行幹之曾孫　周平子俱長溪人

林士蘷沖虎之姪通直郎寧德人

宗子　師峩居長溪

特奏名　黃豐長溪人三山志無此名　陳堯卿寧德人

武舉　黃宋英寧德人夔之弟

四年辛未趙建大榜　林峯涇楫之姪　余易　周叔茂寄居臨安府

許彥能　陳哲夫　馬經德　陳遇明居温州俱長溪人

宗子　與遹居長溪肇慶府通判

特奏名　林淵明　莊起宗俱長溪人

武舉　林汝浹第一人閤門舍人歷四郡　林問禮　鄭容俱長溪人　黃

宋彊嘗之姪寧德人廷試第二人

七年甲戌袁甫榜　黃巽南城尉　王伯大萬全之子見人物志　林甄波能

之子　朱宏孫實之之弟寄居羅源承議郎俱長溪人

特奏名　林仲麟寧德人三山志無此名

十年丁丑吳潛榜　羅雲中四川制幹　尹煥寄居紹興府歷少卿江西運判　黃

鑑　林少嘉　陳光遠奉議郎　李潤之解魁　鄭士龍

陳衡夫俱長溪人 黄夢雷寧德人

宗子 時鏞居長溪

特奏名 陳絲長溪人

十三年庚辰劉渭榜長溪 陳煃燁之弟見人物志 姚鏞 陸聞雷伯正

之子 林謄龍 林應龍 姚德輝 郭宗儀寄居婺州 張

尚牧之子寄居羅源 姚遇知泰寧縣俱長溪人 梁剛中寧德人按福安縣志是年

又有林坰而三山志寰宇志俱不載

宗子 崇璮汝似之子居長溪

特奏名 林介卿 龔郯梅卿之從姪 程少杜嘉德之孫俱寧德人

武舉　陳湜長溪人江州計議官

十六年癸未蔣重珍榜　陳端年緣之子　上官公舉　陳良驥　楊夢龍　吳行可茹之子知會稽辛縣寓居江陰軍官士朋　陳大章億之子　高遷巖之弟　姚弢德輝之兄俱長溪人寰宇志無姚敞又以陳端年爲陳端平

宗子　希綬居長溪

特奏名　陳則壁　林伯大　李端行俱長溪人

武舉　林以禮知如皋縣　繆元龍俱長溪人　黃超叔又旹之姪寧德人知賓州

特奏名　楊文煥道州教授長溪人
寶慶二年丙戌王會龍榜　林子文　葛炎駢之弟　陳翥連江
教諭　林孟治湜之孫寄居福州　高嚞居溫之平陽　鄭夢登應龍之弟居羅
源　王維伯大之姪西外宗教俱長溪人
宗子　希龔　希禘希龔之弟　希諶俱寧德人
特奏名　薛希載寧德人
武舉　孫巨源建寧令　陳起囦　姚允武從議郎俱長溪人　姚
望之見人物志　高處仁頤之姪　陳公烈知無為縣　陳天瑞俱寧德人
紹定二年己丑黄朴榜　王昱宗浩之子　郁中寄居平江府　葉適寄居

夔州高籛松之孫王大舉　繆正叔寄居溫州莊克家　王

從龍　翁洽邵武教授鄭寀淳祐中除右正言擢殿中侍御史遷侍御史左諫議

大夫拜端明殿學士僉書樞密院事寀居言路諂附權臣不辨君子小人皆彈拄之黃龢錄居求居

福俱長溪人褒宇志無翁治

特奏名　繆蟾守愚之弟第一人　梁應龍俱長溪人按壽寧縣志是年又有繆讃繆寶而無梁應龍又皆以爲釋揭

武舉　陳霆發知昭州　陳國弼霆發之弟俱長溪人

五年壬辰徐元杰榜　韓伯脩　黃復翁移忠之姪孫　黃賁夢攸

之子國子學正知橫州居羅源縣黃啓正　周還淳　鄭著　陳

申　張翊太常寺丞　楊潭貫眉州俱長溪人寰宇志無此名寧德縣志以黃復翁爲其邑人　陳鶚俱寧德人　吳福元福安人寰宇志以爲長溪人

宗子　時鈇　時鍊時鈇之弟　崇銛崇鏻之弟俱居長溪

特奏名　林克己　徐登光澤丞　張濱子助教　林昭卿俱長溪人　黃應辰旹之族弟　周景章俱寧德人

武舉　阮國威　鄭嗣功俱長溪人

端平二年乙未吳叔告榜　陳準驥之姪　林孟雲甦之子　王夢炎　林正道俱長溪人　莊師熊　鄭士謐謐一作謚俱寧德人

宗子　希愿師峙之子居長溪

特奏名 陳魁松溪尉 劉沐永春簿 池光庭高州文學 薛鶯兒知蘇州府俱長溪人三山志無薛鶯兒 林仲彪寧德人

武舉 劉有成福安人三山志無此名

嘉熙二年戊戌周坦榜 王復 羅圭衢州判官 林雲龍 林孟辰 林金孟雲之兄俱長溪人 繆烈省元貫開封府 林瞫貫台州居長溪寰宇志無此二人

宗子 希僿長溪人

特奏名 林舜俞 林甭 王雲 鄭湜 黃士奕 黃逢時嘉興簿俱長溪人三山志無黃逢時

武舉 劉必成有成之弟第一人潯州知州 張萬興化令俱長溪人 余士

武寧德人

淳祐元年辛丑徐儼夫榜 劉㶽新會尉 劉自省元 林舜咨泉州

司戶 鄭溥 王熈居連江 林元孫 黃囦奕之孫 林祖中

陳夢受 林思咨 阮許近萬載簿俱長溪人 陳彭年

張文虎俱寧德人

宗子 時逯長溪人

特奏名 羅從直長溪人三山志無此名 黃起叔起叔之弟寧德人

武舉 劉友龍 陳儀子殿司正將 吳一夔武江尉 阮霆振

武仙宰俱長溪人三山志無此四人

特奏名　劉友長溪人

四年甲辰留夢炎榜　鄭利宜瑞安尉　黃拱辰　繆元德居溫州　楊肅　袁珏　唐玠　孫應鳳貫滁州俱長溪人寰宇志無此名　陳伯錢寧德人

宗子　時鍄時銑之弟溫州知縣居長溪

特奏名　林夢升寧德縣人　陳埜翦之兄岳山簿　吳權仙遊縣潛俱福安人

武舉　林祖泰寧德人　林之望殿將　劉德成必成之兄殿將俱福安人

七年丁未張淵微榜　王長孺　林桂發　臧屋　袁槩

瑤之弟鄭能應 莊元龍貫泉州林孟煥暹之子陳夢龍
王元野 姚遂 王宗洙 薛廡生貫温州俱長溪人寰宇志
無薛廡生林祖恭士夔之子寧德人三山志以為閩縣人康惟新南劍教授陳
德元汲之子嘉興尉俱福安人
宗孚 時鐖時銑之弟與諫俱長溪人
特奏名 林暹孟煥之父丘應方 謝敬 馬護才 鄭
剛中 卓台長 周士曾 魏清之 林澡 葉
三益 謝石孫俱長溪人黃鑑貫閩縣黃裳崇囦之子余以
正俱寧德人寰宇志無余以正羅榮孫居福安

武舉　高宗弼凭試第三人　繆起渭仲凭之孫　吳安國　楊夢龜俱長溪人　彭林　余士成士武之弟俱寧德人三山志無彭林縣志以士成為嘉熙二年進士又以士武為是年武舉誤　阮逢午福安人三山志無此名

特奏名　孫汝勉第一人寧德人縣志以汝勉為嘉熙二年武舉特奏名誤

十年庚戌方逢辰榜　林之泳福安人之望之兄銘山尉

武舉　張億子福安人第一人

特奏名　黃體仁寧德人

两優釋褐　繆幼節福安人縣志以幼節為七年武舉釋褐誤

寶祐元年癸丑姚勉榜　姚夢兆寧德人　黃景師質之子　陳贊

陳昇 吳元龍 柳燦 姚君元撫州藍江尉俱福安人羅源縣

志以黃景師為其邑人是年特奏名未詳

特奏名 賴夢鈐寧德人

武舉 阮疇 劉應沐 劉忠嗣 劉國泉必成之姪俱福安人

四年丙辰文天祥榜 段舜咨 周淼俱寧德人 陳錫榮 許安國 鄭會龍 劉域 張全俱福安人

特奏名 陳价 陳振起俱寧德人

武舉 楊湜 黃瀛姚質之姪俱福安人

咸淳四年戊辰陳文龍榜　鄭同翁寧德人兩浙運使三山志無此名　倪文一福安人見人物志

元

泰定元年甲子張益榜　林仲節至治癸亥江浙省試第一人寧德人

至正十九年己亥福建省鄉試　陳亮寧德人懷安縣志以為其邑人誤

國朝

洪武五年壬子鄉試　周斌寧德縣學齊府左長史

八年乙卯鄉試　湯宗誠寧德縣學上元知縣

十八年乙丑丁顯[illegible]人　薛盛福寧人　翁公賓寧德人監察御史上二人縣志

俱不載鄉試何年

二十年丁卯鄉試　趙宣寧德縣學興濟知縣

二十一年戊辰任泰亨榜　吳廷進福寧人兵部主事　曾寅寧德人工部主事上二人舊志俱不載鄉試何年

二十三年庚午鄉試　黃僧保寧德縣學北流教諭　陳英漢州教諭　鄭山桐廬教諭俱福安縣學

二十六年癸酉鄉試　林觀光祖之子歷程鄉永豐餘姚儒學教諭左遷江山訓導後以子聰恩贈都察院右都御史　陳添任提舉陞鄭州同知　林保童見人物志俱寧德縣學　陳錡福安縣學見人物志

二十七年甲戌張信榜　林保童寧德人知縣

二十九年丙子鄉試　周悌福寧縣學浦江知縣陞市舶提舉　林宗學寧德縣學海山教諭陞安府紀善

三十二年己卯鄉試　陳玘涇縣教諭擢給事中　姚熊崖州判官俱寧德縣學

鄭富福安縣學臨安訓導

三十三年庚辰胡廣榜　黃宣寧德人行人陞通州知州舊志不載鄉試何年

永樂二年甲申曾棨榜　吳童福寧人廷進之弟　陳宗孟添之從弟見人物志

林泰監察御史俱寧德人　蕭顯連山知縣　林壽監察御史俱福安人已上五人舊志俱不載鄉試何年

三年乙酉鄉試 林春雷州府通判 麥鐇俱福寧學 陳靖雷施知縣 陳炫俱寧德縣學 陳琦福安人

四年丙戌林環榜 謝霖寧德人翰林庶吉士舊志不載鄉試何年

六年戊子鄉試 林棠 徐泉俱福寧縣學 林輔 張轅應天府中訓導俱福安縣學

七年己丑蕭時中榜 高濬寧德人大理評事陞肇慶知府舊志不載鄉試何年

九年辛卯鄉試 鄭琯福寧縣學奉化教諭是年鄉試録無此名 陳彬寧德縣學 陳希福安縣學

十年壬辰馬鐸榜 陳琦福安人見人物志琦舊志不載鄉試何年

十二年甲午鄉試　林良　盛福國子學錄俱福寧縣學　陳璣　林
縉俱寧德縣學　陳僖瑞安訓導　王熊　陳新海陽知縣俱福安縣學
十三年乙未陳循榜　陳彬玘之從姪寧德人吏部主事
十五年丁酉鄉試　陳紀景壽之孫廣東長樂教諭　林尹保童之子　陳善俱寧
德縣學　鄭珊永康訓導　薛佛連山教諭　陳鴞　郭殷俱福安縣學
十六年戊戌李騏榜　林良福寧人新城知縣
十八年庚子鄉試　陳昱福寧縣學番陽教諭　張昭　湯泉俱寧德縣學開
州州同　崔敏應天府中訓導　鄭璧廣西衛經歷　鄭讌俱福安縣學
二十一年癸卯鄉試　謝崧福寧縣學　林思勉萊州通判陞荊州同知　林

魁贛州知事俱寧德縣學　林銘福安縣學南康縣丞
宣德四年己酉鄉試　林榮鳳陽訓導寧德縣學
七年壬子鄉試　黃澄福寧縣學
正統三年戊午鄉試　林聰觀之子寧德縣學
四年己未施槃榜　林聰寧德縣人見人物志
六年辛酉鄉試　趙儀寧德縣學龍泉教諭　鄭儒福安縣學
景泰元年庚午鄉試　卓越福寧縣學金鄉知縣　韓璟湘陰知縣　龔膺
鄭永慶仙居教諭俱寧德縣學
四年癸酉鄉試　陳和寧德縣學無為州學正以子寓恩贈刑部主事

天順八年甲申彭教榜　龔膺寧德人戶部主事陞郎中湖廣布政司參議

成化元年乙酉鄉試　王淮福寧縣學

四年戊子鄉試　林著　陳寓和之子　左濬寧德縣學餘干訓導

五年己丑張昇榜　陳寓寧德人歷休寧知縣擢刑部主事員外郎郎中陞廣西按察副使

十年甲午鄉試　崔昌寧德縣學新渝教諭

十六年庚子鄉試　林琦　林文孟應天府中俱福寧州學　林初寧德縣學邳州學正

十九年癸卯鄉試　康盛福安縣學

二十年甲辰李旻榜　王淮福寧人

二十二年丙午鄉試　林資福安縣學

八閩通志卷之五十五

八閩通志卷之五十六

選舉

歲貢

福州府　鄭善慶　林坦上二人俱知縣　劉珏監察御史　林秀府知事

張添賜戶部郎中　鄭源縣丞　林澤　陳誠教諭　程榮　王宗實

陳殷　陳綱　魏瑢上二人俱以恩例冠帶　蕭琚　吳榮知縣　甘

淳　林冬上二人俱訓導　林晶知縣　林英縣丞　陳玨府知事　劉岡教授

林厚教諭　趙雍　林設　吳仕　鄭文充　陳華上五人俱

訓導　劉悳主簿上一十一人俱天順六年援例陞太學　花茂訓導　陳榮　鄭範

陳鈞　林章　倪璟　張漢　官正　鄭晃上七人俱訓導

郭琰　王言　方鑌俱閩縣人郭春　蔣文　王文禧

嚴凝　鄭鋹　林震　葉康　晏禎　王聰　陳普

孫昱　嚴璟　唐欽　張溱俱候官人劉炫　王肇　馬

禎　余均　陳鼎　洪綱　張政縣丞陳隧俱懷安人林景

清　施士奇訓導上二人成化二十一年援例陞太學已上六十四人俱府學趙沂

王榮　鄭琅以子克和恩贈員外郎連文圭　倪清通判羅紹繹之

從弟知縣林黃州判林楨生府檢校周華通判林俊學正王瑄知州上七

人俱正統十一年援例陞太學高孔美　戴恩主簿陳鑄　陳旻　吳

文正　施文上二人俱訓導葉順教諭林熊　林銳教諭王珙
陳瑜教諭王鏜典史林元錡　李暉　林本上三人俱訓導王懋
曾文　朱熙上二人俱縣丞江墳　孟昊上十人俱天順六年援例陞太學
包纘　陳賢訓導鄭增教諭周恕　郭昂　黃昇　曹容
上四人俱訓導吳初　林均　葉堅　陳中文羅之子成化二十一年援例
陞太學已上四十二人俱閩縣學陳廣　鄭興潛　陳貞保　朱文
保　高昊　姚玄　吳道　戴宣　魏濟　傅壽按察
副使林增童主事黃珽知州鄭順同知潘靈　楊榮推官姚壽府經
歷馮範同知袁端縣丞上官晋監察御史孫回府經歷金復教授陳

文訓導 陳福 孫珏上二人俱知縣 吳和 劉添教諭 鄭文主事 郭
濟通判 李祐教諭 陳良珽推官 黃源縣丞 馬清巡檢 陳宗政教授 曾
閏訓導 鄭從善 林文璲教諭 陳祥訓導 姚乾府經歷 王應
王復衛經歷 沈渙知縣 黃鑑訓導 倪回宗知縣 林源 陳聆訓導
金顯宗 盧華知縣 王鑄 林鑑府經歷 魏澄教諭 李德冠帶
張鋐 連璟 姜立訓導 宋宏 陳瀚 徐宜上二人俱訓導
黃淸 楊昞訓導 楊鑄已上六十人俱候官縣學 王安福 卓堅主事
林傳 趙順知州 陳熙訓導 林德教授 李興知府 王佐 王濟
知縣 林璡 林濟 陳鼎 林鑑 李質經歷 蔡長知縣 趙

原 廖章知縣 黃和 陸濟上二人俱經歷 游璉縣丞 郭
顯紀善 林福縣丞 林榮 趙順 郭畊 丘敎訓導 王琨知縣
徐習訓導 王以順照磨 鄭琚州判 吳誠 王慄 李熙知州 葉
機 王瑄知州 陳旦通判 鄭敬知縣上七人俱正統十一年援例陞太學 葉綱
訓導 陳文凝 鄭涇善慶之子訓導 汪均大 王鏐 游洪知縣
章復 許鐸訓導 林文敏知縣 馬傑 曾環縣丞 陳璠訓導 段
德 歐縉經歷 劉珙 林魁上二人俱訓導 鄭昱 李景陽知縣
高俊 高景順 陳文耀機之子籍閩縣 申屠迪 張文機
李嵩上一十一人俱天順六年援例陞太學 王俶 程欽 許遠 劉

祥 姚佾 陳皞上六人俱訓導 孫鎬 潘時已上七十人俱懷安縣學

鄭敉陝西按察司僉事 潘思教諭 潘艮序班 鄭森鹽運同知 陳銘大理評事

林源知縣 劉敦御史 林緒戶部主事 魏亮衛經歷 劉寬知縣 陳鐸教諭

董岱 陳洙典史 林應訓導 林彬學正以善書選預修大典 鄭志方知縣

李珂教諭 鄭僑訓導 陳澧伴讀 林烜縣丞 王景大教諭 陳文明

李時舉 鄭孟進 陳洪 上官任上四人俱訓導 游時豫

林珏訓導 陳德卲 高谷學 黃仕儀 陳礽學正 李時

儀知縣 陳瑞 林滔判官 鄭珩 高理叔教諭 陳普 王浴

沂上二人俱訓導 高仕烈 卓永濟訓導 吳龍 陳日躋教諭 周

文腆 林彥平訓導 王仲華 陳公盛訓導 陳宗禮訓導上一

十一人俱天順六年援例陞太學已上四十八人俱長樂縣學 繆原知縣 劉子善同知 周

澤御史 陳祉 趙光貴 阮嗣參政 孫芝參議 詹煜巡檢 黃儀

知縣 楊河主事 林樞訓導 孫輔 陳宇衛經歷 鄭昌主簿 孫齊

楊錫 林辰知縣 林祐 李皓 蕭曾 翁靖知番禺縣有惠

及民民頌之 陳彤同知 陳善從知縣 許洪京衛經歷 趙侃 韓俊

黃式主簿 陳仍 黃禧知縣 張濯 陳保 王拳訓導 林禎

林江上二人宣德九年援例陞太學 林祐知州 陳琛訓導 楊季知縣 陳宗尚

通判 陳郁學正 鄭廣宗 趙成通判 呂豈 鄭昈通判 李芮上四

人俱正統十一年援例陞太學 趙祿 陳昭 趙澤 翁壽 林禧
黃潤主簿 陳惠 陳輝 林儒 游萱 黃從上四人俱訓導
張慶知事 陳濯 翁宗衡 吳熙上二人俱訓導 林昆知縣 蕭文
余宣上二人俱訓導 陳賞縣丞上九人俱天順六年援例陞太學 陳儀鳳 陳
纘 丁澶 張敢教諭 鄭埴 趙瑞 王朝 張弘
藺傑上四人俱訓導 鄭文愈已上七十三人俱連江縣學 林榮兵部侍郎 陳復
鄭定 林忠 林清上二人俱行人 陳賢主簿 陳基廣東按察司僉事
鄭榮教授 劉憲員外郎 劉寧 林縯典史 蔡曾知縣 陳和教授 吳
俅知縣 林良 周德 鄭觀主事 鄭達 陳彰 林洸知縣

方昌 林回興 陳德通判 任焃 陳英上二人俱知縣 陳仕義 鄭陶 林福 陳桐 林盛 夏崇 陳美 歐環 陳福 陳魁 林外衛經歷 潘纘經歷 何好生主事 戴瓊同知 黃崇 陳添 陳誠上二人俱訓導 王湜學正 林灝 林慈瑞州同知 林泗訓導 陳灃州同知 陳容 周泗都司經歷 林經兵馬指揮 夏廸知縣 王佐 夏霖王府典寶 林灼 歐鏗典寶 楊徹知縣 鄭環 林砥 陳隆訓導 林亶 陳富 韓璉訓導 何貢典史 陳璘衛知事 潘忠縣丞 王鎮 吳文瑞上二人俱知縣 鄭咸衛經歷 莫恪 李鋐上二人俱訓導 張素 郭元欽訓導 潘鑄

鄭逢　陳文昇　莫烜上三人俱訓導　林熺已上七十七人俱福清縣學

鍾良珪給事中　謝戴御史　陳泰衛知事　林英知縣　林謙祿　陳

希顏　陳淳教諭　趙友紀縣丞　何慈廣西布政司參政　張炬員外郎

魏德按察使　張政知縣　林良樘都司經歷　陳厚縣丞　羅恩　陳伯

上二人俱知縣　張寶州判　林煇同知　林訓　張琳　林原　曾泰

魏運　韓忠　曾約　卓茂　陳臻衛經歷　方成推官　陳

福　陳坤　陳暹府經歷　鄭崇通判　莊收　王倉巡檢　魏寶

主簿　王庭生　羅琳縣丞　朱觀知縣　劉俊王府審理　游燦訓導　何寔

推官　林仕　廖曦主簿　羅安祥　林果同知　江誠　陳泉

魏璟府經歷 林愈 張玹 林冲上二人俱教諭 鄧璣 王德

慶訓導 林璲檢校 林淦典史 黃玄齡 丁達府經歷 陳璉 張

淇上二人俱倉大使 曾濤縣丞 陳淳 林質 吳組 曾璗

湯維 黃通俱訓導、、 章衡 張淮訓導 李郁 陳璇訓導

夏忠 陳漢 林任已上七十三人俱古田縣學 吳彥清 陳整

倪春 黃濬 史晚 楊源 張烟 鄭貞 張貞

陳義生 林楊 梁清 趙和 張璿 張克 柯

儔 林義 黃顯 陳琳 柯伯榮 張瑾 柯庚

吳全 陳銳 廖壽 張祖 沈仁 周全 黃蕙

鄭福 廖普 林積 林逵 丘勝 吴保 林澤
王銘 陳苗 陳泰 陳金 張麟 謝貫 葉茂
王文質 劉景清 黄容 朱照 陳璨 黄熺
黄鐖 林昊 林淳 林廷美 林潤 林鞋 陳
韶已上五十六人俱永福縣學 黄昭 吴德 吕宗敬 黄閏
鄭德 謝勝 黄必寧 鄭回 洪坐 黄墩 林
賢 林生 鄭義 黄鐖 陳璑 黄銘 林晏
韓珪 林春 林聽 陳僖 陳壽 黄福衛經歷 盧
原政主簿 鄭完 黄仲 黄銘兵馬指揮 趙庭 許惠訓導 丁

永寧府審理正廖晭　黃中美縣丞鄭瑄　陳經　許傑

曹鏵　王潑知縣鄭㹶珏之弟教諭陳珪　陳瑢教諭黃焯

黃文明　詹安　黃傑　黃韶　黃大上二人俱主簿張福

訓導陳翰　陳春　黃紀上二人俱訓導謝顯縣丞馬驊　羅徽

繹之從弟上二人俱訓導劉孟文　陳積訓導周昱　謝鑛　盧河

何鑑　呂偉　林祿　葉榮所吏目李奎　許寶上二人俱

府照磨已上七人援例陞太學謝玘　林焯上三人俱訓導陳永年已上六十七人

俱閩清縣學陳正主事黃壽按察司副使陳晏海浙江布政司參議黃瑞

知縣葉源都司經歷丘保知縣黃用主簿鄔誼　葉岱縣丞楊漢州吏

目陸諤　陳義　屠祖　邢銘　鄭廣　張壽　丁
俊州判官陳普　林保　周敦上二人俱縣丞歐洪知縣黃鏵縣丞
施榮按察司經歷潘垣　施徵上二人俱冠帶李泰　阮長春上二
人俱衛經歷陸畯惟遠之孫知縣鄔璵倉副使阮銘主簿陳禮　陳昶
倪斌上二人俱訓導陳立禮　陳孟紀訓導黃澂　陳顯　黃
潼　林高　黃汶　彭琚州吏目林祐衛經歷邵畊　周
暉上二人俱縣丞鄭彥藩上六人俱天順六年援例陞太學已上四十五人俱羅源縣學
建寧府　林懿　黃昭　陳繼宗　江亨　謝伯康
周庸　丘文貞　梁護　張董　張道　張樵　魏

銘 林昭 張惠 劉童 張禡 徐增 林源
鄒聞韶 潘起 吳禎 白住 劉銘 楊顯 張
意 黃賜 徐洙 沈保 丘順 吳聞禮 鄭生
陳琪 雷鏵 花通 李時增 黃勝 程復緣
沈悌 游智 張昭 林定夫 李綱 范竒 張
生 鄭惠 童周 吳堅 魏清 鄒幹 林惟靜
倪慶濟 韓普 施安寧 吳彝賜 林暐 王榮
吳閏 龔惠 徐澍 張芾 黃艮 陳祥 虞慶
陳觀甌寧人御史 唐鐸 丘福 李明 劉海子暈十二世孫以毋

老乞終養賜七品冠帶　全福　張政　池瑛　連鐸　江從東
張華　朱相　連仕清　蘇淞　鄒量　江寶　楊
仕信　林壽　高泰　龔富　程壽　季福　李燦
楊生　沈燦　翁昌　劉鎡　謝煦　江海　黃鎣
李榮　劉澤　雷文英以父濟死國事恩入太學授雲和縣丞　鄒璫巳上
九十七人俱府學　連白　霍春　葉復　阮孝思　盧清
阮童　張德　林祐　湯保　徐聰　范恕　丁壽
陳振　葉溥　魏賜　鄒熙　謝應　黃康　江輔
文生　林勗　張芾　袁文　葉彬　浦淵　謝啓

張智 楊希 林銓 王吉 高揚 吳誌 劉壽
王堅 陳聰 江謐 吳英 葉芳 張安禮 張
俊 張慶 楊熺 楊增 劉祿 江浩 楊世英
魏恕 謝賜 夏常 董志亮 張永 倪文烜
張褒 童榮 葉廣 雷德 卓瑞 魏源已上五十八人
俱建安縣學 黃春 馮鄧 李道童 王保 姚保 倪
保 劉鏵 周正賢 張普慶 徐謙 陳赭 周
得閏 嚴福 張敏 吳華 陳童 黃清 杜自
然 林弟 魏員 胡振祖 謝觀 黃琎 陳惠

吳壽　趙鎡　趙善　張勝　呂昭　范道源　張文弼　徐友　黃道慶　童葵　汪慶　濮通　崔森　張文英　嚴恭　劉鏞　童裕　陳亨　吳淳　劉慶　徐淵　王文恭　杜宣　張善　徐護　吳員　張皓　范亮　張杲　林勝　張寧　林琮　程衡　詹仰　[illegible]忠　謝富　黃渠已上六十一人俱甌寧縣學

章善　黃藝　汪泰　黃佑　林童　池溢　余聚　章童　姚瓚　程祐　張勝　王壽　江惠　潘往　黃成　朱瓊　張深　周著　蕭琰　趙守善　陳

輝　練惠　真善同　翁秘　陳賜　吳禎　徐瓛
黃嵩　林旻　李善　黃榮　陳性　孫端　林敏
徐濟　真節　劉鑑　詹淙　丘崇　祝賢　徐中
程琳　童鐘　黃瓚　周惠　潘玘　洪霖　章鏜
周怡　黃鼎　葉茂　劉宣　林寧　謝晉　吳斌
繆琚　陳景齡　徐驥　饒純　張繼　毛理　祝
福　周璿　丘康　周冕　繆璨　蘇澤　阮儼
黃欽　劉佑　楊璿　鄭文晉　劉愛　程逵　葉
綬　李文已上七十六人俱浦城縣學　江興　陳彧　陳錫　邵

禎 李春 范道祿 陳髙 余福 丘誠 詹泰
張銘 江遂 劉雅 劉繼祖 林星 潘保 張
林 黄新 徐得 黄春 王銅 徐和 林昇
連璧 吴惠 李貞 吴夢 詹觀 李談 黄廷
暉 姜定 吴玉 黄璿 宋經 呂禎 范通
陳熿 李騰 江灝 黄琮 彭善 吴浩 劉鑾
虞良 黄煜 吴定 魏庸 劉永 王理 熊都
黄髙 熊豐 范清 范敏 黄廡 官清 李鏞
施瓚 劉鐺 詹洪 詹鐺 李諒 黄倫 吴政

梁敏 羅斐 蕭銳 蕭鎮 羅志 李珎 袁鎬
詹永 傅寶 傅璿 偰圻 已上七十五人俱建陽縣學 葉喜
許巖 陳榮 劉林 陳文棟 葉沃 彭和 董
良敬 金師善 許招 程遜 陳賜 張於 范
貴 葉密 嚴啓 黃密 張曾 張信 葉以得
楊賢 徐文禮 嚴泰 范珪 嚴默 范麟 嚴
文賓 江注 葉溥 李昌 葉喬平 葉穆 范
信 葉一 吳懋 陳應松 謝文英 陳翊 金
徽 陳瑜 葉鼎 魏清 劉文 胡進 程安

黄琮　魏信　金敬　林英　夙瓊　葉森　陳璲

楊儒　江志　李英　魏璘　王富　魏溥　楊玘

葉敏　葉佩已上六十八俱松溪縣學吳敬　彭邇　汪貴　倪

應　朱德　呂翁　王詁　闞禮　胡亨　張長

彭溥　王康　姚志　祝芾　楊紏　李輝　李復

黄廣　彭意　范炯　翁保　董熺　徐貞　陳泰

陳儒　何祿　徐鑑　倪正　暨祐　周方　楊宣

翁廷　詹達　徐慎　孫吉　翁輔　陳平　周炳

安循　游朗　劉端　張進　黄銅　楊銘　蕭全

李縱 江聰 李蔭 胡琮 劉炤 彭僖 江軒

丘粲 吴鉞 朱炳 翁德 暨澄 江洪 藍璣

吴禮 李淸 翁賛 徐森 黄賔 顔明 彭敬

王環 張欽 安璵 王琛 江濂（已上七十一人俱崇安縣學）

陳淇 張得祥 吴衛 黄璇 黄相 黄山 周

廂 陳良 吴生 黄董 劉灝 吴瑾 盧亮

吴從 沈潛 張美 張富 周保 范成 張鉉

陳霖 吴用敬 林原 魏子成 張壬 申儀

陸珸 池璞 張記善 邵潛 張壽 周道 邵

建　吳賢　池郁　邵良　游沬　池廣　吳壽
趙熈　吳義　倪潤　林懷德　蕭鼎　錢渲　楊
材　吳應　管瑛　謝恒　邵銘海　沈安禮　林
珪　張輝　張敬　吳政　倪曉　陳輔　王憲
吳富　吳完　魏斐　王逵　陳廣　吳懿　吳福
吳墉　盧翊　周華　吳龍　吳溫　吳鍰　徐善
余先覺　吳時順已上七十四人俱政和縣學　王熹　倪曉　吳
富　項英　黃俊　陳寧　張琛　陳忠　周良
金英　吳泰　童璿　朱啓　朱奎已上一十四人俱壽寧縣學

泉州府　朱則明通判莊豐給事中張昭　史福知縣陳嘉猷

伴讀王溥　梁貞御史傅宗古知縣丁允吉　常求誠主簿陳

養知縣陳泰生　林佛生同知賀添順按察司僉事楊廷錫

陳遜布政司經歷詹應保衛經歷王應原　林質知縣林貞主簿

蔡寶　廖南生知縣李和檢校楊誘　朱庚員外郎陳顏檢校

陳添　林銘主簿陳却推官王寧府照磨陳春　翁賢主簿陳

綱提舉王鳳訓導陳銘　蔡靖同知余與道布政司檢校柯益教授

孫隆按察司經歷任思誠千戶所吏目魏榮　王英司務王嗣宗

知縣陳良判官羅壽同知江福學正王珽　翁慶御史傅淮典史張

應　謝德孚判官　陳遜布政司經歷　陳恩推官　林瀓知州　陳義
田慶府照磨　謝顯知縣　蔡宗同　林應原主簿　黃亨知縣　李康
通判　王直　陳雅縣丞　黃憲府照磨　陳儁衛經歷　張寬典史　徐壽
教諭　郭驥　莊敬知縣　莊琛按察司僉事　呂祭永寧衛人　吳復訓導　蔡
翼太僕寺丞　陳璵　林賢教諭　劉綸　蔡祐知縣　史鍵府同知　林
賜　董瑢教諭　蔡琳訓導　何祜州同知　何崇知縣　黃勝教諭　黃敏
州判官　鮑軫衛經歷　張惠　魏釗上二人俱知縣　賀文舉提舉　李茂訓導
陳睿通判　蔡紳府照磨　謝祥知縣　包鈺縣丞　唐奎副理問　戴瑨州判
官　蔡璟　張庸鹽運司判官　陳惠知州　蔡琛　諸葛隆　李

璉上二人俱知縣 林勝州判官 姚迪府通判 張文輝 郭教河泊所官

任禎 王崇緒縣丞 陳乾知縣 趙殷 陳章冠帶 莊宗璲州吏目

薛恭 林隆州判官 林茂章縣丞 吳遂 劉勤典寶副 陳魁縣丞

陳彥勤州判官 謝靖冠帶 李勤 顧端 江復上二人俱縣丞

王資 王鴻上二人俱訓導 王源府經歷 莊楷州判官 林魁

劉瑛上二人俱縣丞 劉信知縣 黃晟運司經歷 陳光訓導 莊鑑 陳復主簿

何貞 翁寬 李紹 翁同上二人俱知縣 蔡英府經歷 周復知縣

楊貞府經歷 楊綱 楊訥知縣 柯秉 張儼 蒲雄

陳涇上二人俱訓導 黃性 謝敬 朱洪訓導 李英 陳庠宗

陳祿訓導 朱幡鑑之孫以廕入太學 徐璽 楊瑩 李玘上二人俱訓導 莊元道 朱輔 饒恕 李仁上二人俱訓導 鄭濬 莊槩 諸葛鳳 黃晏 張桐 吳智已上一百六十七人俱府學 王必祈御史 陳惠奴 薛銘教諭 許敏御史 范惠保 王銘主簿 張忠按察司僉事 楊子升 魏勗知縣 黃永宗 陳真 林觀州判官 鄭泰與 黃孟觀典史 郭寅 王必齡知縣 柯宗賢 黃庸知府事 曹守政 張震知縣 鄭良 謝光知府 謝秉初 常琳推官 蔡欽 李賢河泊官 邵欽 陳恭通判 莊銘珽 林曈知縣 李奇 彭睿 林盛訓導 王弼 郭斌河泊官 沙

侃　林隆教授梁鼎　王昱府同知林信　周道京衛經歷章
寅　張瑛訓導曹閏府經歷立進　劉鎰上二人俱縣丞李惠
董信上二人俱知縣梁拱訓導史盛員外郎洪春冠帶鮑肅運司經歷吳
勤　陶普上二人俱典史伍亮府經歷林崇　林端批驗所大使塗
瓚訓導傅鯀　黃璋縣丞陳箎河泊官伍環　鄭福府經歷吳
瑄教諭張道　蕭韶　林章　黃圭　林傑上五人俱訓導尤
聰　張端　蔡璉已上七十二人俱晉江縣學　王善繼主簿楊性推官
劉觀成知縣王文貴典史余壽主簿高中推官李愿主簿林宏衛經
歷　楊名賢主簿葉升聞縣丞王琁主簿陳養知縣林輰州判官張

傳員外郎 張式府知事 徐貴 胡璋 李拱 楊觀上四人俱
知縣蔡蕃按察司照磨 陳章訓導徐璡 莊孟良上二人俱縣丞李應
衛知事莊鳳縣丞胡璉訓導吳謙知縣蘇啓縣丞吳遜 李乾
陳勝 黃傳 吳義 謝芳訓導黃嘉 楊雍 陳澄
李文上二人俱訓導呂和 洪昌 趙聰已上四十一人俱南安縣學許
雍衛知事歐陽淵主簿潘安昇主事鄭興 呂益宗上二人俱知縣
丁護助教黃廣德慶州知州嘗奏除邑之荒田歲賦五百餘石鄉人德之鄭賢佑
榮祥 林性知縣周性 林濟 林生 張奮 潘體
乾通判莊謙 朱日新州判官 王讓 魏亨 孫閏 歐

陽鳳知縣柯秉昌 許全 周鑑上二人俱知縣陳仕聰 林
夔寅 江夏縣丞洪秉中 李演 陳由中推官林玫訓導
陳清州判官林森知縣戴永同 莊忠上二人俱縣丞劉大榮布政
司都事蘇溥 王輔主簿蔡進祥 葉蕃 呂寧 陳由
德 丁革 林惠 陳凱訓導陳鐸 吳慎 黃瑩訓導
葉錄 林宗 葉聰 杜美 李枕已上五十三人俱同安縣學
陳榮 顏真鴻臚寺主簿林茂 賴祿通判蔣德高 張善
府照磨鄭慶 陳敬縣丞鄭環庸 趙瓚知縣莊進 鄭肅
衛經歷劉德進 陳敞布政司檢校劉公孫 李遇春衛經歷

鄭綠　林泉州判官　蔣雲　蔣文寶衛經歷　陳禧　林錫
府照磨　李孜　張綱主簿　陳公壽　林蓊主簿　鄭昭　連城
主簿　張才　李蕉主簿　陳伯高　連碧千戶所吏目　張絢　劉
戚　范傑教諭　蔣迪　李禎主簿　林盛　陳智訓導　張崇
歐陽伸　陳佐　黃廷光訓導　陳旭　留鏈　林新
林洪　陳顥　賴興已上四十九人俱德化縣學　王用知府　姚勃同知
呂立敬衛經歷　張政原主事　王茂都司斷事　陳善御史　鄭卮典史　許
貴知縣　林文進　林杰已上二人俱典史　陳駐　陳佛賜　林觀
福　鄭應　林勝主簿　鄭全　林盛　鄭宗　林毓

鄭暹京衛經歷顧隆按察司僉事林昇姚賢上二人俱縣丞林春寧府
審理正鄭遜縣丞陳榮京衛經歷陳善主簿張永冠帶林鐸知縣林驥
以恩例冠帶李正主簿陳以顯倉大使鄭欽衛知事陳安主簿林旺
知縣莊敬潘隆上二人俱倉大使林旭訓導王晉明巡檢鄭昶照磨
蔡智劉政顏聰鄭溥魏璘訓導薛璉方瑞
訓導顏毓黃觀姚福魏暹已上五十一人俱永春縣學周觀
生評事蘇元蕭斯黃端陳遜陳永詹敬訓導
楊復高明知州鄭安陳暹教授陳珪林旺縣丞張俊
林性州吏目蘇璋主簿陳勉陳興張雋主簿吳英李

實　謝逢春同知　陳福　蒲茂縣丞　蘇疇訓導　朱輅　高啓

上二人俱縣丞　張暉　胡瑄上二人俱教諭　蔡瑾訓導　詹頡　胡珎

高昌訓導　李昶　訓昌訓導　李焯　胡祿　吳晟已上三十八人

俱安溪縣學　何輝同知　洪沂學正　孫觀知縣　唐懋縣丞　陳珏訓導　黃熊

通判　莊恭　周佐　陳慈尹上三人俱知縣　鄭文賢州同知　鄭俊

縣丞　陳富理問　陳烈光祿寺監署　王敏　王仲教諭　鄭滿知縣　郭趦

訓導　黃栝教諭　胡弼知縣　施仁州吏目　龔敏趙府紀善　盧安衞經歷　吳

觀知縣　陸良衞經歷　吳員府檢校　林玉推官　康觀知縣　林濟州判官

唐源府照磨　林敏縣丞　林訓唐照磨　陳善　王震冠帶　林鏞倉副

康榮訓導羅睿 吳中 郭敬訓導吳政 馮文興 魏
成已上六十六人俱南平縣學 劉德給事中 吳文顯行人黃應判官余隆
典史黃政主簿黃貞副斷事莊政給事中張可用 丘復御史吳
仲達 余功福所大使張頴都司都事黃敃 余侃上二人俱主簿
李善知縣徐冕 蕭賽訓導余鑪縣丞黃仙教諭蕭靖 蕭貞
俱訓導吳讓 盧靖俱知縣陳勝訓導陳真知府趙真衛經歷張
忠知縣危治正理問謝成州吏目蕭定 余閏上二人俱知縣葉康
徐光庭 蕭全上二人監察御史蕭璟 危福 金生 周
森 謝祐 張繼 吳玘 吳勝知縣張文巡檢官堅衛知

事張盟知縣汪斌縣丞蕭瓚　陳玉衛經歷蕭安　何暹
徐滿上三人俱知縣蕭善按察司知事謝穆主簿謝光　黃清上二人俱
縣丞張詰州吏目熊玄　江受經歷王旒兵馬司指揮孫興、吳
元善知縣吳璟訓導陳公庚通政司知事廖鏞縣丞丘成檢校李漢
主簿徐玘照磨陳瑀吏目陶英　廖文照磨蕭文倉副使丁榮
張澄主簿徐昶　白皜　曾鴞　徐英　黃譙　李軿
廖安訓導伍復　李欽已上八十二人俱将樂縣學李公富　林公
明　范文彬知州吳得乾　斑子興　楊帖　劉德
王安　黎顯知縣王添主簿馬童　楊冊珉泰州同知吳公壽

漳州府康寧冠帶 李雲 李億 蔡謨

顔淳知縣 魏傑都察院檢校 蘇 陳泰同知

蔡華訓導 陳輿 沈澄 王瑪 李恭府知事 林

中京衛經歷 戴黼 陳隆 涂讓通判 魏忠 林穮

蕭惠 洪賜上一十四人俱天順六年援例陞太學 陳積 黃泰 林

濟 鄭旭 洪鑾 陳源 李雪 塗雍 陳觀

陳昱 丘安上二人俱訓導 張紳 洪欽訓導 陳表 韓寶訓導

陳哲 林元 徐相 潘倹 陳鵬已上俱龍溪縣

性 林楷俱長泰人 劉玄漳州衛軍生上二人亦天順六年援例陞太學 張

林苑兵署
李慎俱南靖人 張斌 張聽上二人知縣俱龍巖人已上一百三
人入學
陳泰 温恭 劉海 劉信觀知州 陳達譙
顏琳 洪午 張用誠 陳正福 曾恭
宗斌主事 趙興 林燦 羅旭上二人俱知縣 魏顯縣丞
鄭勃觀知縣 陳祐 何寧 黃辰 蔡思誠
林巖教授 呂彰 彭興 會 賢推官 吳真通判 涂
廣知縣 鄭璇 涂遜 雍永衛經歷 尤實典史上四人俱
王良都司經歷 黃宗府經歷 林定通判 洪濙 徐
錫
翁復 施惠知縣 吳儼縣丞 顏潼冠帶 顏鑑教授

潘衢 黃瓊 張穆 方贊

六年援例陞太學 毛鳳 林鸞京衛經歷 謝起

宋賡 黃燦上三人俱訓導 陳輔 許諒 袞

明已上六十三人俱龍溪縣學 吳璉 林懋 黃懋

藍智 程亨知州 黃端訓導 高敏教諭 周審

上五人俱正統十一年援例陞太學 黃參 王穆 許廉

麟同知 童廸 黃廷□知縣 吳驥府經歷 施謙 吳

頴 林春衛知事 張爵 林捧盈上二人俱冠帶 蔡恒

周璉知縣 林宗 朱健知縣上十人俱天六年援例陞国學

敬訓導 陳東恩例冠帶 黃昇 曾嵩訓導 戴琇 丘峻 候倫

余傅已上三十九人俱漳浦縣學 陳思順通判 蘇惟高 鄭惠昌知縣

翁茂教諭 朱佛聰教授 林瑜 陳志中府經歷 翁宗長經歷

蘇祥主簿 連和衛經歷 蔣麟州判官 林長奇縣丞 陳雍戶部員外郎 林

賜 黃崇 林衡 林元推官 翁智 張冲 林顯宗

賴功定 賴宗 蘇英 祁維巖 盧永 林茂

陳伉 郭實 陳忠 趙賢 賴賢 何充 余麟

蘇孔機府同知 鄭禮衛知事 魏能訓導 丘昂順天治中 翁恕

陳顯仁 黃齡教諭 琳 林翹知縣 王聰 林圭 張

麟府照磨蘇霖 林璲 許應 黃安 蔣陽 揭敏

訓導魏銘 佘穆 蘇璉 鄭旻 黃泰上九人俱天順六年援例

陞太學林傑 歐陽孟 林奇 黃暉 劉盈 林綦

蘇智已上六十三人俱龍巖縣學 王文璧監察御史 歐允思按察僉事 薛遂

祖 陳名保 趙彭宗 葉文靖上四人俱知縣 方伯壽衛經

歷 楊應甫訓導 楊倘教諭 林惠典史 陳原啓 陳真材知縣

吳福觀主簿 陳濟御史 林聚衛經歷 鄭和知縣 吳耿訓導 蔡琨知縣

施新縣丞 蔡郡知州 許容 李耀判官 蔡瑶訓導 曾興 王秉

施魁 蔡度 王智上三人俱訓導 張中興兵馬指揮 陳純 陳

閏　葉琎正統十一年援例陞太學陳麟　盧志府經歷茅厚主簿詹
緝訓導邵端斷事董觀　吳興縣丞薛期望　蔡清良衛知事
楊錚　吳鼎　黃鍾　蕭瑜　唐填　陳養正　薛
鍇　林揚　胡仕奇已上五十人俱長泰縣學阮宗進訓導楊貞典史
唐學明司務何晚齡運使顏宗友　陳應綿上二人俱知縣徐先
德監察御史阮應良助教康侯昌教諭陳文魁按察司照磨陳顯知縣
余驥同知阮宗泰主簿黃輔　謝隆　黃郁上二人俱衛經歷許
忠　徐弘達　楊廣縣丞陳瑛訓導林性春　蔡忠　陳
康上二人俱訓導陳謨典史葉盛教諭阮誼　范廣上二人俱知縣吳達

林廷晃 洪萬理問 王乾 徐義知縣 陳鏞府知事 林瑛冠帶

林興 何澄 陳曄 徐贇 黃鼎訓導 陳闓 許德

鄭璘 陳燮 徐禮 韓章訓導 陳圭 曾確 吳爵

已上四十八人俱南靖縣學 陳鍾 吳傑 林鐏上三人俱訓導 林龐

鄧讓 陳璣 陳澄 賴綱已上八人俱漳平縣學

汀州府 李福海莊官 夏忠知縣 官謙鹽課提舉 嚴德政 曾興

張齡上三人俱教諭 張友信衛經歷 梁班鹽大使 陳謙主簿 湯均祥

通判 丘崇巡檢 曾榮縣丞 陳祐知縣 吳用賓衛經歷 劉敏推官 李實

照磨 王安福驛丞 胡璟知縣 吳文素 賴德秀上二人俱通判 巫嬌

吴倫一作鎔主簿　曾琚縣丞　陳子祥　馬榮知縣　丘崇一作聰知縣
丘惠一作忠　陳鑑上二人俱衛經歷　丘理大使　湯仕賢知縣　曾子聰
推官　曾魯通判　馬河圖知州　董舜　葉申　伊仲能上二人俱縣丞
劉濂一作謙經歷　陳瑜府檢校　吴宗顯按察司經歷　賴璟州判　鄭璉
湯晃知縣　袁清州判　黄敏照磨　張晟　胡淵　張誠　范良
賴宣縣丞　羅弘主簿　傅興經歷　鍾成州判　丘宗禮　蕭榮縣丞　鄧
聰巡檢　俞紀衛經歷　羅纓縣丞　鄒璧府知事　廖賢縣丞　黄珪一作縉倉
官　劉澄訓導　曾旭所吏目　李盛訓導　丘聰衛經歷　廖輔州同　胡鑑
知縣　許宗賢　熊鳴鳳主簿　吴宗　戴壽所吏目　許昌按察司檢

校李琚理問 吳寬 黃玉所吏目 廖寶 賴旺 張浩
俞禮 陳紳 鄧悌 陳濱 曾縉主簿 曾旋所吏目 梁
政 程顥上二人俱縣丞 王宣 吳綱上二人俱主簿 王原受 陳
能 林榮 温旭 劉穩知事 劉宣一作定 雷榮府照磨 丘
誠府知事 童友榮縣丞 劉灝 雷宗元 林貴 程鵬
鍾正 鍾宏 蕭寧上七人俱訓導 葉發 張徽 王綱
馬衡 丘用 黃衡已上一百九人俱長汀縣學 伍子開給事中 伍
友仁營奉特旨掌刑部印 鄒路壽通判 伍辛都司經歷 吳禎衛經歷 黃謙
知縣 陰吉推官 賴元禮知縣 伍倫留守衛都事 傅清通判 雷汝霖

意廣通判鄒武　陰復　聶昌　張均誠　曾富春
張壽堅　鄒德　徐志宏　徐子高　黃旒　謝得
興　徐宇縣丞　范景隆　丘成主簿　余學文　連必淵州同
知　陳文志縣丞　賴志隆主簿　伍德之　羅鉉上二人俱知縣　范勝
府經歷　謝寧衛經歷　陰華縣丞　曾志剛都司經歷　謝安　饒貴上二
人俱典史　王政　巫海巡檢　張誠知事　廖清主簿　吳昌　張璃倉大
使　張本訓導　周鼎　黃寧　丘陵　伍琮　黃顯　羅
全　陰常　陳珪　雷豫　伍俊　謝道　張賜龍
已上五十六人　陳德義御史　張定主事　陳順民州同　黃友杭
俱寧化縣學

鄧公仁　官文慶　羅義積　饒仲信訓導　藍以清教諭
陳安通判　李亨推官　鄒崇義知縣　吳仕榮典史　周亨　羅友亨
江仲遠　賴祖隆　吳信　劉禎　高惟琛左春坊司諫
卜貞府知事　丘原慶　陳祖義　曹克安上三人俱知縣　林參
王善　曾魯　郭綬　孔政　江浩訓導　丘陵布政司經歷
王溫　林濡府經歷　吳寬教諭　林津通判　詹穆教諭　沈文府照磨
梁寬提舉　雷復照磨　謝欽　黃瑀上二人俱知縣　賴政　胡廣知縣
李勉典儀　陳斌　劉觀　曹能推官　李榮　陳綱　丘瑄知縣
曾茂副理問　李良訓導　曾惠所吏目　郭輔主簿　溫祐衛經歷　黃

鯤府照磨胡濟訓導李嗣夔推官龔陽　李奎　李應奎
羅文所吏目游表通判朱和訓導鄧琳　廖廷才　吳琚
孔經　黃鑑　曾光　林繁　林時著　林瑞已上七十
三人俱上杭縣學許俊府知事戴許保知縣謝斌衛經歷鍾原清倉副
使宋昭教諭劉美典史劉信知州謝寄主簿劉彖州同謝謙主簿張
友得知縣林英主簿林淵巡檢鍾清府經歷廖宗政一無政字楊震
劉遜　何義　陳隆　鍾應　何求　劉興　鍾文
廣　林憲　廖詔　鍾永　劉新　何淳　陳旭
何祐　曾童　危安訓導謝和經歷鍾弘學正王宗能知縣鍾

遂縣丞林思善　廖華上二人俱檢校　毛倫所吏目　劉彥　鍾昇
林志道　鍾亨　賴明典寶正　毛振縣丞　劉選倉大使　賴組
主簿林瓚　訓導謝羅　朱聰　羅俊　石斌　蕭馥　林
貫　饒韓　楊春　王政　王瓊　胡珎　陳璋
劉譽　陳雄　陳璨　李容已上六十四人俱武平縣學　陳定應
僉事陳宗志知縣　劉勝祿知府同知　馬文茂通判　謝朝錫給事中　江
浦推官　余瑄知縣　巫原福吏目　魏仲延興安　魏福照磨　陳禮知縣　陳
惠教諭　陳定興吏目　張榮郎中　賴隆署正　劉敏知縣　丘武訓導　溫良
經歷　王賓　魏崇上二人俱知縣　余敬署正　魏寧　黃克明　蕭

鳳上二人俱縣丞丘瑄照磨馬麟巡檢許顒典史伍新鹽副使王寧

雷璧　伍崇善上三人俱訓導雷雁知縣葉俊　丘鑑上二人俱訓導

賴佑　雷慶　馬善已上三十七人俱清流縣學　黃萬里監察御史謝

文敏都司經歷黃子亮訓導王謙典史張得壽主事黃道同知縣黃

子深縣丞謝文州同知陳章受　黃斌上二人俱知縣徐澄知州江

灝宗教諭謝忠知縣童誠衛經歷林愛通判孟善縣丞伍脩知縣黃

祖輝檢校呂歆州同知羅景暘教諭徐溫　沈祖海上二人俱衛經

歷呂斌知縣陳友仁衛經歷揭恕教諭傅謙衛經歷蔡時用知縣

賴敏衛經歷項得輝　沈紹祖　王寬上二人俱知縣陳衡衛經

歷徐良 余得重上二人俱檢校 姚勲縣丞 陳璉知縣 徐壽 丘
能 官衡上三人俱縣丞 黄珏都事 陳誠衛知事 沈尚忠知事 羅紀
經歷 黄景賢主簿 羅應昇 羅宗 范景發上三人俱吏目 黄汀
教諭 吴文旭訓導 吴現 林儀鳳 周景昌 黄彦深
羅俊 羅伸 周洪 吴廷贊 徐元 李瑤 林
鳳翔 蔡誠已上六十一人俱連城縣學 張惠 葉康 伍晨
湯澄 伍祐 王溥已上六人俱歸化縣學 吴蒙知縣 王和光禄寺監
事 陳新照磨 鄭仕主簿 謝肅教諭 劉龍縣丞 沈穆 張鐸 賴
瑨州判 江沂 盧章 賴迪上三人俱主簿 范昇自吴蒙至此俱由上杭縣

學歲貢 簡重 李瑜 李琢 吳明勝〔已上一十七人俱永定縣學〕
延平府 黃振〔光禄寺丞〕張復〔檢校上二人南平人〕張岡 羅鑄 蕭
原 翁巽 馬鏞 吳堅 張巖 羅旻 黃華〔知縣〕
蘇紳 王順 康良 陸敏 朱燾 吳徽 陳禄
陳勉 黃璨 朱彬 陳譙 廖鉉 黃應 潘亨
楊璞〔判官〕甯瓔 楊林生 楊敬 王道 盛埜 朱
森 黃振 羅宗福 羅伯海 羅輝 羅銓 吳
綱 曹禎 陳勝通 盧芳〔上九人俱沙縣人〕王壬 王旒
江匯 池真 周善 蔡武 張紳 郭富 陳材

張壽 王宗 魏宗知府 魏宗達 林壽 羅永德知縣

鄭宗 沙道壽 官廸 連茹 俞慶 蕭韶上四人俱

順昌人 丘永德南平人同知 余恭 張景賢 李洞 吳榮

劉昆 吳延壽 魏璟 陳宗 黃謙 蕭矩 謝

謨 池鱗 曹宗讓 葉宗輔 蔡誠 董文 陳

光 何應壽 李榮 徐春知縣 陳忠推官 林敬 謝啓

縣丞 郭榮 朱璣 蕭源 王章訓導 林昂 莊正 吳

璿 林永已上九十四人俱府學 楊昱作郎 吳毅主事 周公錫監察御史

廖壬通判 李欽主簿 楊昊僉事 李真童府經歷 馮鑾生光祿寺丞 林

祿衛經歷　魏順通判　蔡成知縣　謝善照磨　池子安推官　陳安定縣丞

魏寧祖知縣　許諶通判　吳長　楊慈上二人俱知縣　王顯按察司經歷

章璿提舉　陳軫知縣　馮巽光祿寺丞　魏景知縣　謝誠　吳敬上二人俱通判

黃恭　周全　李珽上三人俱知縣　楊道泰衛經歷　謝福壽

王琅上二人俱知縣　曾道知州　黃淳通判　黃陞知州　吳貞知縣　郭泰教諭

林鐵　葉汝霖　朱全上三人俱知縣　郭鎮　王英縣丞　楊壽衛經歷

盧晟　盧善上二人俱知縣　林琅通判　羅護所吏目　黃鏐縣丞

張榮知縣　趙朋推官　蘇鍾通判　鄭昇衛經歷　李郁縣丞　魏琮　薛宗鑄上二人俱主簿

盧童　梁元教諭　王拱　林盛　郭天舉

康榮訓導羅睿　吳中　郭敬訓導吳政　馮文興　魏
成巳上六十六人俱南平縣學劉德給事中吳文顯行人黃雁判官余隆
典史黃政主簿黃真副斷事莊政給事中張可用　丘復御史吳
仲達　余功福所大使張頡都司都事黃旼　余侃上二人俱主簿
李善知縣徐冕　蕭賽訓導余鑪縣丞黃仙教諭蕭靖　蕭貞
俱訓導吳讓　盧靖俱知縣陳勝訓導陳真知府趙真衛經歷張
忠知縣危治正理問謝成州吏目蕭定　余閏上二人俱知縣葉康
徐光庭　蕭全上二人監察御史蕭環　危福　金生　周
森　謝祐　張繼　吳玘　吳勝知縣張文巡檢官堅衛知

事張盟知縣汪斌縣丞蕭瓚陳玉衛經歷蕭安何遲
徐滿上三人俱知縣蕭善按察司知事謝穆主簿謝光黃清上二人俱
縣丞張詰州吏目熊玄江受經歷王旒兵馬司指揮孫興吳
元善知縣吳璟訓導陳公庚通政司知事廖鏞縣丞丘成檢校李漢
主簿徐玘照磨陳瑀吏目陶英廖文照磨蕭文倉副使丁榮
張澄主簿徐昶白鎬曾鶚徐英黃譙李軿
廖安訓導伍復李欽已上八十二人俱將樂縣學李公富林公
明范文彬知州吳得乾斑子興楊帖劉德
王安黎顯知縣王添主簿馬童楊冊珉泰州同知吳公壽

教諭陳子祿 丘潤 汪愛 陳添 王日昌 吳文

良 陳爵 陳添與 陳謨 牛壽 施琦 紀學

禮 郭琳 紀欽 孫福 紀文壽 陳美文 陳

佑 知州趙璿 陳誠 施溥 吳孟琛 知縣施文 葉盛

謝進 知縣張定 林瑛 陳山 王琮 陳安 劉清

陳烈 陳紀 已上四十六人俱尤溪縣學 趙公超 羅貴 趙潤

樂汝剛 池子中 張宸 羅寬 余慶 通判吳公當

胡安 黃福 羅雅 郎中嚴宗勝 主事轉通判 姜度 推官陳實

御史陳景陽 知縣魏子幹 林森 林勝 莊天錫 辛

禎　陳智　李文景　魏宗續　曹成　連酥　羅
永　姜佐　余亨　朱廣　張賢　劉維彰　陶宗
理　鄧榮　鄧以遜　鄧成　王政　陳鐸　曹誌
沈觀　余顯　蕭仁　陳洪　何禎　陳侃　蕭祐
陳昌　黃成已上四十八人俱沙縣學　任燦　余恭　張臨上三人俱
知縣　范純副提舉　游昺　陳復　楊欽上三人俱知縣　黃清審理　俞
瑾縣丞　盧侃知事　劉智檢校　楊琛知縣　張德有典史　張聚　張隱
黃同　馮成　馮紀　吳政經歷　馮曦京衛經歷　楊觀主簿　黃
相教諭　李敦　吳簡　陳琨　余衍　廖時　馮瓚

朱紳 孫仁巳上三十人俱順昌縣學陳定 黃華知事賴隆 黃懋 姜璌訓導陳俊 賴洪 王紀 陳崇 曾進福

巳上一十人人
俱永福縣學

八閩通誌卷之五十六

八閩通誌卷之五十七

選舉

歲貢

邵武府

保

朱華

察 史

諶賤主按察司僉事劉以敬同知龍克

吴善童知州官應知縣葉光孫知縣官

黄仲實 黄彧 符濟知府吴齡監察御史

危敬上二人俱知縣吴仕名 駱文政州判李

榮上二人俱知縣何顯 吴性 何觀 傅永安□府

歷

朱祐 鄧誠 張齡上三人俱知府陳善 廖関

丘和州判楊眞　蔣得　嚴定通判黄祐

蕭員　危崇　吳慶　朱琦　洪安　萬

鐘通判陳昌主簿馬澄巡檢黄誠　高通上二人俱知縣王

應　上官受按察司僉事　李應府經歷　虞宗顥訓導黄永從

張聰知縣周鐸知州黄粲鹽課大使周謙布政司經歷　李紹經歷

李軻知縣蔡榮縣丞陳永宗知縣官貞提舉司副使　李疇

傅榮宗上二人俱縣丞宋賢中書舍人張寧　朱鈍文公七世孫湖廣理問

傅恭縣丞魏顥知縣劉章國子助教龔信知縣饒富　孔章上二人俱

縣丞朱玉　朱紳通判楊榮　王實上二人俱主簿梁用判官沈康

羅珉知縣朱正縣丞黄靖　袁貴　傅奇主簿黄琚　徐玉
黄哲縣丞潘潔州判張全　吳復衛經歷涂觀教諭危齡八州吏目
胥義　謝璉主簿黄華都司都事徐恭所吏目朱晃府檢校劉富
主簿黄宗知縣李禮縣丞何瑛衛經歷王貞　張倫主簿張斌府檢
校何全縣丞段韶　吳鏇都司經歷湯榮府經歷丁禎　李銓
詹弘上二人俱訓導林義　吳良訓導聶綱　危昇　丘璥
王瑄　劉信訓導高政　丘福　黄傑　胡廣　吳誠
何寶　許卓　曾儀上四人俱訓導黄學　魏佐　陳盈
程俊　池澄已上一百三十五人俱府學丘子深所吏目朱得生

汪平孫　艾禄　傅福　鄒子兒　施子安紀善　吳逢
知縣陳善慶　吳友　吳康　曾旻　李惠　吳智知縣
和仲文縣丞陳觀　張祥　孫忠　吳誠主簿鄭載　鄧
文惠　曾昇都司都事吳道教諭嚴端巡檢龔敬善知縣丘定主簿
鄭原愛山西布政司參政吳寧　徐伯亨　吳成宗知縣林紹
州同虞定都司經歷王孟昇知縣詹祐縣丞黃通鹽課提舉陳謨推官鄒
進典儀副龔禮主簿王惟善縣丞符侃主簿官祥州吏目李璟主簿
梁啓　謝寬知縣徐敬　鄧讓衛經歷謝顯　蘇銘　龔
璉審理吳紳縣丞王璘　黃禎上二人俱府經歷諶寧　陳賦上二

人俱訓導王用　官弘　魏傑俱訓導吴亮　鄭淳　丘雍

曾成　曹曦　方通上二人俱訓導李瑤以恩例冠帶已上六十四人俱邵武

縣學陳永寧主簿雷繼　吴繼中　林全　蕭灝　劉隆

黃宗上三人俱訓導李惠應知縣李英理問范祉衛經歷蕭禄　范

鼐　李孟誠知縣馮諒衛經歷鄒文知縣江安　李素推官江

德鈍縣丞廖富府同知張泰通判葉忠縣丞江福寧　張志銘

江林都司斷事江澄同知黃泉縣丞丁忠主簿梁安知縣余新訓導江

榮知縣李義教授江賜按察司照磨江伯機主簿廖公賜州同知廖

惟顯知縣蕭彥俊都督府都事李永昌主簿蕭廸經歷葉應誠知縣

江淵州同知　鄧謙縣丞　馮英　蕭永泰推官　李華知縣　馮彧
江深　李茂上二人俱訓導　何琛府經歷　陳端倉副使　吳鑑務大使
龔應　楊貴　鄭和　丘馴　楊綱　江先　鄧瑾
上五人俱訓導　蕭璉　鄧禮　蕭瑛　梁玉以上六十一人俱泰寧縣學
余泰　危童　李儒　張四教諭　宋綬　姜回訓導　謝顯
慶　朱羽判官　胡邁縣丞　鄧英　黃河　謝周　傅廣
湯恭知縣　李觀　周勝刑部照磨　柯斅推官　黃昌同知　丘德　李
唐　李訥知縣　陳忠　夏禮　王永　黃伯輿　潘茂
陳安知縣　李震主簿　梁志　何彬衛經歷　江安衛知事　鄧永康

主簿王禪 陳普安府經歷 羅彰訓導 徐益 余靖知州 張海
王府奉祠副李秉 陳綬上二人俱知縣 甯時主簿 姜伯潤 姜維
府照磨錢亨主簿 李貞 謝嘉 羅福 陳孟恭主簿 阮清
王府典寶徐銘推官 阮文禮縣丞 饒榮 連哲 李隆 余賢
謝璘 艾良 黃成 謝瑄 吳祚上五人俱訓導 何源吏目
姜惟高府經歷 湯鼎 汪淨吏目 謝祥 柯本端 廖魁
已上六十七人俱建寧縣學 陳本初知府 陳山 傅鑠檢校 李子明吏目
王守敬序班 饒子通 葉子祿上二人俱知縣 王思敬都司斷事 黃
寬知縣 龔隱烏程縣丞以親老告歸侍邑民送之云烏程送得清官去光澤迎將孝子回鄉隣違

之官勝祖　官孛　官清（上三人俱知縣）黃昭　官暘（主簿）鄧鐸　呂紳　吳廉（知州）汪汞　丘禮　沈鼎　官順　官英（判官）官巽　官道　傅佐　官仕　王淸　郭暹（上二人俱知縣）危顯（大倉使）曾紳　龔順（訓導）張倫（主簿）官爵　陳琇（知縣）李節（訓導）李端（縣丞）危孛（知州）官懋（知縣）李睦（按察司經歷）官薦　朱濬　王斌（州判官舊志作審理正）官進（縣丞）吳租　李靖（縣丞）朱文興　傅成　王銓　吳賢　吳懋　黃忠　官崇　黃福　高厚　龔謙　張英　官弁　危恭（已上五十九人俱光澤縣學）

興化府 洪泰縣丞唐道童知州方濟 黃昇滔十四世孫衛知事黃
樞滔十五世孫知縣陳濤知州陳宗教諭戴成知州林宇理問吳復布政
司參議林應隆 黃智艾之九世孫和州判官鄭行 吳觀音保
陳宗炫縣丞鄭寧府照磨顧復生知縣吳應教諭徐琦通判林文
從知縣陳名高縣丞黃暉訓導廖馨州判鄭源 鄭有傳通判宋
徽主簿林綺 徐興祖 鄭規 陳琚州判許永輝經歷蕭
澄訓導張朝知縣林遜 陳祿 郭益孫 戴仙保 鄭
震魯府紀善吳偕通判李基 林厚 許賓通判鄭璦 黃晏
黃琳 陳信州判郭廷徽留守司經歷許庠學正陳珪都督府經歷

陳瓊推官朱易訓導鄭巳通判方燦知州林瑋戶部員外郎葉長知縣

鄭貢衛知事陳文瓊鄭杰教諭鄭穀知縣陳寅衛知事朱旺

戶部員外郎林獻州判楊銓宋勤邦光十一世孫沭陽訓導以學行重於時蔡

應元林珎上二人俱知縣林玹訓導林慶知州江智黃文燾

林懋重慶府同知宋熊兵馬副指揮李循良教諭林禕通判劉祿

王欽上二人俱知縣陳淮賢之子事父母有孝行女兄嫡母方出有贅婿方欲析居淮涕泣引咎以腴田美器遜女兄而取其棄方乃悅復許同爨淮後為南京國子生值限年例衆謀為減年籍淮曰籍可減心不可欺也寧黜而歸家居以禮義訓子孫家門肅睦卒年八十三戴履上八人俱正統

十一年援例陞太學戴旻理問方新部州同知進階中順大夫致仕陳紀學正陳盛

全　黄仲清　方孟戩　朱璉　吳祥　陳定訓導　林蕭府知事　陳應魁知縣　陳廷學正　黄新民副理問　方公瓚訓導　鄭貞縣丞　顧崇正府知事　林賓　林宏深　林洋縣丞　吳瓊教諭

黄克勤訓導　黄聯　王瓚　周穆州判　林求齡援例陞教職優等拜韶之翁源教諭諸生愛之嘗以巡撫大臣檄攝英德縣事邑民亦愛之卒二邑俱為立祠而英德之民復為立德政碑　陳敬伯衛經歷　趙旭　林璁　曾文盛上三人俱教諭

陳道瑶訓導　林景純留守司經歷　方瑶鯉之孫　鄭瓘　何涇

方朝儀上四人俱訓導　林純時之子教諭　鄭湨訓導　陳崇尹　翁道訓導　郭愷教諭　陳安　鄭容上二人俱訓導　戴鼎按察司照磨　吳瑛訓導

陳恩教諭　王俊訓導　黃暄　黃求晉府教授　黃璣州判　戴輿祖
林洙訓導　翁儼知縣　林慈　彭樂上二十五人俱天順六年援例監大學　許
琳訓導　戴維清通判　徐文鴻教諭　李朝善　林軫　宋篪
朱崇受　吳馨　翁述上四人俱訓導　林克信　陳讚謙之從弟
余稷輿訓導　鄭甫　周禮　趙鑑訓導　余信甫　黃哲
張志伯　曾偉　黃廷璧　黃伯止　徐璉　林輝
姚山　丘隅　林文恢　郭安　方芬　朱懷　陳
朝祥已上一百五十六人俱府學　宋僴訓導　許性主簿　薛耿知縣　李泰教諭
林郁　陳位　王恭教諭　王讓倉副使　林道教訓　鄭用　陳竝

訓導李傑府同知陳保　曾景脩以經學為後進所宗一時鄉邦名士多出其門
有大學中庸說行於世官終教諭林庵　董繼主簿鄭力久彥成次子少有文才
為諸生時與林環並稱以善書選修永樂大典卒于京有文集吳禧祖　黃貴　鄭
德昇知縣陳維陽　鄭廣　鄭祐　顧廷振　鄭璲
林進宗　陳祿通判宋定典史鄭誠祖　盧與　趙璣教授
黃永光知縣林時樂時望之弟徐愷　王鏞　李廣　林傑
王恒盛知縣吳添祿倉大使鄭聚以上三人正統十一年援例陞太學林得
週訓導棐茂髙保之子知縣陳廣訓導周弘教諭林藏知縣鄭習樂
力久之孫鄭儀和教諭朱學詩主簿陳東瑜　柯江潛之弟學正朱熹

卓敬　鄭犀　鄭儒迷之姪知縣　林創　林聰　吳瑞上三
人俱訓導已上八人天順六年援例監太學　陳鉞教授　陳孟稠道潛之孫教諭　林純
林棐　林申　彭洪紀上四人俱訓導　周述　林邦慶已上六十
四人俱莆田縣學　朱浦縣丞　馬祖盛布政司都事　鄭濟　何東　傅
仁　吳雍　陳和　鄭宏主事　方恩　陳鑄　余生上三
人俱知縣　林振教諭　程漢衛經歷　何童　陳瓊　黃外　盧濂
黃任　黃進　蘇坦上二人俱知縣　廖祥　鄭普　蘇均
張洪　傅信　陳鍭　郭恢副理問　宋啓知縣　吳永　黃
邁都司斷事　徐遇保經歷　陳侃通判　鄭煦知縣　程旭教諭　劉慈州判　柯

添訓導 顧元同知 薛益通判 盧智衛經歷 鄭澄 阮哲俱知縣 蔡

偉上二人正統十一年援例陞太學 丘進知縣 葉茂瑞茂高之兄 李蘆 方

禎上三人俱莆田人 傅啓寶鈔提舉司提舉 林耕訓導 李荇上二人俱莆田人

陳瓚府經歷 徐經主簿 林洋例授迪功郎 黄泰智之姪孫平湖教諭 林庸

上二人俱莆田人 李盛訓導 鄭乾 陳機上五人天順六年援例陞太學 吴源

王府教授 林偁莆田人似之弟 李廣上二人俱訓導 茅陽教諭 鄭表 鄭巽

陳新 傅銓 張宗上五人俱訓導 蔡麓 張定已上六十九人俱仙

縣學 鄭安府同知 陳鏞理問 莊保 許崧 陳忠 陳信

方照上五人俱主簿 畢昶楚府審理正 蕭敏衛經歷 薛龔楚府審理 林崇

趙府引禮舍人何誠見人物志陳璉上二人俱知縣林誠驛丞謝淵　林貴

縣丞劉毅訓導許仕教諭夏宏聘訓導鄭琦運司經歷朱高　吳善

訓導林信　林應訓導上三人正統十一年援例陞太學已上二十四人俱興化縣學鄭

河　葉璿　王正　歐觀　陳琛上五人俱訓導黃慶　林

頡　周絅已上八人俱平海衛學

福寧州

周謹行人調主簿林徵主簿蘇霖　陳德宣縣丞張斌

監察御史曹福知縣翁儀教授林安縣丞盧紀監察御史李童府同知李

緒經歷王養知縣林海刑部司務俞環　俞淵上二人俱訓導周潛教諭

林宏岳訓導張隱　林祚上二人俱縣丞周實推官鄭遜　徐鑑

上二人俱知縣吳岳 葉廉縣丞徐銘主簿杜寔 俞章主簿鄭信

奎教諭郜猷 林彌邵上二人俱訓導方淵 韓綱縣丞鄭演

尹悌上二人俱衛經歷黃祿 黃堪上二人俱縣丞鄭璧 顧貫

辛欽 陳璧 陳琇 劉鐸訓導龔敏 杜子肅 盛

仕明 李森上二人俱訓導陳騏 許澄 林韶上二人俱訓導林

山 陳澤已上五十一人俱州學 龔文志監察御史黃衍主事張永畊

張蘭廣東布政司參議章原善知縣林壽縣丞彭宗顯訓導林紹

吳仕謙 陳宥 陳在悌 彭琬通判吳祖恭府同知薛

旭 石宗善縣丞張沂蘭之姪縣丞黃庸 陳英 楊庸

林成 鄭安 阮韶知縣 高回 湯真 黃直上二人俱衛經

歷姚榮吉 陳源清衛知事 崔鑑同知 宋彬 彭寧上二人俱

知州謝顯 許瓚 林賢 金伯玉通判 周徽 黃仲德

陳咨上三人俱知縣 林涇檢校 李賓典史福州府閩縣人 黃敏 何俊縣丞

鄭玉訓導 蔣序主簿 宋福大僕寺主簿 陳祥 張璣上二人俱訓導 黃

裕 趙英訓導 陳鵾 陳昂訓導 陳潛 周鑑 王佐

韓瓊上二人俱主簿 黃澤 楊冕 黃宗明檢校 鄭祥縣丞 林玉

教諭吳福 楊育 教諭林震 王溢 宋雍 鄭瑞上二人俱

訓導陳福 林忠 陳亮已上六十八人俱寧德縣學 林赫 潘賓

蘇廣居 鄭容御史 楊振 林良貴上二人俱知縣 張觀王府伴讀
陳生教諭 陳士府經歷 池生 孫賦知縣 阮容典史 陳儀主簿 陳
竦府經歷 林春 鄭寧代府紀善 阮復典史 王璧都察院檢校 林生
黃琛 黃安 阮琚衛經歷 陳禮判官 陳泰 章定 陳長
吳實 謝廊 劉仕主簿 楊敝 陳文 周錫主簿 鄭焌
謝銘 林伯疇知縣 劉俊衛學教授 薛華州吏目 翁振訓導 吳鳳
陳頴 李文上三人俱知縣 蔡璲 林唐上二人俱縣丞 陳得深知縣
章實 彭允主簿 林環 詹汶所吏目 繆澤縣丞 黃潤 陳
睿上二人俱訓導 李璲 王昌教諭 吳錡訓導 詹湜 佘芳 陳

昂　林貴上四人俱縣丞　陳炫　陳達教諭　陳柯　卓越　連

銘　陳欽上三人俱訓導　陳珊　蕭凱　阮漢訓導　鄭琦　林

垣已上六十九人俱福安縣學

薦辟

福州府

宋

林元復慎思之十四世孫紹定初以儒士舉授奉議郎沙縣主簿　李子潛古田人以孝行文學舉授求春尉歷長江丞　倪昱羅源人天聖間三伏闕上書移縣治還縣學紹聖四年以薦授邑庠教官

元

吳玉以薦授太原石州知州　鄭暉孫以名賢子孫出身例補官終建寧教授已上俱閩縣

人高慶生驥生之弟候官人嘗受學於林泉生之門部使者以學行薦為龍溪縣學教諭原
奴倶終福建中書省參政原德倶廉訪副使段文舉泉州路經歷元灝賓
蒙古提舉鄭伯威福建省檢校汪興賢建寧路照磨上七人以職官子孫例入官巳上
倶懷　十安人　十

國朝陳文肅四川按察司林基㓜有志古人之學洪武初連江令佐聘訓導邑庠有薦之
于朝者廷對稱旨擢吏部員外郎數論事未幾為同官所累下獄基恐禍且不測遂自殺時年方三十
上察其無罪痛惜良久上二人以茂才異等舉王沂以賢良方正舉終倉部郎中鄧誠以明
經舉初授布政使侯缺一年改除知府王道訓導林雲翰國子學正董秀教諭林
汝初訓導鄭垣塾之子本府學訓導以子觀恩封員外郎上五人倶以經明行修舉楊傑

曾府伴讀吳復〔初由知印入任累以薦不次超擢歷知縣主事終工部侍郎〕林汝哲〔汝初之兄主簿〕黃麟子〔洪武中任磁州知州遷刑部員外郎已上俱閩縣人〕黃濟〔初為郡庠生以薦起終趙府審理正〕陳興〔以明經舉任訓導〕黃鍵〔以茂才舉終知縣已上三人俱候官縣人〕王文廣〔知府〕時安遠〔府經歷〕王時中　劉仲明〔上二人俱縣丞〕安林忠〔主簿上五人以耆老辟〕張伯載〔以孝廉舉授知府〕陳南玉〔州判〕趙鼎〔通判〕張汝玉〔主簿〕李榮祖〔經歷〕劉著〔典史〕陳靈瑤〔訓導上六人俱以秀才舉〕林仕名〔國子學錄〕鄭居真〔知府〕林日清　趙觀〔上二人俱府同知〕鄭善〔知州〕劉伯元〔主簿〕鄭觀〔知縣〕余臻　王益信〔上二人俱主簿〕周伯陽〔知縣〕陳伯輔〔主簿〕夏鼎〔教授〕陳俊〔教諭〕林原道〔訓導〕李伯輝

黃谷民上二人俱教諭陳思遠　宋善知上二人俱訓導趙景主簿王
仲叔教諭上二十人俱以明經舉　陳機知縣周玄禮部員外郎葉仲得知府
李以龍州判余源通判車彥舉知縣林佛主簿胡原振知縣周孚
祐倉大使潘惟深縣丞林琇上十一人俱以人材舉已上四十三人俱懷安人王
堅刑部郎中林尚志員外郎　林聰按察僉事李充清　戴岳上二人俱
知縣林載訓導許伯原縣丞高時外府同知潘璹布政使陳琪縣丞
陳禹知縣董玭紀善蘇文鉞國子助教葉允吉主簿周清　林谷
祥　陳夔　陳輔上四人俱知縣林叔仁訓導戴壯都御史　陳合
祖知縣林璵　林思敏　林希啓　林思溫　林思和

陳伯遠　倪貴臣　陳漢卿　陳弘道知縣林慈國子博士
陳道符　謝璧　黄攀上二人俱訓導已上三十四人俱以明經舉俱長樂人
朱榮　朱安榮之弟俱縣丞王寧訓導陳昇知府蔡憲教諭何睦考功
監令夏太和　魏中叔上二人俱國子助教晋賢　王廉上二人俱訓導
林大可主簿任景顒教諭王師孟知府楊仕良教諭鄭琦訓導鄭
英府經歷　李魁教諭陳誠訓導陳务教諭魏穆訓導倪中叔國子助教
林景俊　陳嘉上二人俱縣丞何太初主簿陳得夫　陳英上二
人俱知縣陳政府同知陳曾教諭潘騶知州陳鑄監察御史林端教諭林
禮布政使林汝愚主簿林泰國子學正王原衛知事　李宗延通判劉

子善經歷薛得衡縣丞歐惟清經歷李原壽上四十人以明經舉李真
以孝悌文學舉任考功監司倉李孟仁二局大使韓銘所吏目林觀巡檢鄭伯
淳知縣項外斷事郭原河南布政司參政梁壽府經歷李璞戴長
生鹽運知事上十人以人材舉林嘉通判曹茂縣丞李彥實知縣陳侍驛丞
上四人以耆老辟陳孜以懷才抱德薦任知府戴彥真以孝應舉任縣丞蔡敏
政林信上二人俱縣丞戴膺知縣上三人俱邑庠生以楷書舉已上五十九人俱福清
人蔡楚訓導王孚理問鄭熺教授蘇泰布政司經歷陳泰衛知事鄭
原孫熺之子訓導謝漢府同知張煜知縣陳希曾府同知魏子泰
主簿程子器府同知上十一人以明經舉黃孚陽主事謝正道監察御史鄭

什鴻臚序班張允泰典史上四人以秀才舉吳達夫知縣韓民善主簿陸
德主事鄭文徵主簿王伯剛府同知賴坤載主簿上六人以人才舉張
文登以孝悌力田舉任縣丞林澧以賢良方正舉任河泊官已上二十三人俱古田人王
文遂府同知林惟賢推官林惟芳縣丞張惟康教諭上四人以秀才舉
蕭惟大按察副使謝次文縣丞黃用主簿陳景德陳忠獻上二
人俱知府韓延載林叔載上二人俱知縣方英主簿上八人以人材舉已上一
十二人俱永福人陳珪教授陸維遠縣丞鄔孟彝訓導上三人以明經舉周
桓府同知周仲和監課司提舉黃子祥斷事陳彥德主簿上四人以孝廉
舉彭德新州判陳得和巡檢詹原禮丁山郎上二人俱主簿張

大同遞運大使林佛祐稅課大使黄志亮主簿上七人以人材舉陳鈞以幹濟舉任縣丞劉子虞林子和上二人以秀才舉俱教諭阮宗大以聰明正直舉任府同知余日新以年高有德舉任知州翁海以耆老辟任知縣林無逸以文學舉任主簿已上二十一人俱羅源人

建寧府

宋夏噩以賢良舉吳文靖殿中丞吳文秀比部郎官上二人以文詞舉章竟勤章庶績葉春上三人以明法舉已上六人俱建安人游安社安世之弟以孝行舉官至司理童慶仲以明經舉終推官已上二人俱甌寧人真志道德秀之子以蔭補官累遷戶部侍郎子紹祖府判同祖同知孫蜀孫金德主簿宜孫求春縣尹徐莘老

鳳之子以蔭補縣簿累官禮部尚書已上四人俱浦城人范師孔崇安人宋咸淳間辟為武夷書
院講書雷德閏建安人以文學薦累官福州路儒學教授葉文興以賢良舉任提舉
黃麗以學行舉任縣丞黃克和以明經舉任沿山州判已上四人俱甌寧人丘鑾
子野四世孫年十五登神童科游欽以省劄辟官至縣尹呂桂縣尹詹景仁撫州路總
管李文八教授上三人以文學舉已上五人俱崇安人

國朝

葉原質廣西按察僉事張有年本省按察僉事蘇鎰吏部郎中上三人以明經
舉楊恭榮之子以蔭授尚寶司丞陞少卿朱梃文公九世孫景泰三年奉特恩授翰林
院五經博士以奉祠事子孫世襲陳鶴以生員畫策靖寇有功帥臣奏授巡檢陞主簿上六人俱
建安人林原禮郎中黃勝知府黃溥終員外郎吳節給事中上四人以楷書辟

修永樂大典黄瑞知府任員主簿上二人以人材舉葉機以明經舉授本縣學訓導

鄭餘主簿高志能州判童保刑部司獄上三人以茂才舉柯祿帥臣薦其有安

撫沙寇功例當授官祿辭乃賜冠帶已上一十一人俱甌寧人趙景和教諭徐彥誠

訓導上二人以明經舉繆昱德以賢良方正舉任主簿葉子茂徐善安

上二人俱浙江按察僉事潘至善知府黄谷華通判東彥名知縣徐彥篪

知縣上六人以人材舉張谷華以耆老辟任知縣已上一十人俱浦城人張智昇之子終

國子司業李文我本縣學訓導熊圭禾之三世孫訓導王相監察御史程蕃

教授盧欽州判阮得順本縣學訓導鄭悦主簿宋圻典史范志謙訓導

上十人以明經舉范宗諒以賢良方正舉終員外郎張益知縣游鉒主簿上二人以

人材舉李遠以楷書辟任知縣張鏜戍伍開衛征苗有功官至千户王雅與
陳善安俱以捕沙寇有功授所鎮撫已上一十七人俱建陽人柯子遠知州傅
小巖李子傳葉均祐上三人俱本學訓導已上四人俱以明經舉龔
遂父以人材舉終知府夙道暹天順間以捕逆寇有功授巡檢已上六人俱松溪縣人
彭時中方仲文楊濟上三人俱知縣並以明經舉方直以楷書舉
任興安官至監察御史劉奎以文學舉任教諭張仲誠知府陳帝府同知朱
明善知縣朱善照磨游禞知縣上五人以人材舉張汝實以耆老辟任知縣已
上一十二人俱崇安人雷承以孝廉舉任知縣張琛授醫學正科屢承上司檄捕盜有功
朝廷錫鈔幣銀牌慰勞已上二人俱政和人

泉州府

【唐】王玫平陽縣令 楊廷式録事參軍 蔡沼上三人以明經舉俱晉江人 黃璞南安人有文名所交皆當世名士辟為天德軍從事

【五代】康仁傑以蔭任文學遷主簿性清儉門無私謁工詩 曾敬宗以經明行脩舉 蔡儼節儉好施王審知舉為戶部郎中

【宋】許伯詡福州通判 李縝提舉廣東常平 黃夔歷知七州 梁嗣昌左司理 劉輿欽州守性敏好學 傅懿德新興令 魏必昌録事上七人俱以蔭補 蔡曾頎之弟以經明行脩舉 楊偶以文學舉任知縣 楊茂元以學行舉任知縣 柯汝龍以薦釋褐任司戶已上俱晉江人 謝圖南同安人以才兼文武入仕封開國男食邑本縣

元趙頎以功補官至司知　郭明提舉　楊公教諭上二人以學行薦　楊應芊以薦
累官提舉鹽使司事工詩文俗好不入其心　莊元弼夏之四世孫以楷書任蒙古教授　郭
霆祖以文學舉任蒙古學正已上舊志俱不言其為何縣人

國朝曹聰本府學教授　林廷珪府同知　林餘慶　陳安仲　周
伯奇　林同上四人俱訓導　傅鉉知縣轉教授　郭德脩訓導　楊曜宗
累遷右長史　謝秉初教諭　高譽繼　林孟生上二人俱訓導　黃晉奎
張孟宗上二人俱教諭　陳賜教授　莊濟翁夏之四世孫知縣終員外郎　莊巽
夏之八代孫戶科給事中　黃誰叔主事　張邦懷知縣　蔡茂德布政司都事　留
潛夫知縣　柯世忠縣丞　鄭謙道　潘敬宗上二人俱訓導　楊輿累遷

戶部侍郎出知永州府楊贊貫教諭傅鑑　傅叔達上二人俱訓導蔡賢
楚州教授許進上三十人俱以明經舉黃德甫以孝弟力田薦任縣丞林和生
辟為郡之陰陽正術復以薦起為知縣鄒育知縣薛克銘教諭上二人以楷書舉麥
茂實以文詞舉任府知事徐福祖以奇童舉任主簿諸葛文典史張慶累官
監察御史人稱其得憲體薛智縣丞林懋　魏紹文上二人俱知縣莊師古
縣丞蕭保兵科給事中改衛百戶傅育驛丞上八人以稅戶生員舉高宗顯教諭
徐煥文監察御史上二人以經明行脩舉趙士亨河泊官程羽肅福州知府
石義方知縣王啓禹縣丞沙彥良稅課大使留廷貴倉大使柯世
良　孫慶安　衛濬民上三人俱知縣已上九人俱以人材舉劉仲脩

以承差入官累遷工部主事陳善以耆老辟任監察御史通上五十七人俱晉江人傅仁
宇以懷材抱德舉任教諭洪慶以經明行脩舉任訓導俱南安縣人顏辟雍鹽運司同
知顏嗣經歷陳德輝同知陳熙訓導宋旻國子學正陳仲復訓導陳
景祖教授陳永教諭梁仕榮衛經歷張宗曾陳穆上二人俱教諭
陳复初主簿黃中正國子學正上一十三人俱以明經舉洪三友以經明行脩舉
任理問彭用乾以孝弟力田舉任縣丞張茵以承差入官累遷通政司通政張暉
以承差入官累遷太常寺丞已上一十九人俱同安人楊迪郎府同知陳珪知府上二
人俱以孝廉舉黃永由吏員入官以薦起爲戶部員外郎遷知府薛冊興遞運所大使
黃均實劉添琪俱知縣上三人以人材辟已上六人俱永春人陳道安溪人以

孝廉舉終知府陳麟以楷書舉任刑部主事洪鐘以經明行脩舉任訓導俱惠安人

漳州府

宋顏徹師魯之子龍溪人以茂才辟終奉議郎

元顏洙以學行舉授福州路錄參陳迪吉推官劉文質天寶局大使上二人以人材舉

王伯謙　陳伯尚縣尉詹燾縣尹蘇也坡主簿上四人俱以軍功補官

黃均復教授李漢卿教諭黃元淵學正上三人以明經舉已上俱龍溪人

車日新以人材辟授龍巖縣尹李仁甫以賢良方正舉授南勝縣尹張德之以通經秀才授龍溪縣尹已上俱南靖人

國朝林公玉訓導許由衷工部主事上二人以儒士舉王廷遂縣丞許得

禄府經歷湯紹熈巡檢上三人以人材舉涂益以精音律舉官至員外郎鄒伯
原河南布政司參政徐原和湖廣按察司僉事上二人以治道入官陳孟貞以耆
老辟授知州轉河東鹽運司副使尋致仕永樂六年復召掌金華府事九年奏乞骸骨歸洪熈元年詔
賜月米二石以贍終身居官廉謙年九十卒林原功國子助教曾與吉鄭聞
善上二人俱本縣學訓導丘紹宗本府學訓導黃昌吾紀善胡士豪教諭
上六人以明經舉趙以衡以孝弟力田舉授知縣蘇原茂以茂才舉授知州陳
溫以楷書舉授知縣胡宜衡以學行舉授中書舍人預修兩朝實錄陞大理評事已上一十
九人俱龍溪人陳謙德以明經舉任浙江按察僉事蔡璉府同知李善哲府經
歷王彥禎州同知畢賢江西布政司左參政上以人以人材舉陳汝輝以經

明行備舉任吏科給事中巳上六人俱浦城人林彥良以明經舉任教授林用楫以文學舉任主簿翁志善稅課大使蘇升之驛丞上二人以孝弟力田舉王仲玉巡檢徐求祿府經歷上二人以孝廉舉鄭文遂知縣林子祿工部主事鄭文善教授張友德府經歷上四人以秀才舉賴存忠蔣宗元上二人俱巡檢賴獻民知縣林榮春驛丞劉原德曾原道上二人俱主簿陳商賢行人曾光瑛光祿寺監事上八人以人材舉巳上一十八人俱龍巖人陳顯道以秀才舉任戶部郎中鄭叔方以儒士舉任教授李原道通判張智縣丞蔣雲從知縣李觀祖府同知許存道教授陳宗銘縣丞上六人以人材舉巳上八人俱南靖人

汀州府

元　林樾輕以遺逸舉任商稅局大使

國朝　葉仲旻以秀才舉任典史　程元慶以賢良方正舉用　羅宗海上二人俱縣丞　賴永亮　王文禮上二人俱主簿　官墀鹽運司副使　張英縣丞　李隆提舉上六人以人材舉已上八人俱長汀人　張惠甫　羅元正上二人俱知縣　張震知府　吳仁輔訓導　張壽材教授上五人以明經舉　劉子立以文詞舉終教授　張得甫主簿　伍汝祥　鄧宗祥　傅玆德上三人俱縣丞　王仁壽巡檢上五人以人材舉　吳回　王仁璧　吳宗上三人皆以才薦補官已上一十四人俱寧化人　劉秀實以孝廉舉擢知府　吳湘以筭法舉任郎中

周子信按察司檢校羅文振河泊官梁貞州判張谷賓主簿張
子方巡檢吳仕隆鹽場副使謝志亨　周永忠　丁良宗
李存淵　姜崇　林洪上六人俱主簿丘璿鹽運司副使周翥上一
十四人以人材舉已上一十六人俱上杭人鍾秀崇遞運大使楊友祥主簿謝文
富知縣劉瓚主簿上四人以人材舉俱武平人沈得輔以賢良方正舉任縣丞王
得聞以儒士舉任推官黃陸崇主簿沈安住知縣鄧希禹府同知上三人
以人材舉已上五人俱連城人林秀山以孝廉舉任同知胡子俊　丘子瞻
上二人俱訓導賴以德知縣上三人以明經舉廖子忠知事王友智巡檢上二
人以人材舉已上六人俱永定人

延平府

元

伍脩仲以薦任府照磨吳文誼以薦補官終延平路總管俱將樂縣人葉荊才

尤溪人八年甫十二有雋才丞相伯顏薦之後官至朝散大夫徐錫順昌人以掾辟任推官

國朝

孫伯延教授朱漢工部員外郎尤明知縣尤英山東按察僉事周謨

浙江按察僉事歐仲玉教諭上六人以明經秀才舉何琨以楷書舉任儒經歷趙信

以人材舉任縣丞駱義以薦起為布政司檢校已上九人俱南平人張可大以明經秀

才舉任知縣鍾彥善由吏員入官薦授兵部主事李文殊以楷書舉官至知府蕭

惟清以薦起為戶部郎中董良善以薦起為教諭王錫以人材舉任知縣張端

以懷才抱德舉任鑄印局副使已上七人俱將樂人蔣偷教諭吳謙監察御史調知縣吳

得實州判李景陽通判上四人以儒士舉　徐文泰以秀才舉宣課大使　林士
達以賢良方正舉任稅課大使　潘得厚同知　鄭伯陽　王巨謙上二人俱
縣丞　廖仲人序班　陳宗政典史　葉均志河泊官　徐添定　謝富
俱縣丞上八人以人材舉已上一十四人俱尤溪人　王子宰監察御史　鄧文璧吏目　張
允厚知州　許金玉州判　陳景陽知縣　王孚縣丞　魏訓知縣　樂達
業存政　魏長鎦上三人俱縣丞　朱文昌　孔仕曾上二人俱主簿
高賢巡檢上一十三人俱以秀才舉　吳敏之陝西布政司參政　魏仲敏四川布政
司參政　鄧文潛　吳用上二人俱知府　鄧汝錫知州　陳允嘉縣丞　張
允繼　張繁上二人俱教諭　鄧源隆　趙以全　王以敬

彭真上四人俱訓導魏得升教諭上官以大河泊官羅伯昇稅課司大
使廖源吉河泊官陳景文巡檢上一十七人俱以儒士舉羅成以孝廉舉任主
簿樂汝剛以薦起官至郎中羅均輔以薦起任知縣羅貴主事羅覺
陳晉上二人俱教諭徐均美林源和上二人俱主事陳海一布政司都
事王仕良知府劉鏗和府同知高必進主事魏質夫府同知楊
伯崇通判鄧本初照磨林光遠知州樂巖歸府同知劉子初
陳均安賴仲行羅彥桀陳存道陸伯和
羅善鄧聰恕陳德夫楊福善上十人俱知縣張公孫
徐世昌俞子成樂子畊鄧祖俞仲仁上六人俱

縣丞吳諒　陳靈　蕭末　曾榮彰　陳子榮　胡巖
老　范子輝上七人俱主簿黃綠祥巡檢范順祖　鄧得輝　范
本初　陳康一上四人俱税課司大使鄧伯禎庫大使陳進　陳
玄綱上二人俱河泊官江祐　樂寬　羅應宗　鄧佛祖上四
人俱遞運所大使羅源亭衛知事鄭文質鹽場大使陳季純知縣鄧進
福巡檢吳先民　余實榮上二人俱河泊官已上五十五人以人材舉趙建
州吏目曹文祿　吳盈上二人俱主簿已上三人以耆老辟張震以薦起任教諭
已上九十二人俱沙縣人張智禮部侍郎廖希曾知縣上二人以明經舉徐原白
府經歷吳宗海知縣杜思言府同知功宜縣丞黃節教諭連祿局太

使謝文輿州判黃觀　廖希廣上二人俱主簿甯光遠　陳均
仲上二人俱知府楊燧湖子王相監察御史安時典史呂宗和巡檢上十五人
以秀才舉張泰以楷書舉授所吏目黃立以儒士舉終國子學正陳濟推官張禮
縣丞黃子良府經歷上三人以孝廉舉張惟寶知縣楊求進縣丞楊全知縣
運軒縣丞方惠慶稅課局大使潘善縣丞吳希良知縣俞景原知府
事何伯誠主簿江以信知縣李巽縣丞張益知縣上一十二人以人材舉已
上三十四人俱順昌人楊伯崇通判賴仲行　陳存道　陳福善
上三人俱知縣李文茂衛知事范應縣丞范本大使吳先河泊官鄭文
賓鹽課司大使李伯玉典史廖余巡檢已上一十一人以人材舉俱永安人

邵武府

〔國朝〕謝熙邵武縣人訓導陞知縣　謝焌熙之弟訓導職歷知縣擢知府　謝煓焌之弟訓

導已上三人俱以明經舉

興化府

〔唐〕林著披之子貞元六年舉明經及第横州刺史　林薦著之弟貞元十二年舉明經及第韶州司

馬　林懸著之從子元和中舉明經及第餘杭令　林葦著之兄端州刺史　林曄薦之

弟通判刺史　林蒙曄之弟循州刺史　林邁蒙之弟同州刺史　林蔇邁之弟福唐刺

史　徐回横陽縣令　徐褒彭澤主簿　徐崇殿中侍御史　徐珎睦州司倉　徐瑱

司天臺贊府上十人俱以薦舉入官

宋翁處易縣尉翁處厚官至上柱國翁處朴泉州都曹翁處廉御史翁
處休判官翁處恭法曹徐義叟縣令徐渭叟弘文閣秘書徐發龍圖
閣待制徐惟德大理評事徐穀縣丞許子高同知許孔目照磨徐嗣
將主簿徐公震提刑司幹官上十六人以明經舉徐仁傑主簿翁傑陝西運使
黃君亮通判黃灝知縣鄭毅學正鄭昭文軍學正林雨粮科院官上七
人以儒士舉郭邦文以秀才舉為司法已上俱莆田人
元孫澤由都督府掾終禮部尚書鄭得鵬以人材舉官終知事宋德福寧州判官方
震卿興化路同知上二人以武功補官李申伯山長陳公福朱誠都事
朱健丘儒教授宋福本路經歷宋洽龍巖教諭宋復福州教授徐大

周縣尉上一九人以明經舉曾彥明行省都事李伯淳提舉許求崇典史李
仲恭提舉司學正李良教諭黃俊甫照磨林景惠經歷黃原恭教授
陳熖學錄徐應賓縣尉徐宗逸典史徐公豫武夷山長上一十二人以儒士
舉黃梓仲元之子歷興化縣教諭泉州路教授終羅源縣尹黃方子滔十二世孫武平教
諭有論語通義本家存稿黃壽梓之子歷閩縣教諭終興化路教授黃烈壽之第歷莆田縣教
諭興化路學正在二學皆有功績終建寧等處儒學副提舉上四人以文學舉孫綽由應奉翰林文
字累官郎中李晦叔興化路同知黃詔知縣上二人以才能舉已上俱莆田人

國朝林廷綱給事中遷中書舍人鄭求徐寶巡檢陳賓宋霖縣丞
林鐶鄭相李孟上二人俱給事中林望縣丞林愿監察御史陳

宗　鄭回　謝忠　方志　林總　李繼　鄭宣鴻臚

序班陳士中江西按察僉事陳孔彰知縣陳理原主簿陳古淞縣丞陳

彥廣東按察僉事李廣文知縣上二十三人俱以秀才舉方師誠以閑良官任稅課局

大使陳均用廣豐倉副使徐原畊知縣彭子良通判上三人俱以耆老辟陳

士原　陳遂初上二人俱知縣鄭萬井縣丞趙允脩知府宋貴誠

福州府同知黃損湖官陳立誠知州鄭景哲州判王伯時知縣鄭景

從河泊官吳烈教授王善　鄭璿上二人俱教諭林棐訓導黃孟主簿

劉晟南海知縣陳璧主簿鄭永恭府經歷徐邦獻知縣徐士英州判

林璲倉大使黃士弘主簿林壽訓導林玎知府陳[illegible]泉州府訓導鄭

二秀局官　方德馨稅課局大使　黃安初為興化府學訓導終戶部員外郎　陳觀
陝西布政司參政　阮良玉助教　余師孔　吳叔向上二人俱訓導　陳本
初監察御史　陳士衡巡檢　蘇俊訓導　鄭文華廣東按察僉事　方弘敬教諭
余原積員外郎　林文遠推官　徐邦遜縣丞　陳億中判官　蔡惟賢
廣西按察僉事　陳兆四竹木場大使　黃積良試按察僉事改知縣　林節誠主簿
黃士玉知縣　黃孟良主簿　林吉甫推官　黃光叟稅課局官　朱長文
教諭　王溫巡檢　王思誠教諭　薛彥得國子學正　方文⿰火青主事　陳惟岳
州判　鄭彥文試按察僉事轉推官　余士元廣西按察僉事　莫士秀主簿　伍衡
知縣　廖繼賢主簿　陳彥立衛知事　鄭伯和知縣　翁中倉副使　王德

和應天府知事鄭自育　刑部主事歐文嚚　縣丞郭恢　州判官李文緒

主簿陳善繼　府同知黃原人　訓導陳賢觀之弟洪武末薦授興化府訓導遷南康縣教諭永樂中召脩大典積八年書成改任湖口致仕卒賢方嚴好古勤心職事學者稱為古道先生湖人嘗塑其像於學及卒因以祠之

林彥實　教諭黃宗起　巡檢顧文長卿之族該貫經史以文章行義重於鄉洪武中用薦為興化府學訓導累遷金華教諭四為鄉薦考官卒年九十三

黃伯恭　訓導林穰卿　教諭趙乾　訓導黃安善　員外郎陳文英　知府

高獻民　知縣卓欽　國子學正蘇億二秀　教授陳彥回　知府黃彥西滔之十六世孫終安肅訓導彥西問學該博嘗註黃庭經行于世

龔璠　教諭林希哲歷玉山香山二邑教諭所至人稱為賢師

林秀　葉良貴　方文問　林復

上四人俱訓導林珪訓導以子思承恩贈興州知州朱應翰林檢討陳理常典史林
子賢主簿鄭彥成伯玉之後其學尤邃於易漳浦學者歲延為師多所造就洪武間用知者
薦授閩縣學教諭勤於其職學者翕然宗之尤以清介著聞於時有文集黃性初國初累辟以親
老不起及親終始授興化縣訓導甫踰月卒後以子耕恩贈給事中方夢國子助教林希悅
布政使黃神保教諭謝復縣丞江伯安寧德縣教諭方福疇縣丞鄭
彥明教授劉源縣丞鄭萬善主簿林以舟知縣鄭伯輝陳質
初柯欽舉之曾姪孫有釆微集黃原清滔十四世孫上四人俱訓導鄭進
彥成長子終德清知縣有文集朱孟庸蕭濂上二人俱訓導許美國子助教林
祥敏時之弟道州訓導黃子嘉壽生之子初用薦為安福訓導以學行得士譽繼復用薦

為東鹿知縣有廉幹聲正統末北虜寇畿甸子嘉率其民死守邑賴以完巡撫大臣以聞賜勑命旌異之滿九載邑民詣闕請留陞六品秩仍遣復任又三載懇乞致仕歸歸二十餘年卒年八十一 黃
聲叔融之弟歷仙遊無錫麗水訓導遷廣元教諭致仕卒 黃壽 盧守道質中之子
林纘祥敏之子上三人俱訓導已上一百二十人俱以明經舉 鄭直方終國子助教 黃
伯厚洪武中以薦赴京師御試制策中第一尋以疾乞歸 黃仲儀伯厚之弟河泊官上
三人以文學舉 黃慈府同知 朱士安 陳傑上二人俱主簿 林彥中巡檢
上四人以賢良方正舉 林一初主簿 柯岡中塩倉副使 高鵬舉縣丞上三人俱
以聰明正直舉 鄭義榮府同知 陳伯厚知州 林日脩 梛紀上二人俱
知縣 鄭隆都督府察牘上五人以孝廉舉 林彥芳 黃琦 黃陶 陳

慶縣丞陳宣 林彀府同知 黃約仲見人物志 林英兵部司務遷本部員
外郎已上八人俱以楷書舉 方銘甫織染局大使 李紹白主簿改倉大使 朱仲
求河泊所官 楊珪都督府斷事 薛和卿驛丞 徐廷選縣丞 林彥質知州
林彥謹司獄 鄭得榮河泊所官 錢大年縣丞 許景謨判官 陳樂川
縣丞陳初織染局大使 鄭廷幹 李有成上二人俱縣丞 李真稅課大使
傅彥濟員外郎 陳友聰縣丞 鄭得善主簿 林彥和府經歷 陳性
存主簿 方孟誠縣丞 顧性善知府 鄭䅲按察司照磨改主簿 黃八俊縣丞
俞能靜知府 陳義方知縣 鄭俊得主事 彭起潛倉大使 陳福生
主簿李得忠知縣 林伯奇 李原美上二人俱典史 宋尚平司獄 吳

傳宗理問所案牘黃仲玉盐課大使鄭伯宗縣丞鄭孟年主簿張致

中驛丞汲士通縣丞上四十人以人材舉黃慶滔之後初為郡庠生以註誤謫為都察院

史大臣薦其才授工部營繕司主事歷禮部主客司陞行在禮曹郎中卒吳得善主事李國

賔知州薛孔華推官李士宏工部主事林定戶部主事遷郎中楊植宗

由景寧知縣遷金華府同知蘇紀都督府都事苑馬寺丞上七人由吏員入官俱以薦進秩李

瑩成化初有司應　詔例以才學辟至京師將授官卒已上二百一十九人俱莆田人林陸

陳璘上二人以楷書舉李龍以懷才抱德舉任知縣已上三人俱仙游人

福寧州

【唐】劉行深長溪人終右軍中尉

五代梁 劉茂長溪人以宏才碩德舉累官兵部尚書兼文明殿學士銀青光祿大夫

宋 黃謨以賢良舉授忠訓郎陞武節郎出知賓州 林仲明以三舍法召 劉俊明以賢良舉任西臺御史俱長溪人 陳志遠寧德人以經明行醇舉

元 陳天錫 陳陽生天錫之子汀州路知事 林拱福寧縣尉上二人俱以賢良舉 陳陽極楊生之弟以文學舉候官縣學山長 林子南福州路通判 林子西子南之弟羅源縣尹上二人俱以仗義舉 王克恭以賢良方正舉福清州判官 袁天祿以武功舉終江西行中書省叅知政事已上八人福寧人

國朝 陳宗顏陝西右布政使 黃希平教諭上二人以賢人君子舉 陳文獻國子助教 鄭以祈國子博士 鄭景周教授 陳仲遠 張希祥上二人俱知縣

陳德良教授　林用文府經歷上七人俱以明經舉　莊宗玉推官　林綱主簿
蔣宗文通判　俞德勤知縣　張希文縣丞　吳德進教諭上六人俱以秀才舉
陳則新以文學舉任本學訓導調崖州吏目　丘寧甫以聰明正直舉任監察御史　阮
德善以孝廉舉任知縣　王淵明主簿　林孔殷知縣　敖坦榮知縣上三人俱
以人材舉　林均福以耆老舉任縣丞已上二十二人俱福寧人　陳嘉龍廣東按察僉事
陳景壽監察御史　龔彥文教授　鄭禮賢縣丞　黃脩竹教諭　黃得章
都督府斷事　陳則中訓導上七人俱以明經舉　陳可尚知縣　鄭榮縣丞　林伯
祥推官上二人俱以孝廉舉　彭中以賢良方正舉終府同知　林光祖以聰明正直舉任縣
丞後以孫聰恩贈都察院右都御史　陳永　鄭隆興以上二人俱巡檢　鄭潤驛丞　楊

新恩縣丞劉波平知縣劉景濟通判阮進卿　黃祖恭上二人俱
縣丞陳彥麟序班謝流芳通判黃執中知縣林晏工部軍器局大使鄭
日登　李天驥上二人俱主簿林和通判楊仲驛丞上一十六人俱以人材舉
鄭彥英以孝弟舉任巡檢已上二十九人俱寧德縣人吳註以楷書舉任縣丞陳塏
國子助教林均爵教授林子初四川按察僉事鄭伯芳訓導李景謙江西
按察僉事上五人俱以明經舉陳宗德知府陳萬頃按察僉事程伯福府同知
黃應昌知縣上四人俱以孝廉舉林昇主簿卓惟善訓導高竹軒推官程
何典史上四人俱以儒士舉林剛主簿鄭添錫　陳山童上二人俱知縣林
志遠縣丞謝傑齋縣丞已上五人俱以人材舉黃德潛以吏員入官薦陞杭州知

府已上二十人俱福安人

八閩通誌卷之五十七

八閩通誌卷之五十八

壇壝

民資穀以養而穀資土以生此社稷之所由以祀也風雲雷雨能滋土以生穀而名山大川則又能出雲以興雨此風雲雷雨山川之所以祀也若夫厲之有祀則以鬼無所依或能爲害亦焉往而非爲民哉傳曰國之大事在祀與戎有民社之寄者其尚知所重也夫乃志壇壝

福州府 閩侯官懷安三縣附

社稷壇 在府城北天王山下舊在州南七里唐觀察使揚發遷於

南澗寺之東偽閩時遷于烏石山之陰元初又遷于法海寺之北　國朝洪武六年知府湯仕英移建今所　風雲雷雨山川壇在府城南嘉崇里釣龍臺洪武三年知府楊仕英建于魚澤山六年以其地隘陋移建今所　郡厲壇在府城西北寶福寺之東山洪武初建于馬鞍山之後八年主簿李季初移建今所　閩縣里社壇　鄉厲壇　候官縣鄉厲壇在縣各都凡二十九所　懷安縣鄉厲壇在縣各都凡二十五所

長樂縣社稷壇在縣治西南三峯寺之前宋時建元至元二十七年重建　國朝洪武間修成化十八年知縣羅叙重修　風雲雷雨山川壇在縣西隅南山下　邑厲壇在縣西隅首石山下上二壇俱洪武初建成化十年知縣羅叙修　里社壇

鄉厲壇俱在縣各里都各二十四所

連江縣

社稷壇在縣治前美政街之西宋慶元間知縣趙善建于玉泉山下　國朝洪武初改建今所

風雲雷雨山川壇在縣治前通濟橋之南

邑厲壇在縣治北欽平下里上二壇俱洪武初知縣王得欽建八年縣丞商準修

里社壇在縣各里都凡二十二所

鄉厲壇在縣各鄉凡五所

南海神壇在縣東南福斗山上永樂七年建

福清縣

社稷壇在縣治北一里宋時建於縣之西南元大德七年知州孫儀重建　國朝洪武六年移建今所成化十七年知縣龐瓏修

風雲雷雨山川壇在縣治南龍首橋之右

邑厲壇在縣治北鷲峰山下上二壇俱洪武六年建成化十七年知縣龐瓏

修鄉厲壇在縣各里凡三十六所俱洪武二十四年立

古田縣

社稷壇在縣治西一里許宋景德二年知縣李堪建於縣東尋遷縣西南元元貞間縣尹王奐移今所國朝因之成化十五年縣丞沈敬通修

風雲雷雨山川壇在縣治東南半里許洪武三年知縣韓秉建

邑厲壇在縣治北二里許洪武三年知縣韓秉建成化十五年縣丞沈敬通修

里社壇

鄉厲壇俱在縣各都各四十二所

永福縣

社稷壇在縣治北十三都宋時建於縣之西南元大德六年移建今所國朝洪武間修

風雲雷雨山川壇在縣南十二都重峰山下元時附於社稷壇國朝洪武三年改建今所

邑厲壇在縣治北十二都北橋埕洪武初建

里社壇

鄉厲壇

閩清縣

社稷壇在縣治北舊在縣治西二里許宋大中祥符二年知縣史温建元至大元年縣尹張淵移建今所國朝仍舊址增建

風雲雷雨山川壇在縣治南二里許洪武七年建

邑厲壇在縣治北一里洪武三年知縣鄭起居仍元之故址增建

里社壇　鄉厲壇俱在縣各里各七所

羅源縣

社稷壇在縣治西隅棣華坊宋時在縣西北元至大三年達魯花赤回回改建於此國朝洪武初增建

風雲雷雨山川壇在縣東隅沈剏橋之西宋元時附于舊社稷壇國朝洪武十二年縣丞陳遂移建今所

邑厲壇在縣治東一里許洪武十三年縣丞陳遂因元之故址增建

里社壇　鄉厲壇俱在縣各里各二十六所

建寧府建安甌寧二縣附

社稷壇在府城西門外龍山之上宋在富沙廟之側國朝洪武八年知府張允移建今所**風雲雷雨山川壇**在府城南門外紫芝上坊洪武八年知府張允建成化十五年建安縣知縣桂鎬重建齋宿室宇**郡厲壇**在府城北門外太平坊洪武八年知府張允建**建安縣里社壇**　**鄉厲壇**俱在縣東吉苑里又縣所轄里皆置二壇各一十四所**甌寧縣里社壇**　**鄉厲壇**俱在縣西北崇安里又縣所轄里皆置二壇各一十三所

浦城縣

社稷壇在縣城西北德星門外舊在縣西官社巷洪武九年僉事陳汝器建成化十年築城以其址為營房遂遷建今所**風雲雷雨山川壇**在縣城南南浦門外東隅舊在縣南回隆山下僉事陳汝器遷建儒學之左成化十年築城又遷建今所**邑厲**

壇在縣城北拱北門外三里橋北舊在永豐坊左洪武九年僉事陳汝器移建今所景泰五年典史殷宗重修 里社壇在縣各里凡三十所洪武九年縣丞朱德昌建 鄉厲壇在縣各里九三十所洪武二十四年知縣胡仲義建

建陽縣 社稷壇在縣北二里許宋元在南岸之後坂 風雲雷雨山川壇在縣南三桂里黃花山之陽上二壇俱洪武九年知縣范子疇建景泰六年知縣龍韶重修 邑厲壇在社稷壇邊舊在縣北焦湖嶺下成化十一年知縣項旻移建今所 鄉厲壇在縣各里九五所

松溪縣 社稷壇在縣北宋時建元因之 國朝洪武二年知縣梁楚材因舊址重建 風雲雷雨山川壇在縣南石壁庵之後洪武九年建 邑厲壇在縣北秦

嶺洪武九年建

里社壇鄉厲壇在縣各里各七所俱洪武九年立

崇安縣

社稷壇在縣西興賢坊內舊在東嶽行祠之前宋淳祐五年知縣陳樵子重建元元貞元年縣令楊靚重脩國朝洪武九年知縣夏德章遷建今所

風雲雷雨山川壇在縣西貞節坊內靈寶觀故址也洪武九年知縣夏德章建

邑厲壇在縣東北二里洪武九年縣丞安處善建

里社壇鄉厲壇在縣各里各七十六所俱正統間立

漢祀壇在武夷山大王峯之下漢武帝遣使置壇以祀武夷君仍令祠官領之見漢郊祀志國朝每歲八月十五日縣正官率僚屬致祭

喊茶山壇在武夷山御茶場之左每歲驚蟄日有司於此祭武夷山之神然後造茶

政和縣

社稷壇在縣西順令門外二里舊在縣南一里許洪武間知縣黃裳重脩

風雲雷雨山川壇在縣南一里邑厲壇在縣西門外二里里社壇在縣各里凡四十六所

壽寧縣社稷壇在縣東門外風雲雷雨山川壇在縣東門外邑厲壇在縣西門外

泉州府晉江縣附社稷壇在府城北三十九都舊在府治西南明淨坊內洪武二年知府常性改建今所正統十一年僉事陳祚檄通判張駿重脩成化十八年知府陳勉重建齋宿屋宇風雲雷雨山川壇在府城西南三十四都石筍江之右舊在仁化慈坊東倉隙地洪武初知府常性改建今所正統十一年僉事陳祚重脩郡厲壇在府城北三十九都洪武初知府常性建正統十一年僉事陳祚重脩里社壇鄉厲壇在縣各里各四十七

所

南安縣社稷壇在縣西姜相峯之前風雲雷雨山川壇在縣東鵬溪之北邑厲壇在縣北一里許上三壇俱洪武初知縣王罕建正統十三年僉事陳祚重脩里社壇鄉厲壇俱在縣各里各四十四所

同安縣社稷壇在縣西北慶豐門外風雲雷雨山川壇在縣南厚德門外邑厲壇在縣北拱辰門外上三壇俱洪武初建成化十四年知縣張遜重脩里社壇鄉厲壇俱在縣各里各二十所

德化縣社稷壇在縣西風雲雷雨山川壇在縣南龍津橋左邑厲壇在縣東北上三壇俱洪武初建正統十一年僉事陳祚修里社壇鄉

厲壇俱在縣各里圖各七所

永春縣社稷壇在縣西北風雲雷雨山川壇在縣西南邑厲壇在縣東北上三壇俱洪武初建正統十一年重脩里社壇鄉厲壇俱在縣各都各二十五所

安溪縣社稷壇在縣西北風雲雷雨山川壇在縣西南邑厲壇在縣北上三壇俱洪武初建正統十一年僉事陳祚脩里社壇鄉厲壇俱在縣各里各一十六所

惠安縣社稷壇在縣北一里許風雲雷雨山川壇在縣南一里許邑厲壇在縣北郭外上三壇俱洪武初知縣羅泰建正統十一年僉事陳祚修里社

壇

鄉厲壇俱在縣各都各三十四所

永寧衛

無祀鬼神壇在府城東南二十都衛城外之東北成化十九年指揮使楊晟建

漳州府龍溪縣附

社稷壇在府城西里許宋雷雨師壇故址

風雲雷雨山川壇在府城南二里上二壇俱洪武三年知府潘琳建正統九年僉事陳祚重脩成化十年壞于水十六年知府姜諒修建一新

郡厲壇在府城北里許洪武三年知府潘琳建正統九年僉事陳祚重修正統十四年燬于寇成化十一年知府張璝十六年龍溪知縣倫善相繼脩建

里社壇在縣各都按舊志龍溪縣原設一百八十五所歲久俱廢成化十七年知府姜諒命各都修建今為二十二所

鄉厲壇在縣各都按舊志①溪縣原設一十所歲久俱廢成化十五年知

校注：①缺“龍”字

府姜諒令各都脩建①令為二十三所

漳浦縣社稷壇在縣西里許舊在縣西北即宋社壇風雷雨師也風雲雷雨山川壇在縣南五里邑厲壇在縣北里許上三壇俱洪武三年知縣張王文建正統十二年僉事陳祚重脩里社壇在縣南八都盤陀嶺下洪武九年建廢後成化十七年知府姜諒令各都刱建今為十又二所鄉厲壇在縣東十五都保女徑洪武二十四年建後廢成化十七年知府姜諒令各都刱建今為一十二所

龍巖縣社稷壇在縣城北來寧門外舊在縣西北即宋元舊址也 國朝洪武三年知縣趙榮祖建成化八年以其地建千户所知縣帝濟乃遷建今所風雲雷雨山川壇在縣城南洪武三年知縣趙榮祖因宋元舊址重建成化十七年知縣陶傳重脩邑厲

校注：①今

壇在縣城北永寧門外舊在城西北成化八年知縣常濟遷建今所十七年知縣陶傳重脩

長泰縣

社稷壇在縣西門外里許宋社稷風雲雷雨①壇師舊址也

風雲雷雨山川壇在縣南方成里上二壇俱洪武初建正統九年僉事陳祚重脩十四年燬成化十七年知縣劉鏵重建

邑厲壇在縣北門外正統九年僉事陳祚重脩成化十七年知縣劉鏵重脩

里社壇在縣各里洪武九年刱建後廢成化十七年知府姜諒令各里重建九九所

鄉厲壇在縣各里洪武九年建後廢成化十七年知府姜諒命各里重建九八所

南靖縣

社稷壇在縣北習賢里張倉社

風雲雷雨山川壇在縣南歸德里阡陌社上二壇俱洪武三年典史黃秉立因元舊址建成化十八年知縣張鵬舉重建

邑厲壇在縣北門外洪武三年典史黃秉立因元舊址建

里社壇

鄉厲

校注：①師壇

壇（俱在縣各里久廢成化十七年知府姜諒命各里重建各五所）

漳平縣社稷壇（在縣東北）風雲雷雨山川壇（在縣西）邑厲壇（在縣東三里許上三壇俱成化七年知縣陳粟建）

汀州府（長汀縣附）社稷壇（在府城西通津門外一里許宋慶元間郡守陳曄建）風雲雷雨山川壇（在府城南鎮南門外二里許）郡厲壇（在府治北朔天門外卧龍山麓）已上三壇俱永樂八年知府宋忠重建　里社壇　鄉厲壇（俱在縣各里各十所）

寧化縣社稷壇（在縣西隅①三里許洪武六年建）風雲雷雨山川壇（在縣南隅二里永樂十二年知府宋忠重修）邑厲壇（在縣北一里許）里社壇

鄉厲壇（俱在縣各里各一十四所）

校注：①隅

上杭縣社稷壇在縣城西通駟門外北畔舊在縣治南風雲雷雨山川壇在通駟門外南畔上二壇俱洪武初知縣劉亭建永樂十四年壞于水知縣沈新等重建成化九年知縣蕭宏等修十八年縣丞趙鏸重修邑厲壇在縣城北迎恩門外西畔成化十八年主簿余嵩修里社壇鄉厲壇俱在縣各里各九所

武平縣社稷壇在縣西門外一里許洪武六年建風雲雷雨山川壇在縣南門外一里許洪武七年建邑厲壇在縣北一里許鄉厲壇在縣各里九六所

清流縣社稷壇在縣西一里許舊在縣南二百餘步宋末遷于今所元因之國朝洪武七年知縣向士英修成化十六年重修風雲雷雨山川壇在縣南門外三

里洪武七年知縣向士英建成化十六年修十七年壞於水尋復修邑厲壇在縣北二里洪武七年知縣向士英建成化十六年重修里社壇鄉厲壇俱在縣各里各六所

連城縣社稷壇在縣西福仙觀之側宋元舊址也風雲雷雨山川壇在縣東塔寺之側邑厲壇在縣北上三壇俱洪武六年知縣劉雍建里社壇在縣北北安里北安鋪南畔洪武二十四年建鄉厲壇在縣南南順里黃欄洪武六年建上二壇縣各里又各設一所各六所

歸化縣社稷壇在縣東南山風雲雷雨山川壇在縣東北五舍嶺邑厲壇在縣東北賴家山上三壇俱成化八年知縣郭潤建里社壇在縣各里凡四十五所

永定縣 社稷壇在縣東郭龍山下 風雲雷雨山川壇在社稷壇前 邑厲壇在縣西迎恩門外一里上三壇俱成化十六年知縣王環建 里社壇 鄉厲壇俱在縣各里各五所

延平府南平縣附 社稷壇在府城西隅西山宋元豐中建國朝洪武九年重建 風雲雷雨山川壇在府城南劍津里 郡厲壇在府城北衍仙下里上二壇俱洪武九年建 鄉厲壇在縣各里九四十一所俱洪武九年建

將樂縣 社稷壇在縣西宋元豐中建國朝洪武九年重建 風雲雷雨山川壇在縣南水南都洪武七年建 邑厲壇在縣北龍池都 鄉厲壇在縣各都九四十一所

尤溪縣社稷壇在縣西寳城門外風雲雷雨山川壇在縣西南毓秀坊上二壇俱洪武七年建邑厲壇在縣西晝錦坊鄉厲壇在縣各都凡五十所

沙縣社稷壇在縣西和仁坊舊在雲際寺後洪武十五年知縣許斌遷建今所風雲雷雨山川壇在溪南虎丘山下洪武二年建邑厲壇在縣東北舊彌陀庵址也鄉厲壇在縣各都凡二十四所

順昌縣社稷壇在縣西洪武二年知縣于守節建風雲雷雨山川壇在縣東北石豆都英烈王廟前洪武十年知縣周政建邑厲壇在縣北鄉厲壇在縣各都凡二十八所

永安縣社稷壇在縣西風雲雷雨山川壇在縣南邑厲

壇在縣北上三壇俱景泰五年建

邵武府

邵武縣附郭社稷壇在縣水北舊儒學地宋建于府城西北隅元徙置于西峪山之麓國朝洪武十一年知府張文昱遷建今所風雲雷雨山川壇在府城南冊臺山之左元建於行春門外國朝洪武二年移於府西南壽山之麓十一年知府張文昱遷建今所郡厲壇在府城西北蓮花寺舊基也洪武三年建於城北演武廳右成化九年壞于水遂遷建今所里社壇鄉厲壇俱在縣各都各五十三所

泰寧縣

社稷壇在縣西在城保宋大觀四年縣令陳師立元因之國朝洪武二年縣令陳擕重建風雲雷雨山川壇在縣南迎恩亭前洪武二年建邑厲壇在縣北朝京橋東洪武七年建里社壇鄉厲壇俱在縣各保各三十二所

建寧縣社稷壇在縣北門外一里許舊在縣西慶豐門外宋景定中縣令林經德立元因之國朝洪武十年遷今所風雲雷雨山川壇在縣南在城保洪武七年知縣畢原肇建于水南靈應廟故址十二年遷建今所邑厲壇在縣北楓樹嶺洪武九年建里社壇鄉厲壇俱在縣各保凡三十四所

光澤縣社稷壇在縣西宋元舊址也風雲雷雨山川壇在縣南一都上二壇俱洪武九年建邑厲壇在縣北平濟橋北洪武七年建里社壇鄉厲壇俱在縣各里各三十所

興化府莆田縣附社稷壇在府城東北拱辰門外一里許風雲雷雨山川壇在府城西南迎仙門外半里許上二壇宋時俱在軍治西南國朝洪武三年知府蓋天麟移建今

所正統十一年僉事陳祚脩

郡厲壇在府城西肅清門外半里許洪武初知府盖天麟建正統十一年僉事陳祚脩

里社壇

鄉厲壇俱在縣各廂各里各三十四所洪武二十四年建

仙游縣

社稷壇在縣西孝仁里宋乾道六年知縣趙公綢建元因之國朝洪武十六年知縣顏思敬脩正統十一年僉事陳祚重脩

風雲雷雨山川壇在縣南永興里湖頭山元時在縣東朝京門國朝洪武十六年知縣顏思敬移建今所正統十二年僉事陳祚脩

邑厲壇在縣西北隅功建里洪武十三年知縣顏思敬建于縣北宣德九年知縣王彝以其地隘陋遷建今所

里社壇

鄉厲壇俱在縣各里各一十二所

福寧州

社稷壇在州城外西南

風雲雷雨山川壇在州城外之北上二

壇俱洪武三年建成化十七年知州郭祥鵬修州厲壇在州城外西北洪武七年建里

社壇成化十八年知州張遜修鄉厲壇在州城外東北成化十七年知州郭祥鵬修上二壇俱洪武三年建

寧德縣

社稷壇在縣北一都風雲雷雨山川壇在縣南上二壇俱洪武六年知縣王溥建邑厲壇在一都之北洪武七年建里社壇在一都之北鄉厲壇在金歐山下洪武二十四年建上二壇又各都各置一所各二十三所

福安縣

社稷壇在縣西舊在縣東後遷建今所風雲雷雨山川壇在縣東南二里許邑厲壇在縣西一里許上三壇俱洪武間知縣崔宇建永樂十二年典史史迪重脩里社壇鄉厲壇俱在縣各都各三十二所

祠廟

禮法施於民則祀之以勤死事則祀之以勞定國則祀之能禦大災捍大患則祀之有戾乎此者皆淫祀也閩俗好巫尚鬼祠廟寄閭閻山野在在有之其間祀典所載及禮所宜祀者無容議矣其有肇自古昔功業雖不甚著而載之舊志者亦不可棄也其他妖妄不經悉在所當去以祛誣惑乃志祠廟

福州府

閩縣

忠懿王廟 在府治東慶成寺之東王姓王氏諱審知諡忠懿詳見封爵志晉開運三年閩地入吳越錢氏始命即王故第立廟祀之宋開寶七年刺史錢昱重新修建并塑故都押衙建州刺史孟威等二十六人配饗政和元年郡守羅畸復修紹興二年郡守張守命閩縣知縣李公彥重修中有唐天祐初所立德政碑銀青光祿大夫行尚書禮部侍郎上柱國于兢奉勅撰

會應廟 在左三坊即舊靈澤廟也其神號五龍順化王塑位五方配以方色相傳偽閩所建宋因之載在祀典皇祐中久旱邑人祭于廟暴雨大霆殿中北位黑龍鱗甲猶帶池萍靈蹟顯異紹聖四年郡守溫益命閩縣知縣葉默因其舊增葺之元符元年廟成有神光發于殿屋是冬大旱麥苗將槁率僚屬禱祠下讀祝未畢雨隨至命侯官尉王壽刻石書之乾道二年夏不雨郡守王之望一禱而應歲大稔乃請於朝賜廟額曰靈澤閩縣知縣丁長卿為記廟旁有田及蓮塘二十餘畝州許蠲租命僧掌之淳熙十四年安撫使賈選以禱祈

屢大新廟宇奏改今名并賜誥命依大觀二年詔封青龍神廣仁王赤龍神嘉應王黃龍神孚惠王白龍神義濟王黑龍神靈澤王

永惠廟在仁慶坊舊名竹林通應廟內有井父老相傳為龍井常有金鱗隱見其中歲旱禱之有霧覆井上即雨宋紹聖中里人弗戒於火延燬民居人望見屋上標竹林旗甲士撲火者無數火尋滅淳熙間廟前周氏火亦然九雨賜疾患禱無不應嘉泰三年縣為請於朝賜額曰永惠

五顯廟在通津門樓上樓與九仙鰲頂相時其下通舟楫故榜曰通津之門俗呼青門樓廟初在河之南岸即懷遠驛故址舊名五通廟亦名龍官廟後廢移祀于此世傳神姓蕭兄弟五人按蘇州志五顯者[1]婺源土神也初封通貺善應昭福永福侯通祐善□昭信永休侯通澤善利昭義永康侯通惠善[2]及昭成永寧侯通濟善助昭慶永嘉侯後加王爵冠以顯字遂號五顯又有行祠二一在布政司譙樓左洪武二十八年重建一在烏石山上

勑封烈威祖廟在使君橋之北神姓陳與其二

校注：①婺　②□

弟名諱俱失傳生當五季之衰一家以貞義自持没而能爲民禦災捍患禱無不應宋時累封至威烈昭濟侯二弟長封威顯侯次封顯應侯上五廟俱在府城中

善溪沖濟廣應靈顯孚佑王廟

在鼓山之北大乘寺之南以祀閩粵王郢第三子世稱白馬三郎是也詳見山川志唐貞元十年觀察使王翃因歲旱禱之得雨乃爲崇飾[1]廟貌自後太守躬禱輒應咸通六年觀察使李贇奏封龍驤侯五代梁貞明中閩王審知奏封弘潤王宋建隆二年知閩縣江文秉重修廟宇慶曆六年旱郡守蔡襄自爲文禱之讀甫畢大雨乃命知縣貫大冲更葺而新之文學范宗韓爲記熙寧八年勅封冲濟廣應王紹興十一年以丞相張浚奏增封靈顯仍賜廟額曰永寧十七年秋大雨中夜水暴出聲聞數十里詰[2]朝有石高廣可二丈峙廟後如堵水左右注庭除無恙人以爲異紹定五年郡守李駿奏增封孚佑淳祐八年郡守陳塏率知閩縣師與禱雨有驗閱廟前華表扁曰鱔溪因冀曰土俗疑傳以鱔爲靈不知王

親殺鱔以爲靈也遂改鱔爲善以神能體天而福善沛利澤以蘇焦槁故謂之善溪又有廟在瑞聖里曰求靈寧顯王廟

顯應廟 在螺江之滸神姓劉兄弟三人伯名行全仲名德全季名待全其先淮甸人唐劉得威之後也乾符間黃巢寇閩行全兄弟討之有功未獲封賞而卒閩人爲之立廟宋淳祐十一年大旱鄉人禱雨立應鄉貢進士陳應角等以聞賜額曰靈顯

顯應廟 在飲井山之西麓神姓陳名礮初與其弟觀察使巖同廟祀于里之蘆川宋嘉祐七年春一夕雷雨大作神之香火遷于今所開禧二年蝗嘉定二年水十二年雨雹十四年秋旱且疫鄉人禱之皆著靈響寶慶元年賜額曰顯應開慶元年封礮曰仁濟侯巖曰惠濟侯廟有侍郎陳公益記上二廟在仁惠里

康山靈樹廟 在易俗里神姓趙名時曦宋金紫光祿大夫賓之孫也元泰定間卒往往顯其靈異鄉人立廟祀之

宣封威靖廣威通濟王廟 在光俗里宋嘉定元年建神姓林名浦唐末避地海濱凡斤鹵

之巔島嶼之涯可以維舟之處皆鑿井以給行人人謂之林公井及卒甚著靈響里人祀之有司上其①得災禦患之功賜封今號已上五廟俱在府城東

武烈英護鎮閩王廟在釣龍臺之西

王即漢閩粵王無諸也詳見封爵志高帝五年遣使封王王受册命於此後遂以其地立廟武帝時閩粵國亡祀遂廢至唐大中十年始建祠五代唐長興元年閩王審知復追封爲閩粵王宋因之號顯聖武勇王廟有左右二王相傳王二將也熙寧中民兵出戍熙河二王現雲端大戰獲捷政和間復戍桂府征蠻之際二王復現降大雹飛黄蜂以退蠻兵宣和二年浙寇竊發連陷數郡將及境提刑俞向自建康領兵南下黄蜂數萬隨舟蔽江居民或謂神兵之助境内帖然乃大新祠宇建極之日有青紅二小蛇蜿蜒沓②凡間累日暨升梁又見其兩端舉首北向移時即隱儀曹陳璉奉二王像入廟二蛇又現廟成俞向將臨奠前夕夢有神人青色來謝遷祠者及祀事畢青蛇忽現左主之前兩神之容色一如所夢瞻嘆久之因

校注：①捍　②几

禱右王曰頭賜臨降尋亦現邦人敬信益篤州以其實聞勅賜廟號濟向自爲記　六年進封閩粵王爲鎮閩王二王左封靈應侯右封顯應侯建炎①曰年王加封武烈靈應侯加廣惠顯應侯加嘉澤紹興三十一年膠西之役舟師禱於神戰以克捷王加封英護夫人封贊靈左侯加協威右侯加翊忠元更封貞君國朝洪武十年布政使葉茂率僚佐禱雨祠下即獲嘉應因具其靈迹達于中書下禮官議從神故封稱曰漢閩越王之神左參政瞿宗爲記廟舊有田二百一十六畝有奇爲守廟鄭廣者私以入其户成化九年鎮守太監盧勝復之後廣之②于神復展轉訴訟巽以售其欺十六年鎮守太監陳道令知府唐珣復③覈實而正之郡人唐虞爲記

武勝王廟在南臺安閩嶠東偏其神舊傳爲陳九郎名諱無所考五代天福二年僞閩封寧應侯八年改昭義侯尋升武勝王建廟立石宋熙寧中郡守丁竦重建宣和二年既新武濟廟復遷左右二侯像於此以便民之祠祭七年提刑俞向復新廟宇靖康初郡守江常立額爲

校注：①四　②子神　③覈

武勝王左右二侯廟　國朝永樂二十年鄉人余公旦王彥履等重修景泰六年士民莊思正張景循等募衆捐毀于廟門之外以祀王之將佐成化十年重建儀門及兩廊門之左為授生祠右爲文昌祠

閩越王祖廟在嘉崇里永樂十四年重建上三廟俱在府城南

祠山祠在法雲寺之東神姓張名①勃吳興人或曰武陵龍陽人生西漢末游茗霅之間卒而爲神顯於廣德州之橫山閩郡祠之巳②人頗著靈跡郡人敬事之歲大比士子多禱夢於此成化十八年鎮守太監陳道重修

寧海神祠在東隅石幢後神勅封廣利王元至正元年建　國朝宣德五年重修

鄉賢祠在府學中門之西宋紹聖初始祀鄉賢陳襄鄭穆劉彝周希孟陳烈於學號五先生政和以後增祀陳祥道劉康夫鄭③梜又以唐觀察使常袞宋郡守柯述並祀稱爲十先生其後又增王祖道歐陽詹陸祐於是爲十三人號先賢堂咸淳二年帥守吳革剏道立堂祀周濂溪以下諸賢其鄉賢及賢牧附④爲元大德六年教授劉

校注：①渤　②久　③俠　④焉

直內更創尊道堂於經史閣之東祀周濂溪程明道程伊川張橫渠邵康節司馬溫公楊龜山朱文公張南軒呂東萊黃勉齋諸先生後以武夷熊禾議但祀周程張朱黃六先生而分鄉賢賢牧祀於兩廡其舊所祀十三人者則以常袞柯述王祖道三人並諸賢牧祀於西廡自陳襄以下十人又益以薛令之鄭洙王蘋李芘李綱黃龜年林之奇李樗任文薦陳禾張爵黃崇吳元美朱森林夙陳藻黃㬇林公遇楊宏中鄭湜陳孔碩徐範鄭昭先趙以夫張珅林希逸潘牥林存楊楫陳合許應龍王伯大楊復趙汝騰潘柄朱牧凡四十六人俱祀於東廡後尊道堂與兩廡俱廢則立鄉賢祠祀之又益以楊朏朱倬黃幹陳公益楊翌之劉直內林興祖林泉生吳海凡九人　國朝成化十四年提學僉事周孟中以舊祠敝陋而學有文昌祠非吾儒之所宜祀因出其神而以其祠祀鄉賢焉又一所在閩縣學崇文閣後成化十二年知府唐珣建一所在侯官縣學文奎閣上舊爲文昌祠成化十五年提學僉事周孟中出其神改爲鄉賢祠

名

宦祠 在府學中門之東宋時賢牧附祀於道文堂元時改祀於尊道堂之西廡在唐則有常袞在宋則有蔡襄趙汝愚曾鞏柯述張浚陳俊卿王祖道蔡幼學孫覺王踏陳韡吳革真德秀徐明叔洪天錫湯漢在元則有王積翁董文炳阿剌罕高興凡二十有一人祠歲久而圮 國朝正統十二年重建常觀察祠諸賢牧遂不復祀成化十四年提學僉事周孟中以學舊有靈濟祠非所宜祀乃出其神而以其祠祀賢牧更其扁曰名宦祠○武夷熊禾曰三山郡泮鄉牧祠內有某人者舊曾守土不死封疆姑且勿論丁丑戊寅之間反覆變詐見之大書鑱榜至今人猶誦之以爲戲笑其再叛也何至如此詆毀及其再附也又何用如此夸諛後人實緣美謚命下之日有作詩諷之者曰兩朝忠義傳俱有某人名方其反覆之際題門曰葵藿有心終向日杏桃無力謾隨風是全不知有世間羞恥事以此薦學校祀典豈可不爲郡泮羞豈可不爲世教惜按禾之所譏蓋指王積翁也因附志于此俾司風教者知其奸邪反覆屏而黜之亦

足以為臣不忠者之戒

弘仁普濟天妃宮在水步門内之左城垣下宮之剏已久元至正十七年憲使兀魯台莊嘉副使郭興祖行省平章阿理温沙擴而新之前翰林編修藁城倪中記云神姓林世居莆田湄洲嶼都巡檢孚之第六女也生於宋元祐八年少而靈異能知人禍福鄉民以疾告輙已室處幾三十年而卒初有廟在莆田之江口紹興間有司以靈應聞于朝封靈惠夫人十有二封而至靈惠協正嘉應善慶妃父母娣及神之佐皆有封號元改封護國明著天妃四封而為護國庇民廣濟福惠明著天妃賜廟額靈應莆陽志云妃為都巡檢愿之季女母王氏生於五季之末年三十餘而卒國朝永樂七年加封弘仁普濟天妃○按廟記及莆陽志所述妃之父名諱并妃之生年行次俱不同未知孰是然嘗考之妃莆人也莆之林氏最盛其譜①諜猶有存者莆陽志之言蓋必有所據也又水步門外河口亦有此廟俱成化間鎮守太監陳道重修已上祠并宮俱在府城中

洪恩靈濟宮在府

城南欽仁里神姓徐氏兄弟二人兄曰知誥南唐人詳見詞翰志五代晉開運二年閩人立生祠於鰲峯宋太平興國八年邑人方旺立祖廟於芝嶼祥符元年又立廟於潢溪政和七年潢溪廟廢遂遷建今所即洪恩靈濟宮也　國朝永樂八年方文照等募衆重建十四年奉　旨拓其基而新之又有廟曰旗龍仙祠宋宣和七年初立壇禪後祈雨有應遂勑祠

勉齋先生祠堂在府治①東南仙跡坊內以祀宋儒黃榦今廢

侯官縣

閩山廣利威顯侯廟在文儒坊內神姓卓名祐之生而正直精爽過人嘗自謂死當爲神人初未之信及卒果著靈顯里人遂即其居立廟祀之號應公大夫後勑封廣利威顯侯

惠安明應王廟在烏石山之西王姓陳氏按廟碑云漢太丘長寔二十二世孫也舊隱是山沒而顯靈唐元和後始立廟郡人凡水旱疾疫必禱焉太中特觀察使羅讓禱雨立應咸通中觀

察使李彌運餉湖湘亦獲陰佑至閩王審知乃表其事封寧遠將軍進武寧侯增至顯應王五代唐長興三年改服遠昌運王後五年改振義保成王又十年改貞固安吉王後地歸吳越封宜威感應王宋熙寧八年改封今號○按舊志城西舊有石八娘廟審知務欲以配享別創閩閣晉天福五年驍衛長史徐文遇又於堂東北隅爲剛顯廟在烏石山之巓以祀唐竇室檢校陳郯撰碑處士周朴詳見人物志山舊有三賢祠以祀僧靈觀薛逢及朴蓋以朴隱居於此與二人相友善故合而祀之也紹興初丞相張浚謫福州將遊雙峰夜夢一僧與一金紫人及白袍士來謁翌日登山堂見三人容貌如夢中異之三人者朴與觀察使李瓚雙峰僧懶安蓋以朴與懶安爲禪悅之交贊嘗請雙峰寺額故亦合而祀之也及浚爲帥遊烏石至其祠歎朴死節三百年未有廟額①伺以激厲當世乃疏于朝賜號剛顯郡人鄭昂爲記有曰東漢之衰陳蕃李固孔融之徒相與②傺榜以節義名世故雖以曹公之陰賊終身睥睨漢室不敢取唐

校注：①何　②標

末名節掃地君子在野小人在位朱温以斗筲穿窬之才談笑而攘神器士大夫亦欣然與之莫敢正議使公得志其肯以國與人乎上三廟俱在府城西南

古靈廟 在八都福頂山廟之神曰正佑王唐天祐三年始降靈于義興社後遷于吴嶼巳乃遷於此每歲孟春士人競祭以祈福因以福項名山宋政和八年賜額昭惠紹①興十九年封普濟侯二十九年加威顯懿道三年又加靈應

金崎廟 在金鎖江畔晉康帝時漁人釣於此得金鎖因詔立廟詳見山川志

螺女廟 廟在螺女江濱廟之神即螺女也詳見山川志上二廟在十一都巳上三廟俱在府城西南

古靈祠 在萬壽巷中俗呼仙居祠以祀郡人陳襄詳見人物志祠廢故址猶存

董忠獻祠 在三山驛之左以祀參知政事董文炳詳見名宦志元至元二十五年建福州路總管劉文耳為記 國朝洪武二十八年重建

七賢祠 在西門大街宋建炎二年建以祀王忠蜎鄭仲賢鄭謹淨鄭守道鄭誠王子元王子清凡七人皆鉅

校注：①紹

野人也五代唐天成中郡盜竊聚落境之民賴神以全故立祠祀焉又有行祠在善化坊內元皇慶元年建

栢郎中祠 在後街洪武中侍郎夏原吉為採訪使剏建以祀元行省郎中栢帖穆尔詳見名宦志今廢上四祠俱在府城中

懷安縣

城隍廟 在威靈坊內晉太康中遷城遂建於此宋紹興二十七年郡守沈調增創堂宇淳熙五年作更衣肅儀二亭於廟之前元季亭廢後復建一亭 國朝洪武二年 詔封鑒察司民威靈公十七年革封號但稱福州府城隍之神各府俱倣此成化十八年知府唐珣重修廟宇○按宋林通長樂畜經廟朝之神乃西漢御史周苛也守①榮陽為項羽所烹高祖既即位思苛忠烈令天下郡縣各附城立廟祀之城隍之祀疑始於此

旗纛廟 在都指揮使司後堂之北洪武元年禮部奉旨定擬於都督府後築壇立廟設軍牙六纛神位每歲驚蟄霜降日祀以太牢先期各官齋戒至日戎服行三

校注：①榮

獻禮凡遇出師則取旗以祭班師則以旗纛置于廟天下守鎮官亦於公廨廳後立廟置祭如前今自部指揮使司至各衛指①揮使司皆每歲霜降一祭牲惟用少牢景泰五年都指揮同知劉寬重修廟宇

嚴公廟在府治東北隅由平山東折而南逾二十尋舊有城門曰嚴勝距今城壕數十步許宋有嚴氏居邇于壕家鬻米以贍取羸極薄時太守方夏旱夜夢神人告之曰得淑行如嚴公者禱之必雨太守羅致之以禱果三日雨後卒民異而祠之 國朝洪武二十年都指揮秦藝左參政王鈍以旱禱于神甘澤大澍乃撤其舊廟而新之郡人陳珪爲記廟今廢

陳忠毅侯廟在譙樓之右百步許元至正十四年建以祀權福建道同知宣慰司事副都元帥陳君用詳見名宦志永樂十六年重建

明德贊福王廟在府治之西漢閩越王郢開州西大路畚土成丘後人即其地立廟祀之累封至明德贊福王自唐大曆以前閩城得通祀若四南臺善溪城隍②并此而已

昭利廟在越王山之麓

校注：①揮　②并

廟之神曰褒應王唐觀察使陳巖之長子也乾符中黃巢陷閩王憤唐室衰微力不能興復慨然謂人曰吾生不鼎食以濟朝廷之急死當廟食以慰生人之望暨没果獲祀於連江之演嶼宋宣和二年始降于州遂置祠今所五年給事中路允迪使三韓涉海遇風濤賴神以濟歸上其狀詔賜廟額曰昭利建炎初建寇犯西閩吏民奔走乞救于神俄頃雨雹交下盛夏如冬平地水深尺許賊惶怖而遁道連江欲肆剽掠見士馬雲布衆駭而去四年封今號子姪九人皆賜列侯知西外宗正嗣濮王仲湜爲記國朝永樂間重建

利澤廟在甌治池之南宋紹興四年有龍晝見池中郡爲立祠乾道二年參政王之望以禱雨獲應爲請於朝賜是額今發上二廟俱在府治北

善應廟在邑山神姓張諱德清生而聰明没而靈異旱乾水溢隨感隨應宋淳祐五年鄉貢進士張倫等以其事聞於朝封慈濟侯賜額曰善應

桃源廟在桃源山宋元豐六年翊神兄弟二人鄉民遇旱澇疾疫禱之輒應勅封感通二侯

厚

嶼廟 在厚嶼山神姓葉諱忠字端正行十九官至泉州守既沒顯其英靈鄉人立廟祀之九舟楫往耒[1]禱無不應元至正二十一年行中書省參政鄭旼重修上三廟俱在府城西一都

靈溝廟 在府城南釣龍臺之西其地舊有洪溝元至正間溪水泛溢忽一木像乘浮槎隨潮往來溝中老數日鄉人異之乃登於巨石上是夜鄉之父老咸夢一緋衣神人謂之曰吾素習岐黃術濟人之功爲多今當廟食茲土汝等若能祀我吾當福汝翊日各言其所夢無不合者遂即其處立廟鄉民九有疾病禱焉請其香爐服之立愈因號曰靈溝醫官大王

石頭廟 在二都舊叢勝門東北即今北城之東是也舊記無諸王時民轉漕往浮倉祈福於此其地有磐石因以名廟○按浮倉近蓮花山下閩粵轉漕以倫東甌之處或者遂以爲舊嘗建府治於此非也

北廟 在舊遺愛門外即今北門外也去郡城十里許王姓劉氏名行全唐末爲其妻兄王緒將緒爲泰[2]宗權所逼拔其軍南徙以王爲兵鋒至漳州緒忌而殺之王

校注：①來　②秦

嘗知有國悼其死非罪爲立廟於州北九出師捍敵多著陰靈唐乾寧四年奏封武寧侯梁初累封昭感王貞明五年進封崇順王宋政和二年知懷安縣吳興重新廟宇興自爲記○按舊志時烏石廟號南山廟故指此爲北廟

馬仙廟 在三都占坂橋洪武二十八年建其神馬氏女也靈響甚著九旱乾水溢禱之輒應

龍跡山廣施廟 在興城里按唐林諝記廣德中一日清晝忽雲騰雷震有飛龍自地出驟雨如注其跡遺石上可數寸許是歲大豐遂名其地爲龍跡山自宋太平興國之後九遇水旱有禱輒應民立廟祀之嘉祐四年知縣樊紀紹聖元年郡守王祖道知縣洪子著三年郡守葉伸俱以旱禱於祠下甘雨隨霆大觀三年知縣吳與大新其祠宇又建亭於其前名曰沛然與及西湖陳文佑皆有記政和五年以轉運司奏賜額廣施上四廟俱在府城北

顯靈廟 在府城西南勝平里神姓林名僾里人也生平輕財樂施鄉人貧乏者多賴以賙給宋康定間淛西寇鄧隣倡亂由海門入窺福州

倰與其子衎傾家貲募民船水手父子分隊守隘①賊至從旁出戰遂大捷官軍擁為己功倰曰吾欲保鄉井計豈欲與卒伍爭功乎衎曰吾父子出萬死一生以擊賊今功成為官軍所奪縱生不封侯死必廟食乃仰天而逝未幾倰亦卒鄉人哀而祠之自是大顯靈貺凡水旱盜②賊及沴氣流行禱之無弗應者轉運司以狀聞賜廟額曰顯靈咸淳七年封倰曰福恩侯衎曰協惠侯

靈顯廟

神姓林名元宋季郡城之外皆為賊壘元與其子禮率鄉人保障境七③賊不得入後卒元大德間忽顯靈於其鄉人曰我當為此鄉之主自是鄉人遇水旱禱之多應

振遠安福行祠

在府治北相傳北鎮之神也宋嘉泰元年建于北城樓上元季海寇攻城廉訪司掌書記曲時敬領兵擊之禱於神不許與戰果不利明日再禱許之兵既接彷彿若有神助遂大勝時敬感神之庇乃大新祠宇于門之東　國朝洪武四年增築城樓乃遷建於時敬舊宅里民有禱輒應

天王堂

按舊

校注：①②③賊

志城北舊有門唐貞元中軍悖南甸乘而入郡守閻濟美塞之咸通七年李贇乃版築其上作天王堂天王者明皇時西蕃寇安西僧不空三藏言北方毗沙天王神通可以禦之會安西亦奏將戰有神丈餘金甲而来因勑諸道州府城東北及營寨並設其像

長樂縣

城隍廟 在縣治東五十步許宋元祐二年里人陳敬重建 國朝洪武二年詔封監察司民顯祐伯十七年革封號但稱長樂縣①神隍之神各縣俱倣此正統間知縣龍鵠重修

郭坑靈感廟 在縣東賓賢里以祀唐汾陽王郭子儀咸通間光州人王想以從兄審知節度閩部假令長樂奉王之像家于芝山乃即山之北曰郭坑立廟祀之號曰福惠又刻汾陽本廟碑銘于廡下想自爲記宋元祐二年重新又芝山之陽溪灘之上亦有此廟按縣志云寶祐中邑人樞密陳合領兵於汾水之陽與匈奴戰神有默助之功歸爲立祠於此

植桂廟 在縣南唐開元中有神降於祭山之

校注：①城

陰秉大木泝湍流而上，有林姓者漁於此，負之以趍下流，還不旋踵，復泝而上，如是者三，心異之，取而置石室下，遠近望之若植柱然，遂以名廟。里有洪氏女浣紗其旁，忽一物浮水上，狀若銀卮，女褰裳探之，水漸深，爲①蛟所噬。其家訴于神，不終日，雷雨暴作，劉蛟于水濵，得女屍蛟腹中。洪氏感涕，乃虛其居，刻所取木爲像，塑其女配焉。景祐中，縣尉王侯以禱雨獲應，②喝里人更立廟宇。紹興三年賜額顯應。慶曆中潘奎爲記。

高隍廟 在縣東北隅文行坊，舊尉廨址也。故老相傳昔有尉高姓者，嘗祀此神，號曰高將軍。下車日即於廨宇之側立廟，扁曰高隍。後尉遷而廟猶存，凡捕盜禱之，輒有靈應。

金吾祖廟 在縣東北大宏里。唐開元中，里人有林姓者名通玄，有善行。後卒，人莫知其爲神也。宋初有寇自梅江而上，欲剽掠其鄉，望見神人擁旗幟率兵禦之，寇遂退。是日降靈于人，自述其平生履歷以及父母妻子，纂不詳悉。後封爲金吾題通王，士人争像而祀之。

鄉賢祠 在儒學西廡之西北。

天妃宫 在縣

西南太平巷永樂七年太監鄭和奉命下西洋泊於此因覩是廟國子博士林慈為記

連江縣

城隍廟 在縣治門外之左宋乾道九年邑宰曾禩郎進學基刱建國朝永樂十七年縣丞參安建正廟宣德九年知縣劉仲戬增建一新邑人助教蘇文鉞為記景泰五年知縣歐陽灝重修

東嶽廟 在王步去縣二里許宋景定三年創建國朝永樂十六年稅課司大使俞榮修正統十四年縣丞葉闓捐俸重修成化十六年知縣林鴻募衆重建

天妃廟 去縣二里許正統十四年邑人黃得壽募衆建上三廟俱欽平下里

大小亭廟 在二十七都江口晉時有黃助者漢黃香之孫也偕其弟泛舟自海南歸至是遇風兄弟連臂浮於江岸每夜畫沙成字以表其覆歷復見夢於鄉人曰為我南山作壠北山立廟吾能辟災降福鄉人如其言里無虎豹之患建蘊亭獲其利人號其兄廟為大亭弟廟為小亭五代晉天福四年偽閩封大亭為孚濟將軍小亭為昭遠將軍

靈津侯

廟相傳始有物浮波間達境上睨而視之石也衆異之遂立廟上五廟俱在縣東

靈顯廟在省魁坊內神姓黃名孟字叔達何容人唐初遊閩歿于邑宋紹興間海寇朱明為雷神見夢於人以示其默祐之意未幾寇平景定四年賜額咸淳二年封福惠侯又縣治東欽平下里亦有此廟永樂十七年建

劉鞠二公廟在東湖塤上以祀唐縣令劉遂宋縣令鞠仲謀詳見水利志　國朝正統十年耆民趙光俊等重建天順四年知縣歐陽瀚復更新之上二廟俱在縣西欽平上里

英顯廟在縣南新安里谷峯山神姓蕭名孔冲字仲謀建安人五代唐莊宗時中甲科不樂仕進遂削髮為僧志行堅苦能伏虎豹既沒邑人祠之宋靖康初建寇葉儂逼縣境神兵見于羅崙山遂遁去紹興中海寇掠荻蘆寨神兵復見于九龍江亦遁去累封昭烈正順公寶祐元年夏大旱鄉人禱之雨輒應元監縣抄耳赤以神有功於民聞于朝封崙善保濟著祥公賜今額　國朝洪武十八年重建東閣①太學士吳沉為記

爐

校注：①大

峯廟在縣北號東鄉唐景福中王氏入閩淮民隨之始至有桴浮香爐①及書硯漂于岸側其人異之曰此吾州社三郎故物也因立廟僞閩封高義侯改稽聖侯南唐升靈瑞侯鄭南鄉爲記

靈應行祠在縣南新安里赤砂館頭斗門之東元至正間建國朝景泰元年重修又城隍廟東則亦有此祠永樂四年重建

鄉賢祠在儒學內元至正二十一年平章燕赤不花等重修扁曰道統堂

福清縣

城隍廟在縣治之東宋康定元年縣令鄭孟賓建相傳縣之城隍萬安里土神也乾道②未劉朔爲宰一夕聽未熟夢一老人白鬚道袍語之曰省元來早所服之藥姑止之君服恐增病朔素剛正不之信至晚果覺神倦又夢此翁云不信吾語自貽厥咎但於藥肆中買其散服之即愈朔用其說果然因與家人談其異而不知爲何神也後朔以宮祠改官又夢翁敘別曰吾乃邑之土地疆域有限不得送公前途願自愛

元明王廟在縣治之西神陳姓名諱無所考嘗有功德於民民立廟

校注：①爐　②末

祀之爲閩封王爵宋嘉祐中知縣王某遷祠爲廬靈怪屢見竊覆者弗寧元祐三年知縣方叔完復爲廟自是靈怪頓息妻封信耀夫人四年復創行祠於縣之東以便民之祈禱者也

都巡感應廟在縣治西隅神姓許氏名忠建安人唐末爲威武軍都巡檢使屯兵福清以備寇盜乾符五年黃巢陷福州神夢天使告葛周三將軍助已攻討明日決戰大破之巢兵退廣南閩中民遂安明年卒人思其功爲立祠請于朝謚曰感應縣闤闠中嘗火人有見旌旗森列於屋上者俄而返風火遂烕①其他靈應尚多

東平王廟在溪頭其神唐張巡也

靈慈廟在下江蓋天妃行祠也永樂十三年重建傍有江天亭林敏爲記上二廟在縣東方民里

孚應廟在遵義里石尤義泉嶺神姓陳能禁虎爲暴鄉人賴之宋淳祐中勑賜今額封顯濟靈祐侯夫人毁氏俗呼○毁七娘元時封協祐夫人廟今廢已上四廟在縣西

昭應廟在蓊田里漁溪廟之神閩王牙將虞雄也雄戰没于漁溪民立廟祀之號

校注：①滅

通感王甚著靈異如降洪水蘇旱暵却海寇之類不可殫述紹興二十六年賜今額乾道二年加封惠濟咸淳二年改封德顯公

昭靈廟 在光賢里佘坑相傳昔張仙師隨陵乘鐵舟抵浮山舍舟而陸憩于磐石陟而北留巨跡鹿蹤於蒼石之上天禧元年邑人高贇率衆為立廟皇祐中陳良為記熙寧十年以①捍禱致雨護餉弭兵有功封保禧真人紹興八年賜今額三十年加封妙應乾道二年又加普祐三年天不雨士民禱之輙應紹熙元年加封靈濟元時廟廢國朝洪武三十年重建○按莆陽比事真人姓趙名昇師事張道陵流俗相傳遂以為即張道陵誤矣又按舊志其乘鐵舟海旁猶有舟痕其憩盤石石上舊有筠籃履杖之跡歲六月社民集祠其下時獻熟酒善酸敗輙旬日比風以特之號張公釀酒風浙商常候以為便廟有盧焦石高數丈海濤漱激為龕巖玲瓏之狀或採以為玩必致神之譴上三廟俱在縣西

鄭俠祠 宋開禧元年知縣蕭尹郥立

黃祖舜祠 宋嘉定十三年知縣時其

校注：①捍

立

王蘋祠　**林公遇祠**上二祠宋紹定端平間邑人林希逸奏立已上四祠俱在儒學內

陳大參生祠宋紹定三年詔①能福清縣稅邑人參知政事陳貴謫之邑也邑人因立祠祀之

東嶽行祠在覆釜山下宋嘉定八年刱廟宇壯麗甲於諸處　國朝洪武十七年重修二十六年復修

康王行祠在東嶽行祠之旁王姓康諱保裔河南洛陽人也宋咸平中為彭國軍節度使與契丹戰於河間援兵不至遂力戰而死靈響甚著天下多立廟祀之上二祠在縣東新安里

古田縣

城隍廟在縣治西里許宋景德間知縣李堪建　國朝洪武三年知縣韓秉嘉重建

靈應廟在縣西北臺山以祀宋縣令李堪詳見名宦志扁曰甘棠遺愛嘉定間知縣傳康獻其事跡于朝端平三年賜今額淳祐元年封②道愛侯後復加孚惠**順寧正應**

靈顯廟

校注：①罷　②遺

在雲津坊之西麓神姓劉名疆唐開元時邑猶未造疆闢路山林廼疆廼獻挈而歸諸職方氏風氣日開富庶以教①公卿輩出科第蟬聯邑人感其惠立廟祀之號寧境自是翊庇生人除其衮②祲雨賜祈禬有應如響宋崇寧二年賜額忠惠政和二年封順寧侯後加正應元既革宋命邑羅多故靈蹟益顯邑吏民僉無以報神惠乃於大德八年拓廟宇而新之張以寧爲記至順間縣尹趙孟籲修葺　國朝洪武八年知縣鄧恭重修○按舊志以是廟爲城隍今別之

靈濟廟

在十五都廟瞰深溪下有洞穴邑人禱雨屢驗舊號羊角龍王廟宋紹興十四年賜今額封□濟侯上二廟俱縣北

順懿廟

在縣□臨水神陳姓父名昌母葛氏生於唐大曆二年嫁劉杞年二十四而卒臨水有白蛇洞中産巨蛇時吐氣爲疫厲一日有朱衣人執劍索白蛇斬之鄉人詰其姓名曰我江南下渡陳昌女也忽不見亟往下渡詢之乃知其爲神遂爲立廟於洞上九禱雨暘驅疫癘求嗣續莫不響應宋淳祐間封崇福昭惠慈濟夫人賜額順

校注：①致　②衺

懿

顯應廟 在縣東北神姓黃名師盖善巫術歿於宋景德間塑竹洲遂祠焉紹定六年賜額顯應封靈祐侯

廣惠惠應行祠 在縣之溪南宋嘉定間邑人刱於縣西隅為惠應祠未幾遷今所草創數楹旁設廣惠像封爵同而位置異觀者病焉紹定二年冬積雨妨穫縣令劉克遜禱祠下輒霽時劒邵不靖聲揺邑境徐村頑民效尤竊發克遜詣祠乞靈穆卜龜從賊果就縛於是辟故①扯作新宮合祠二神莆田劉克莊為記

三侯堂 以宋知縣李堪嘗建學縣丞鮑友龍嘗置田贍學知縣許鑒嘗遷學故合祀於此

景行堂 以祀先賢上二堂在儒學內俱元元貞元年縣尹王與建

永福縣

城隍廟 在縣治左洪武元年即元廉訪分司故址刱建

龍溪協濟廟 在二都龍蟒按宋乾道十年黃定記云髫齔時與群兒戲祠下視東壁塵土②問有斷碑載二神事長神張氏名大郎次神李氏名大敷唐末由固始來閩樂茲地佳山水卜居且將築焉輕貲急義時能賑乏其設

校注：①址　②間

也立廟而祠焉水旱災疾有禱輒應

靈惠廟 在三都大漳鎮神姓杜名帝鍋唐元里弟溪人家饒於財唐末不仕餉飢極①厄趍人之急甚於已私没而顯靈鄉人祠之上三廟俱縣東

徐真君廟 在縣西二十都高蓋山祀東漢徐登登幼得神仙煉册之法嘗與東陽趙炳較仙術於此今俗呼花林廟

威濟廟 在縣東南二里許神姓陳氏諱必勝西漢丞相平之後也家于閩城烏石山兄弟九人皆著奇節没而為神顯靈而神則廟食於此唐永泰二年玆邑初置溪潦暴漲有若枯木泝而上者數四乃洑口祠所立神之刻像也邑人柯氏取之即今廟之址累石為壘祀焉民禱祠或樵牧過者往往石室中獲銅錢宋開寶中號洑口通靈護境廟紹興元年賜額威顯九年封靈貺侯嘉祐七年鄉貢進士黃彝為記

龜嶺廟 在縣西南二十八都宋黃大夫與元兵戰至洪面為追兵所斬大夫英勇異常身首二處猶能②特其頭以就頸口尚嚬嚬欲言遇一嫗忽出聲曰頭斷尚可續乎嫗荅以不能遂僵于地以死

校注：①拯　②持

鄉人聞之遂為立廟于①韋嶺寨

廣靈助聖二將軍祠 在威濟廟之左神兄弟二人姓名無所考長曰三郎次曰四郎初顯靈迹于邑之洑口宋嘉熙二年長封廣靈將軍次封助聖將軍四年長進封協忠侯次進封助順侯

閩清縣

城隍廟 在縣西門內舊在縣治之西洪武元年建永樂十年知縣宋殷修天順六年知縣左輔移建今所

顯利龍王廟 在縣東安仁里龍津宋宣和三年勅建政和六年賜今額元泰定元年重修雨賜疾病祈禱輙應

薛丕廟 在護仁里名山之上即薛丕故居也丕有神異鄉人立廟祀之凡水旱禱之多應正統八年重建

梅川昭顯廟 在梅川相傳神姓陳氏事王審知有功於閩民為立廟五代末知縣張渙宋咸平初知縣李念俱嘗重建天聖四年淫雨為沴民居高陵皆墊溺廟在其下水獨不為害元符間民益敬信裒錢二十萬新之初曰梅川侯紹興元年賜

校注：①辜

額德威三十年封昭顯侯淳熙十三年加永濟孚佑侯淳祐元年進封威應公元加封保寧威應靈佑公九水旱疾疫禱無不應 國朝洪武二十八年鄉人重建三十一年耆民陳昭生募衆增建三十二年知縣沈源建二從神祠於廟之東西永樂十六年西廟火正統六年知縣吴清率邑人陳仲愚重建之上一廟俱縣西

德懷廟 在縣南鍾山之陽神姓陳氏宋紹興三十年封英惠靈顯侯

武功廟 在仁壽里龍源宋紹聖間朝請大夫蕭槃嘗在梧州值風濤之險遥見江滸有廟默禱之雲霧中彷彿見三人出風遂息①盤感其靈既拜謁祠下其神果三人曰勑封感應將軍曰勑封靈應將軍曰勑封威應將軍皆紫袍金帶儼如向舟次所見者遂録其封爵以歸立祠於所居主山之後祀焉給祖米一十五石為香燈之費

董公祠 在縣治之西以祀元縣尹董禎詳見名宦志

羅源縣

城隍廟 在縣治東宋知縣趙彥琰建 國朝洪武十二年縣丞陳遜重建正統十

校注：①磐

年典史謝志重修

順懿廟在縣西北西洋嶺之上其神即臨水陳夫人也詳見古田縣祠廟志

天妃祠在縣東松崎山

忠烈王祠在縣西其神陳姓名霸先霍口里人也五代時歸附王審知俾為先鋒戰勝攻克以忠義勇畧名追賊至白塔嶺馬蹄而逝遂著靈蹟知縣程成創祠祀之宋時勅封護國佑民靈感武寧忠烈王

英顯王祠在縣南大獲詳見連江縣祠廟志

英惠王祠在河陽村其神姓陳名蘇邑人也宋太平興國二年陳氏子孫立祠祀之嘉定二年勅封英惠王

昭祐祠在羅平里石塘神姓黃氏名岳詳見寧德縣祠廟志元至正間鄉人重建

先賢祠在縣學明倫堂之左以祀鄉賢今廢

鎮東衛

城隍廟

旗纛廟在衛治東偏

萬安千户所

城隍廟

旗纛廟在所治之後

梅花千户所

城隍廟在所治之□

旗纛廟在所治之□

八閩通誌卷之五十八